123456789          G6/2.50

IN THE

# Dans la même collection

***LES LANGUES MODERNES / BILINGUE***

*Série anglaise dirigée par Pierre Nordon*

**SAUL BELLOW**

# Him with His Foot in His Mouth

*Le Gaffeur*

Préface, traduction et notes
de Marie-Christine Lemardeley-Cunci
ancienne élève de l'École Normale Supérieure
Agrégée de l'Université

Flammarion

# Tableau des signes phonétiques

**1.** VOYELLES

| | | | | |
|---|---|---|---|---|
| i: | **leaf** | | ɒ | **not** |
| ɪ | **sit** | | ɔ: | **ball** |
| e | **bed** | | u | **book** |
| ə | **actor** | | u: | **moon** |
| æ | **cat** | | ʌ | **duck** |
| ɑ: | **car** | | ɜ: | **bird** |

Le signe : indique qu'une voyelle est **allongée**.

**2.** DIPHTONGUES

| | | | | |
|---|---|---|---|---|
| eɪ | **day** | | aυ | **now** |
| aɪ | **buy** | | ɪə | **here** |
| ɔɪ | **boy** | | eə | **there** |
| əυ | **boat** | | υə | **poor** |

**3.** CONSONNES

- Les consonnes p, b, t, d, k, m, n, l, r, f, v, s, z, h, w conservent en tant que signes phonétiques leur valeur sonore habituelle.
- Autres signes utilisés :

| | | | | |
|---|---|---|---|---|
| g | **game** | | θ | **thin** |
| ʃ | **ship** | | ð | **then** |
| tʃ | **chain** | | ʒ | **measure** |
| dʒ | **Jane** | | j | **yes** |
| ŋ | **long** | | | |

**4.** ACCENTUATION

' accent unique ou principal, comme dans **actor** ['æktə]

, accent secondaire, comme dans **supernatural** [ˌsupə'nætʃrl]

**Référence :** Daniel JONES, **English Pronouncing Dictionary**, 14ᵉ édition revue par A.C. GIMSON (London, Dent, 1988).

# Sommaire

# Préface

Né au Canada en 1915, Saul Bellow vit à Chicago où il est arrivé dès l'âge de neuf ans. Critiqué par la communauté intellectuelle pour n'avoir pas nettement pris position contre la politique extérieure américaine pendant les années soixante (en particulier l'engagement militaire au Viêt-nam), Saul Bellow voit en l'écrivain un moraliste, qui doit garder une position de recul vis-à-vis des formes extrêmes de la contestation et des avant-gardismes. Tout en s'employant à démystifier les fausses valeurs nationales, il n'abandonne jamais son espoir dans l'humanisme et le libéralisme.

Couronnée par le Prix Nobel de littérature en 1976, son œuvre comprend plusieurs recueils de nouvelles et une douzaine de romans, dont les plus célèbres sont *The Adventures of Augie March* (1953, *Les Aventures d'Augie March*), *Henderson the Rain King* (1959, *Henderson, le faiseur de pluie*), *Herzog* (1964) et *The Dean's December* (1981, *L'Hiver du doyen*).

Héritier de la tradition du roman réaliste, Saul Bellow campe des personnages à la recherche de leur identité dans une culture américaine en perdition. Souvent juif et citadin, le héros de Bellow est pris entre la quête quasi mystique de l'origine perdue et le désir de protéger son Moi de la froideur d'une civilisation où règne l'individualisme. Le « shlemiel » (sorte d'équivalent yiddish du « fou » dans le théâtre élisabéthain), qui réunit sottise et malchance, tente de se convaincre qu'il n'est pas un raté et va d'échec en échec sans perdre ses qualités d'*animal ridens*.

D'un roman à l'autre le ton oscille entre le pessimisme et la comédie, mais c'est l'humour qui marque le style de Bellow, un humour fait d'autodérision et de faconde exubérante, de résignation et de grandiloquence.

Les deux nouvelles présentées ici, *Him with His Foot in His Mouth (Le Gaffeur)* et *A Silver Dish. (Le Plat en argent)* font partie d'un recueil publié en 1984 aux États-Unis sous le titre *Him with His Foot in His Mouth (La journée s'est-elle bien passée ?)*. *Le Plat en argent* était jusqu'à ce jour inédit en français.

Dans *Le Gaffeur*, Harry Shawmut utilise le subterfuge d'une lettre à une certaine Miss Rose pour se justifier et brosser de lui-même le portrait d'un butor impénitent. A travers les méandres et les digressions de son discours se dessine la silhouette d'un intellectuel aussi peu doué pour les rapports humains qu'il est disert sur les questions de musicologie.

Shawmut est un exilé dans sa propre culture avant d'être contraint à l'exil physique en Colombie britannique pour fuir les autorités de son pays.

Arrivé à la fin de sa vie, Shawmut n'a aucun mal à présenter à Miss Rose l'image pitoyable d'un homme noué par l'arthrose, rejeté par sa mère, victime de la duplicité de son frère et de l'incompétence des avocats. Pour se disculper aux yeux de l'interlocutrice muette qui fut la première cible de ses reparties sarcastiques, Shawmut dévide une kyrielle de situations où il a donné libre cours à son talent de gaffeur, occasion pour le lecteur de savourer quelques bons mots et de rire aux dépens de leurs victimes. Même s'il feint d'être la proie de pulsions qu'il ne maîtrise pas, Shawmut finit par avouer son goût pour l'insulte, seul signe de la survivance de l'esprit et du style dans un monde uniquement guidé par des préoccupations de surface. Si ses remarques font trait, c'est bien parce qu'elles enfreignent les règles de la correction sociale en disant haut et fort ce que d'aucuns ne s'autorisent même pas à penser.

Certaines marques distinctives de la manière de Bellow se retrouvent dans *Le Gaffeur*, ainsi les digressions et le rythme haletant de la phrase visant à reproduire les replis obscurs d'une âme tourmentée. Bourré de références culturelles et de citations comme pour rendre crédible le niveau culturel du héros, narrateur de sa propre histoire, le texte contient des passages savoureux voire désopilants, en particulier à propos du poète Allen Ginsberg, barde mystique des années soixante, dont le style prophétique est parodié avec beaucoup de justesse. Au passage, Saul Bellow en profite pour démonter le mythe américain du « tout-dire », ce qui renvoie à l'authenticité douteuse de cette confession, puisque Shawmut a pris soin de préciser, dès les premières pages, que son récit lui-même était trafiqué.

Comme souvent dans les romans de Bellow, l'homme est soumis à la toute-puissance terrifiante des femmes. Qu'elles soient mécènes, croqueuses de dollars, entraîneuses de dogues de combat ou perruches en zibeline, elles s'opposent à l'épouse idéalisée, belle comme un tableau de Cranach.

C'est le contraste entre deux frères issus d'une même famille juive de Chicago qui met en scène le prix à payer pour une intégration dans le système américain. Qu'ils adoptent ou qu'ils rejettent la culture du dollar, finalement aucun des deux ne sort indemne de son choix : Philip, malgré tous les signes extérieurs de réussite, est un triomphe de balourdise. Il meurt épuisé et dérisoire dans un pénitencier, tandis que l'universitaire musicologue attend son extradition dans la solitude d'une cabane minable au Canada.

Dans *Le Plat en argent* il est également question d'assimilation. Les dissemblances entre un père, Pop, et son fils Woody Selbst, n'empêchent pas leur relation d'évoquer une certaine tendresse à un narrateur qui adopte le point de vue du fils.

Le père, immigré polonais égoïste et roublard, est le véritable héros de cette anti-*success-story*. Avant de quitter femme et enfants, il arrive à délester son propre fils de ses petites économies. Bien adapté à son géniteur, l'enfant compense les manquements du père par une lucidité presque excessive pour son âge. Plus tard il devient un adulte d'une grande générosité vis-à-vis des autres membres de sa famille, et il se rend sympathique par son goût pour la transgression sans risque, qui apparaît comme un moyen de marquer une continuité complice avec son père.

L'épisode central du plat en argent résume en une parabole comique l'inversion des rôles : c'est Woody qui tente de contenir les débordements d'un père délinquant. Le corps à corps entre les deux hommes annonce comme par antiphrase la dernière étreinte avec le père mourant sur laquelle se conclut la nouvelle, dans des pages d'une grande émotion.

Woody Selbst est un vrai Américain qui fait du jogging pour diluer son chagrin quotidien, mais devant l'immensité de cette perte les remèdes habituels ne fonctionnent plus, et c'est en creusant lui-même la tombe de son père qu'il pourra entamer un véritable processus de deuil.

Bien que de milieux sociaux différents, Shawmut et Selbst incarnent *l'homo americanus*, voué à une solitude radicale. Tous les deux semblent chercher d'autres valeurs dans un ailleurs ésotérique. Ce sont les sphères gnostiques d'une vieille illuminée qui aident Shawmut à passer le temps sans pour autant sauver son âme ; quant à Woody Selbst, il a parfois des bouffées d'une religiosité confuse qui ne lui apporte aucun réconfort. Tous deux nous rappellent ce paradoxe ironique que les billets de banque américains sont contresignés par Dieu.

Si ces deux nouvelles évoquent la vieillesse et la mort, elles n'en sont pas pour autant dénuées de verdeur. Les deux narrateurs décryptent avec bonheur les hypocrisies du jeu social. Des pérégrinations de Woody et son père dans le blizzard de Chicago, dans *Le Plat en argent*, le lecteur européen gardera des images d'une précision visionnaire. Quant aux ratiocinations cocasses de Shawmut dans *Le Gaffeur*, elles nous convainquent que la vie américaine est un « patchwork » dont la couleur dominante n'est pas toujours le rose.

Marie-Christine Lemardeley-Cunci

# Bibliographie

Œuvres de Saul Bellow :

1944, *Dangling Man* (*L'Homme de Buridan*, trad. M. Déon, 1954)

1947, *The Victim* (*La Victime*, trad. J. Rosenthal, 1964)

1953, *The Adventures of Augie March* (*Les Aventures d'Augie March*, trad. J. Rosenthal, 1977)

1956, *Seize the Day* (*Au jour le jour*, trad. D. Planel, 1962)

1959, *Henderson The Rain King* (*Henderson, le faiseur de pluie*, trad. J. Rosenthal, 1961)

1964, *Herzog* (*Herzog*, trad. J. Rosenthal, 1966)

1968, *Mosby's Memoirs and Other Stories* (*Mémoires de Mosby et autres nouvelles*, trad. J. Rosenthal, 1975)

1969, *Mr Sammler's Planet* (*La Planète de Mr Sammler*, trad. H. Robillot, 1972)

1975, *Humboldt's Gift* (*Le Don de Humboldt*, trad. H. Robillot et A. Rabinovitch, 1978)

1976, *To Jerusalem and Back* (*Retour de Jérusalem : une enquête*, trad. A. Rabinovitch et H. Robillot, 1977)

1982, *The Dean's December* (*L'Hiver du doyen*, trad. D. Guinsbourg, 1982)

1984, *Him With His Foot in His Mouth, and other stories* (*La journée s'est-elle bien passée?* trad. H. Robillot, 1985)

1987, *More Die of Heartbreak* (*Le cœur à bout de souffle*, trad. H. Robillot, 1989)


Ouvrages critiques en français:

Jacques CABAU, *La Prairie perdue* (Paris, Le Seuil, 1981)

Pierre DOMMERGUES, *Saul Bellow* (Paris, Grasset, 1967)

Rachel ERTEL, *Le Roman juif américain, une écriture minoritaire* (Paris, Payot, 1980)

Claude LÉVY, *Les Romans de Saul Bellow* (Paris, Klincksieck, 1983)

Revue *Delta* n° 19, (Université Paul-Valéry, Montpellier, octobre 1984)

Denise COUSSY, Michel et Geneviève FABRE, Evelyne LABBÉ, *Les littératures de langue anglaise depuis 1945* (Paris, Nathan, 1988)

Pierre-Yves PÉTILLON, « Saul Bellow et la tradition américaine: exercice de lecture ». Thèse de doctorat ès Lettres. Université de Paris III - Sorbonne Nouvelle, avril 1977.

# Him with His Foot in His Mouth

## *Le Gaffeur*

Dear Miss Rose: I almost began "My Dear Child," because in a sense what I did to you thirty-five years ago makes us the children of each other. I have from time to time remembered that I long ago made a bad joke at your expense and have felt uneasy about it, but it was spelled[1] out to me recently that what I said to you was so wicked[2], so lousy[3], gross[4], insulting, unfeeling, and savage that you could never in a thousand years get over it. I wounded you for life, so I am given to understand, and I am the more greatly to blame because this attack was so gratuitous. We had met in passing only, we scarcely knew each other. Now, the person who charges me with this cruelty is not without prejudice toward me, he is out to get me, obviously. Nevertheless, I have been in a tizzy[5] since reading his accusations. I wasn't exactly in great shape when his letter arrived. Like many elderly men, I have to swallow all sorts of pills. I take Inderal and quinidine for hypertension and cardiac disorders, and I am also, for a variety of psychological reasons, deeply distressed and for the moment without ego defenses.

It may give more substance to my motive in writing to you now if I tell you that for some months I have been visiting an old woman who reads Swedenborg[6] and other occult authors. She tells me (and a man in his sixties can't easily close his mind to such suggestions) that there is a life to come—wait and see—

---

1. **spell (spelt, spelt) out:** fig. *expliquer clairement, mettre les points sur les i ; épeler, déchiffrer*.

2. **wicked** ['wɪkɪd]: *mauvais, méchant, malfaisant* : **he is a very wicked man:** *il est foncièrement méchant* ; **he has a wicked temper:** *il a un caractère épouvantable*.

3. **lousy:** (de louse, pl. *lice: pou*) *moche, infect* ; **it's lousy weather:** *il fait un temps dégueulasse*.

4. **gross:** *grossier, cru*. L'abondance d'adjectifs péjoratifs pour décrire son comportement évoquent déjà une certaine volupté et une tendance à l'auto-accusation, qui n'est pas dénuée de perfidie.

Chère Miss Rose, J'ai failli écrire « Ma chère enfant »,
car après ce que je vous ai infligé il y a trente-cinq ans
nous sommes pour ainsi dire enfant l'un de l'autre. De
temps en temps je me souviens, non sans remords, de
m'être jadis cruellement moqué de vous. Or il m'a
récemment été confirmé que j'avais été si méchant, si
infect, si grossier, si insultant, si dur et si brutal que même
au bout de mille ans vous n'en seriez pas remise. D'après
ce qu'on me dit, je vous ai blessée à jamais et je suis
d'autant plus coupable que l'attaque était gratuite. Nous
nous étions seulement croisés, et ne nous connaissions qu'à
peine. Mais enfin celui qui m'accuse de tant de cruauté
n'est pas objectif à mon égard ; à l'évidence il veut ma
peau. Toujours est-il que, depuis que j'ai lu ses accusations, je suis dans tous mes états. A vrai dire, quand sa
lettre est arrivée, je n'étais pas dans une forme éblouis-
sante. Comme beaucoup d'hommes vieillissants, j'ai toutes
sortes de pilules à avaler. Je prends de l'Inderal et de la
quinidine contre l'hypertension et les troubles cardiaques,
et de plus, pour toute une série de raisons psychologiques,
je suis dans un état d'angoisse profonde, et en ce moment,
mes défenses narcissiques sont au plus bas.

Ce qui me pousse à vous écrire paraîtra peut-être plus
fondé si je vous dis que depuis quelques mois je fréquente
une vieille dame qui lit Swedenborg et d'autres auteurs
ésotériques. D'après elle (or, comment un homme à
soixante ans passés pourrait-il rester fermé à de telles
suppositions), il y aurait une vie dans l'au-delà — il suffit
d'attendre —

---

5. **tizzy**: *affolement, panique :* **be in/get into a tizzy**: *être/se mettre
dans tous ses états.*

6. **Emmanuel Swedenborg** (1688-1772) : docteur en philosophie, il
s'occupa de questions scientifiques avant de fonder une secte mystique
qui eut beaucoup d'adeptes en Angleterre et aux États-Unis (« Église de
la Nouvelle Jérusalem »). Il opposa à la connaissance scientifique une
connaissance illuminative (ou illuminisme) de réalités suprasensibles.

and that in the life to come we will feel the pains that we
inflicted on others. We will suffer all that we made them
suffer, for after death all experience is reversed. We enter
into the souls of those whom we knew in life. They enter
also into us and feel and judge us from within. On the
outside chance that this old Canadian woman has it
right, I must try to take up this matter with you. It's not
as though I had tried to murder you, but my offense is
palpable all the same.

*I will say it all and then revise, send Miss Rose only the
suitable*[1] *parts.*

...In this life between birth and death, while it is still
possible to make amends...

I wonder whether you remember me at all, other than
as the person who wounded you—a tall man and, in those
days, dark on the whole, with a mustache (not worn
thick), physically a singular individual, a touch of the
camel about him, something amusing in his composition.
If you can recall the Shawmut of those days, you should
see him now. *Edad con Sus Disgracias* is the title Goya[2]
gave to the etching of an old man who struggles to rise
from the chamber pot, his pants dropped to his ankles.
"Together with most weak hams," as Hamlet[3] wickedly
says to Polonius, being merciless about old men. To the
disorders aforementioned I must add teeth with cracked
roots, periodontia requiring antibiotics that gave me the
runs and resulted in a hemorrhoid the size of a walnut,
plus creeping arthritis of the hands.

---

1. **suitable:** *qui convient, propice, adéquat.* On peut se demander quels
sont les critères qui président au choix des passages de cette confession.
Par cette simple phrase en italiques se dévoile la censure à l'œuvre, ce
qui contredit aux protestations de sincérité de Shawmut.

2. **Goya** (1746-1828): peintre, dessinateur et graveur espagnol. Le
caractère particulièrement grotesque du thème de la gravure choisie par
Shawmut pour évoquer sa propre décrépitude force le trait jusqu'à la
caricature.

et dans cette autre vie nous éprouverons les souffrances que nous avons infligées aux autres. Nous subirons tout ce que nous leur avons fait subir car après la mort tout s'inverse. Nous pénétrons dans l'âme de ceux que nous avons connus au cours de notre vie. Quant à eux, ils pénètrent aussi en nous ; ils nous sentent et nous jugent du dedans. Au cas peu probable où cette vieille Canadienne serait dans le vrai, il faut absolument que je règle le problème avec vous. Ce n'est pas comme si j'avais tenté de vous assassiner, mais ma faute n'en est pas moins manifeste.

*Je vais tout dire et ensuite je ferai des corrections, pour n'envoyer à Miss Rose que les passages adéquats.*

... Dans cette vie entre la naissance et la mort, tant qu'il est encore possible de se racheter...

Je me demande si en dehors du fait que je vous ai injuriée vous avez le moindre souvenir de moi : je suis grand, et à l'époque j'étais plutôt brun, avec une moustache (peu fournie), un physique assez singulier, avec quelque chose du chameau, un je ne sais quoi d'amusant dans l'assemblage. Si vous pouvez vous remémorer le Shawmut de l'époque, vous devriez le voir aujourd'hui. *Edad con sus Disgracias* est le titre donné par Goya à une gravure représentant un vieillard, le pantalon aux chevilles et qui a du mal à se lever de son pot de chambre. « Ils ont les jambes molles », comme le dit perfidement Hamlet à Polonius, sans pitié pour les vieillards. Aux troubles mentionnés ci-dessus, je dois ajouter les dents aux racines déchaussées, (la pyorrhée alvéolaire exigeant la prise d'antibiotiques qui me donnent la courante, et m'ont affligé d'une hémorroïde grosse comme une noix), sans oublier l'arthrite qui me noue peu à peu les mains.

---

3. **Hamlet**, acte 2, scène 2, vers 200. Le contraste entre ces références cultivées et le détail intime et très précis de ses troubles physiologiques produit un effet comique.

Winter is gloomy and wet in British Columbia[1], and when I awoke one morning in this land of exile from which I face extradition, I discovered that something had gone wrong with the middle finger of the right hand. The hinge had stopped working and the finger was curled like a snail—a painful new affliction. Quite a joke on me. And the extradition is real. I have been served with papers.

So at the very least I can try to reduce the torments of the afterlife by[2] one.

It may appear that I come groveling[3] with hard-luck stories after thirty-five years, but as you will see, such is not the case.

I traced you through Miss Da Sousa at Ribier College, where we were all colleagues in the late forties. She has remained there, in Massachusetts[4], where so much of the nineteenth century still stands, and she wrote to me when my embarrassing and foolish troubles were printed in the papers. She is a kindly, intelligent woman who *like yourself, should I say that?* never married. Answering with gratitude, I asked what had become of you and was told that you were a retired librarian living in Orlando, Florida.

I never thought that I would envy people who had retired, but that was when retirement was still an option. For me it's not in the cards now. The death of my brother leaves me in a deep legal-financial hole. I won't molest you with the facts of the case, garbled in the newspapers.

---

1. **British Columbia:** *Colombie britannique.* Province du Canada située à l'ouest du pays sur la côte pacifique, bordée au Nord par le Yukon et au Sud par les États-Unis. Le climat côtier est humide et doux ; à l'intérieur il est continental.

2. **by:** *de* (pour mesurer une différence) ; **win by a head** *gagner d'une tête.*

3. **grovel:** *être à plat ventre, se vautrer* ; (fig.) *ramper, s'aplatir* (**to, before:** *devant*).

L'hiver est sombre et humide en Colombie britannique, et quand je me suis réveillé un beau matin sur cette terre d'exil d'où je risque d'être extradé, j'ai découvert un problème au majeur de la main droite. Les articulations ne fonctionnaient plus et le doigt était recroquevillé comme un escargot — affliction supplémentaire et douloureuse. Quelle mauvaise farce. Quant à la menace d'extradition elle est bien réelle ; j'ai déjà reçu des papiers à ce sujet.

Donc, c'est bien le moins que j'essaie de diminuer d'une unité les tourments qui m'attendent dans l'au-delà.

A première vue il pourrait sembler que j'essaie de vous apitoyer au bout de trente-cinq ans avec mes histoires pathétiques, mais comme vous le verrez, il n'en est rien.

C'est grâce à Miss Da Sousa de Ribier College où nous étions tous collègues à la fin des années quarante, que je vous ai retrouvée. Elle n'a jamais quitté le Massachusetts, où le dix-neuvième siècle demeure si présent, et elle m'a écrit quand les journaux ont parlé de mes problèmes aussi gênants qu'absurdes. C'est une femme intelligente et bonne, qui *(comme vous, dois-je écrire une chose pareille ?)* ne s'est jamais mariée. Je lui ai répondu, plein de gratitude, en lui demandant ce que vous étiez devenue et elle m'a répondu que vous passiez votre retraite de bibliothécaire à Orlando en Floride.

Je n'aurais jamais cru envier un jour les retraités, mais c'était à l'époque où la retraite était encore envisageable. Désormais il n'en est plus question pour moi. La mort de mon frère m'a plongé dans un gouffre juridico-financier. Je ne vais pas vous accabler avec les détails de l'affaire, déjà dénaturée par la presse.

---

4. **Massachusetts:** État du nord-est des États-Unis sur la côte atlantique, dont la capitale est Boston. Berceau du puritanisme et foyer culturel au XIXᵉ siècle cet État incarne la tradition historique de Nouvelle-Angleterre (de grandes universités, dont Harvard).

Enough to say that his felonies and my own faults or vices have wiped me out[1]. On bad legal advice I took refuge in Canada, and the courts will be rough because I tried to escape. I may not be sent to prison, but I will have to work for the rest of my natural life, will die in harness[2], and damn queer harness, hauling[3] my load to a peculiar peak. One of my father's favorite parables was about a feeble horse flogged cruelly by its driver. A bystander tries to intercede: "The load is too heavy, the hill is steep, it's useless to beat your old horse on the face, why do you do it?" "To be a horse was *his* idea," the driver says.

I have a lifelong weakness for this sort of Jewish humor, which may be alien to you not only because you are Scotch-Irish (so Miss Da Sousa says) but also because you as a (precomputer) librarian were in another sphere— zone of quiet, within the circumference of the Dewey[4] decimal system. It is possible that you may have disliked the life of a nun or shepherdess which the word "librarian" once suggested. You may resent[5] it for keeping you out of the modern "action"—erotic, narcotic, dramatic, dangerous, salty. Maybe you have loathed circulating other people's lawless raptures, handling wicked books (for the most part fake, take it from me, Miss Rose). Allow me to presume that you are old-fashioned enough not to be furious at having led a useful life.

---

1. **wip me out**: *essuyer, effacer* (lit, fig.); **wipe out an old score**: *régler une vieille dette*; *anéantir, écraser*; **wipe somebody out**: *régler son compte à quelqu'un, anéantir.*

2. **harness**: *harnais (cheval)*; (fig.) **get back in(to) harness**: *reprendre le collier*; **die in harness**: *mourir à la tâche.*

3. **haul** [hɔil]: *traîner, tirer*; (fig.) **haul somebody over the coals**: *passer un savon à quelqu'un*; (U.S.) **haul ass**: *se barrer, mettre les bouts.* En utilisant cette métaphore du fardeau à hisser jusqu'au sommet d'une côte le narrateur introduit la parabole préférée de son père, exemple d'humour juif.

4. **Dewey (Melvil**, 1851-1931): bibliographe américain, bibliothécaire de l'Université de Columbia (1883), il y fonda une école de formation

Il suffira de dire que ses forfaits joints à mes propres défauts ou vices m'ont anéanti. Suivant les conseils d'un mauvais avocat, j'ai trouvé refuge au Canada : les tribunaux ne me pardonneront pas d'avoir voulu fuir. Peut-être n'irai-je pas en prison, mais il faudra que je travaille le restant de mes jours ; je mourrai à la tâche, et quelle tâche : essayer de hisser mon fardeau au sommet d'une côte assez particulière. L'une des paraboles préférées de mon père était l'histoire d'un pauvre cheval cruellement fouetté par son maître. Un témoin tente d'intervenir et dit : « La charge est trop lourde, la pente est trop raide, il ne sert à rien de battre votre vieux cheval sur le museau. Pourquoi vous acharner ? » Et le charretier de répondre : « C'est lui qui a voulu être le cheval. »

J'ai toujours eu un penchant pour ce genre d'humour juif, qui vous est peut-être étranger non seulement parce que vous êtes (d'après Miss Da Sousa) irlando-écossaise, mais aussi parce que de par votre fonction de bibliothé-caire (d'avant l'ère informatique), vous viviez dans une autre sphère — une zone de silence balisée par le système décimal de Dewey. Vous n'avez peut-être pas aimé la vie de nonne ou de bergère qu'impliquait autrefois le terme de « bibliothécaire ». Peut-être lui reprochez-vous de vous avoir tenu à l'écart de la vie moderne : érotique, narcoti-que, dramatique, dangereuse, piquante. Peut-être avez-vous détesté faire circuler les extases illicites des autres, en vous occupant de livres pernicieux (frelatés, dans l'ensem-ble, vous pouvez m'en croire, Miss Rose). Permettez-moi de penser que vous êtes assez vieux jeu pour ne pas être furieuse d'avoir mené une vie utile.

---

des bibliothécaires, et une autre à Albany. Il a inventé le système décimal de classification des livres, dit de Dewey. Proposé pour la première fois en 1876, ce système est toujours largement utilisé.

5. **resent** (faux ami) : *être contrarié par, être indigné de* ; **I resent your tone**: *votre ton me déplaît fortement.*

If you aren't an old-fashioned person I haven't hurt you so
badly after all. No modern woman would brood for forty
years over a stupid wisecrack[1]. She would say, "Get
lost!"

Who is it that accuses me of having wounded you?
Eddie Walish, that's who. He has become the main
planner of college[2] humanities surveys in the State of
Missouri, I am given to understand. At such work he is
wonderful, a man of genius. But although he now lives in
Missouri, he seems to think of nothing but Massachusetts
in the old days. He can't forget the evil I did. He was
there when I did it (whatever *it* really was), and he writes,
"I have to remind you of how you hurt Carla Rose. So
characteristic of you, when she was trying to be agreeable,
not just to miss her gentle intentions but to give her a
shattering kick in the face. I happen to know that you
traumatized her for life." (Notice how the liberal American
vocabulary is used as a torture device: By "characteristic"
he means: "You are not a *good person*, Shawmut.") Now,
were you really traumatized, Miss Rose? How does Walish
"happen to know"? Did you tell him? Or is it, as I
conjecture, nothing but gossip? I wonder if you remember
the occasion at all. It would be a mercy[3] if you didn't. And
I don't want to thrust[4] unwanted recollections on you, but
if I did indeed disfigure[5] you so cruelly, is there any way
to avoid remembering?

---

1. **wisecrack**: *vanne.*
2. **college** (U.S.): *établissement d'enseignement supérieur;* **college-
bound student**: *élève qui se destine aux études universitaires;* **college-
bound program**: *programme de préparation aux études universitaires.*
3. **mercy** (faux ami): **it's a mercy that**: *heureusement que, c'est une
chance;* **his death was a mercy**: *sa mort a été une délivrance.*
4. **thrust** (upon, on): *imposer à;* **I had the job thrust (up) on me**: *on m'a
imposé ce travail;* **thrust oneself (up) on somebody**: *imposer sa présence à
quelqu'un.*

Et si vous n'êtes pas vieux jeu, je ne vous aurai pas blessée
tant que cela après tout. Une femme moderne ne songerait
pas à remâcher une plaisanterie idiote pendant quarante
ans. Elle dirait à coup sûr : « Allez vous faire voir ! »

Qui donc m'accuse de vous avoir blessée ? C'est Eddie
Walish, lui-même. Il est devenu le principal coordinateur
des programmes d'études universitaires classiques dans
l'Etat du Missouri, à ce que l'on raconte. Il est excellent
dans ce domaine, un vrai génie. Mais bien qu'il demeure
maintenant dans le Missouri, il semble que toutes ses
pensées soient tournées vers le Massachusetts d'autrefois. Il
n'arrive pas à oublier le mal que j'ai fait. Il était présent
lors de l'incident (encore que l'incident reste à prouver), et
il écrit : « Il faut que je te rappelle à quel point tu as blessé
Carla Rose. C'est bien de toi, alors qu'elle s'efforçait d'être
aimable, non seulement de ne pas voir qu'elle voulait être
agréable, mais de lui donner une gifle en pleine figure. Il se
trouve que je sais que tu l'as traumatisée à vie. » (Notez
que le vocabulaire américain libéral est utilisé comme
moyen de torture. « C'est bien de toi », cela veut dire : « tu
n'es pas gentil, Shawmut »). Voyons, avez-vous vraiment
été traumatisée, Miss Rose ? Comment Walish se « trouve-
t-il savoir ? » Est-ce vous qui le lui avez dit ? ou bien ne
s'agit-il, comme je le subodore, que de simples ragots ? Je
me demande même si vous vous rappelez cette histoire.
Quelle bénédiction, si vous aviez oublié ! D'ailleurs je m'en
voudrais de vous imposer des souvenirs intempestifs mais,
s'il est vrai que je vous ai aussi cruellement défigurée,
comment éviter de revenir sur le passé ?

---

5. **disfigure**: *défigurer*. En employant ce verbe Shawmut veut frapper
l'imagination, comme si sa remarque désobligeante (dont le lecteur ne
connaît pas encore la nature) avait au sens propre fait perdre la face à
Miss Rose.

So let's go back again to Ribier College. Walish and
were great friends then, young instructors, he in literature
I in fine arts[1]—my specialty music history. As if this wer
news to you; my book on Pergolesi is in all libraries
Impossible that you shouldn't have come across it
Besides, I've done those musicology programs on public
television[2], which were quite popular.

But we are back in the forties. The term began just after
Labor Day[3]. My first teaching position. After seven or
eight weeks I was still wildly excited. Let me start with
the beautiful New England setting. Fresh from Chicago
and from Bloomington, Indiana[4], where I took my degree,
I had never seen birches, roadside ferns, deep pinewoods,
little white steeples. What could I be but out of place? It
made me scream with laughter to be called "Dr. Shawmut." I felt absurd here, a camel on the village green. I
am a high-waisted and long-legged man, who is susceptible to paradoxical, ludicrous images of himself. I hadn't
yet gotten the real picture of Ribier, either. It wasn't true
New England, it was a bohemian[5] college for rich kids
from New York who were too nervous for the better
schools, unadjusted.

Now then: Eddie Walish and I walking together past
the college library. Sweet autumnal warmth against a
background of chill[6] from the surrounding woods—it's all
there for me.

---

1. **fine art, fine arts:** *les beaux arts.*
2. **public television (Public Broadcasting System, P.B.S.):** aux États-
Unis il s'agit d'une chaîne de télévision éducative, créée en 1967 pour
faire contrepoids à la télévision commerciale. Subventionné par des
fonds privés et parrainé par des fondations, ce réseau diffuse des pièces
de théâtre, des documentaires, et des débats culturels.
3. **Labor Day:** aux États-Unis et au Canada, le premier lundi de
septembre, jour chômé, fête du travail.
4. **Chicago, and Bloomington, Indiana:** Shawmut oppose implicite-

Revenons à Ribier College. A l'époque Walish et moi
~~é~~tions de grands amis, jeunes enseignants, lui en littérature,
~~m~~oi, en beaux-arts, spécialiste d'histoire de la musique.
~~C~~omme si vous ne le saviez pas, mon livre sur Pergolèse se
~~t~~rouve dans toutes les bibliothèques. Impossible que vous
~~n~~e soyez pas tombée dessus. D'ailleurs j'ai réalisé pour la
~~c~~haîne de télévision éducative des émissions de musicologie
~~q~~ui ont eu pas mal de succès.

Mais nous étions dans les années quarante. Le trimestre
~~c~~ommençait juste après la fête du travail. C'était mon
~~p~~remier poste. Après sept à huit semaines j'étais encore
~~t~~out émoustillé. Commençons par le cadre magnifique de
~~l~~a Nouvelle-Angleterre. Fraîchement débarqué de Chicago
et de Bloomington dans l'Indiana, où j'avais obtenu mon
diplôme, je n'avais jamais vu de bouleaux, de fougères au
bord des routes, de pinèdes profondes et de petits clochers
blancs. Comment aurais-je pu ne pas me sentir déplacé ?
De m'entendre appeler « Dr Shawmut » me faisait hurler
de rire. Je me sentais aussi incongru qu'un chameau sur la
place du village. Comme je suis grand, avec de longues
jambes je suis homme à former de lui-même des images
paradoxales et grotesques. De même je n'avais pas bien
pris la mesure de Ribier. Ce n'était pas la vraie Nouvelle-
Angleterre, mais un collège décontracté pour fils à papa
new-yorkais, trop nerveux et inadaptés pour fréquenter les
meilleures universités.

Bon, je reprends : Eddie Walish et moi nous passons
devant la bibliothèque universitaire. Une douce chaleur
automnale contraste avec un fond d'air frais émanant des
bois alentour (c'est tout comme si j'y étais).

---

ment ces deux villes du Midwest au décor et à la flore riches et variés de
la Nouvelle-Angleterre, dont le climat est moins rude.

5. **bohemian:** *bohême ;* **bohemian life:** *vie de bohême.*

6. **chill:** *froid, fraîcheur ;* **there's a chill in the air:** *il fait assez frais ;*
(vin) **take the chill off:** *chambrer.*

The library is a Greek Revival building and the light in the porch is mossy and sunny—bright-green moss, leafy sunlight, lichen on the columns. I am turned on, manic, flying. My relations with Walish at this stage are easy to describe: very cheerful, not a kink[1] in sight, not a touch of darkness. I am keen to learn from him, because I have never seen a progressive college, never lived in the East, never come in contact with the Eastern Establishment[2], of which I have heard so much. What is it all about? A girl to whom I was assigned as adviser has asked for another one because I haven't been psychoanalyzed and can't even begin to relate to her. And this very morning I have spent two hours in a committee meeting to determine whether a course in history should be obligatory for fine-arts majors[3]. Tony Lemnitzer, professor of painting, said, "Let the kids read about the kings and the queens—what can it hoit[4] them?" Brooklyn Tony, who had run away from home to be a circus roustabout became a poster artist and eventually an Abstract Expressionist[5]. "Don't ever feel sorry for Tony," Walish advises me. "The woman he married is a millionairess. She's built him a studio fit for Michelangelo. He's embarrassed to paint, he only whittles there. He carved out two wooden balls inside a birdcage." Walish himself, Early Hip with a Harvard background, suspected at first that my ignorance was a put-on.

---

1. **kink:** *entortillement* (corde), *défaut* (papier); (fig.) *anomalie, aberration.*

2. **the Eastern Establishment:** allusion à l'atmosphère très collet-monté et très compétitive des universités de la côte Est.

3. **major** n.: *matière principale;* **major** (verbe) **in chemistry:** *se spécialiser en chimie.*

4. **hoit:** transposition phonétique de **"hurt"** avec l'accent de Brooklyn.

5. **Abstract Expressionist:** Jackson Pollock (1912-1952), Robert Motherwell (né en 1915), Willem de Kooning (né en 1904), Franz Kline

La bibliothèque est de style néo-classique, et le perron baigné par la lumière du soleil filtré par la mousse — mousse d'un vert vif, lumière du soleil feuillue, lichen sur les colonnes. Je suis exalté, transporté, au septième ciel. A ce stade mes relations avec Walish sont très faciles à décrire : très enjouées, pas la moindre anicroche en vue, pas une ombre au tableau. J'ai beaucoup à apprendre de lui, car je n'ai jamais vu de collège progressiste, n'ai jamais vécu sur la côte Est, et n'ai jamais eu de contacts avec l'establishment de l'Est dont j'ai tant entendu parler. De quoi s'agit-il donc ? Une étudiante dont on m'a confié la direction de recherche a demandé un autre directeur de thèse sous prétexte que je n'ai pas été psychanalysé et que je n'arrive pas à entrer en relation avec elle. Et ce matin même je viens de passer deux heures dans une réunion de section pour déterminer si un cours d'histoire devait être obligatoire pour les spécialistes de beaux-arts. Tony Lemnitzer, professeur de peinture a dit : « Lire des histoires de rois et de reines, ça peut pas leur faire de mal aux mômes. » Tony de Brooklyn, qui s'était enfui de chez lui pour devenir débardeur dans un cirque, était devenu affichiste avant de finir Expressionniste Abstrait. « Inutile de t'apitoyer sur Tony », me conseillait Walish, « il a épousé une milliardaire qui lui a fait construire un atelier digne de Michel-Ange. Il se sent trop mal à l'aise pour y peindre et se contente d'y bricoler. Il a sculpté deux couilles en bois à l'intérieur d'une cage à oiseaux. » Quant à Walish, hippie de la première heure sorti de Harvard, il s'est tout d'abord imaginé que mon ignorance était feinte.

---

(1910-1962) illustrent ce mouvement artistique américain influencé par le surréalisme, qui libère la peinture du cadre perspectif de la Renaissance pour faire éclore les signes de la surface entière de la toile. Cf. *Peinture et sculpture aux États-Unis* de Roland Tissot (Paris : Armand Colin, 1973).

A limping short man, Walish looked at me—looked upward—with real shrewdness[1] and traces of disbelief about[2] the mouth. From Chicago, a Ph.D.[3] out of Bloomington, Indiana, can I be as backward as I seem? But I am good company, and by and by[4] he tells me (is it a secret?) that although he comes from Gloucester, Mass., he's not a real Yankee. His father, a second-generation American, is a machinist, retired, uneducated. One of the old man's letters reads, "Your poor mother—the doctor says she has a groweth on her virginia[5] which he will have to operate. When she goes to surgery I expect you and your sister to be here to stand by me[6]."

There were two limping men in the community, and their names were similar. The other limper, Edmund Welch, justice of the peace[7], walked with a cane. Our Ed, who suffered from curvature of the spine, would not carry a stick, much less wear a built-up shoe. He behaved with sporting nonchalance and defied[8] the orthopedists when they warned that his spinal column would collapse like a stack of dominoes. His style was to be free and limber[9]. You had to take him as he came, no concessions offered. I admired him for that.

---

1. **shrewdness:** *perspicacité, sagacité, astuce.*

2. **about:** *autour de*; **the trees about the pond:** *les arbres qui entourent l'étang*; **the countryside (round) about Glasgow:** *la campagne autour de Glasgow.*

3. **Ph. D.:** abréviation de **Doctor of Philosophy**, équivalent de Docteur d'État.

4. **by and by:** *bientôt, un peu plus tard.*

5. **"virginia":** au lieu de **"vagina"** (le vagin) pour montrer à quel point son père est inculte, un Américain de la seconde génération, c'est-à-dire un fils d'immigrants sans doute pauvres.

6. **stand by someone:** *soutenir, défendre, être fidèle à, ne pas abandonner*; **I stand by what I have said:** *je m'en tiens à ce que j'ai dit.*

c'est du billard — it's a cinch
passer sur le billard — to be operated on.

Petit et boiteux, Walish me regardait, c'est-à-dire qu'il levait les yeux vers moi, avec un air madré et les marques de l'incrédulité autour des lèvres. Venu de Chicago, avec un doctorat de Bloomington, dans l'Indiana, était-il possible que je sois aussi ringard que j'en avais l'air ? J'étais pourtant d'une compagnie agréable. Peu après il m'a révélé (dois-je le dire ?) que bien qu'originaire de Gloucester dans le Massachusetts, il n'est pas un vrai Yankee. Son père, américain de la deuxième génération, est un machiniste inculte, à la retraite. Dans l'une des lettres du vieux on peut lire : « Ta pauvre mère, le docteur dit qu'elle a une grossesse dans le vargin qu'il faudra enlever. Quand elle va passer sur le billard je compte sur ta sœur et toi pour venir me soutenir. »

Il y avait deux boiteux dans le village et ils portaient des noms semblables. L'autre estropié, Edmund Welch, juge de paix, marchait à l'aide d'une canne. Quant à notre ami Ed, qui souffrait d'une déformation de la colonne, il ne voulait pas entendre parler de canne, encore moins d'une chaussure à semelle compensée. Il affectait une fausse décontraction et défiait les orthopédistes qui lui prédisaient que sa colonne vertébrale allait s'effondrer comme une pile de dominos. Il arborait un style libre et alerte. Il fallait le prendre comme il était, sans concessions. Je l'admirais pour cette intransigeance.

---

7. **justice of the peace**: *juge de paix*.

8. **defy**: *défier* ; **the window defied all efforts to open it**: *la fenêtre a résisté à tous (nos ou leurs) efforts pour l'ouvrir*.

9. **limber**: *souple, agile leste*, à ne pas confondre avec **limper**: *boiteux*, utilisé plus haut.

les astuces du métier — tricks of the trade —
madré — crafty, wily, sly.

inculte — (terre) uncultivated, (beard) unkempt,
(esprit, personne) uneducated.

Now, Miss Rose, you have come out of the library for a
breath of air and are[1] leaning, arms crossed, and resting
your head against a Greek column. To give himself more
height, Walish wears his hair thick. You couldn't cram[2] a
hat over it. But I have on a baseball cap. Then, Miss
Rose, you say, smiling at me, "Oh, Dr. Shawmut, in that
cap you look like an archaeologist." Before I can stop
myself, I answer, "And you look like something I just dug[3]
up."

Awful!

The pair of us, Walish and I, hurried on. Eddie, whose
hips were out of line, made an effort to walk more quickly,
and when we were beyond your little library temple I saw
that he was grinning[4] at me, his warm face looking up
into my face with joy, with accusing admiration. He had
witnessed something extraordinary. What this something
might be, whether it came under the heading of fun or
psychopathology or wickedness, nobody could yet judge,
but he was glad. Although he lost no time in clearing
himself of guilt, it was exactly his kind of wisecrack. He
loved to do the Groucho Marx[5] bit, or give an S. J.
Perelman[6] turn to his sentences. As for me, I had become
dead sober, as I generally do after making one of my
cracks. I am as astonished by them as anybody else. They
may be hysterical symptoms, in the clinical sense.

---

1. Notez ici le passage au présent simple qui rend la scène plus
présente et plus proche.

2. **cram:** *fourrer* (**into,** *dans*); **cram books into a case:** *bourrer une
valise de livres;* **we can't cram any more people into the hall:** *on n'a plus
la place de faire entrer qui que ce soit dans la salle;* **we were all crammed
into one room:** *nous étions tous entassés dans une seule salle.*

3. **dig (dug, dug):** *faire des fouilles;* **dig for minerals:** *(creuser pour)
extraire du minerai;* **dig up:** *déterrer, dénicher.*

Incapable de résister à un bon mot, Shawmut se transforme en
grossier personnage, et c'est précisément cette gaffe insultante qui est le
prétexte et le point de départ de tout son récit rétrospectif.

Voilà, Miss Rose, vous étiez sortie de la bibliothèque pour prendre l'air, et, la tête appuyée contre une colonne grecque, vous vous reposiez, les bras croisés. Pour paraître plus grand, Walish portait une tignasse touffue. Impossible d'y enfoncer un chapeau. Mais moi je portais une casquette de base-ball. C'est alors, Miss Rose, que, tout sourire, vous avez dit : «Dites-moi, Dr Shawmut, avec cette casquette vous avez l'air d'un archéologue.» Sans y penser j'ai répondu : «Et vous, vous avez l'air d'une potiche fraîchement déterrée.»

Affreux !

Tous les deux, Walish et moi avions hâté le pas. Eddie avec ses hanches dissymétriques, faisait un effort pour avancer plus rapidement, et une fois dépassée votre petite bibliothèque en forme de temple grec je vis qu'il me souriait de toutes ses dents, tournant son visage chaleureux vers le mien avec joie et une admiration pleine de réprobation. Il venait d'être le témoin d'un événement extraordinaire. Sur la nature exacte de l'événement, sur le fait qu'il entrait dans la catégorie de l'humour, de la psychopathologie ou de la méchanceté, personne ne pouvait encore statuer, mais il était content. Il s'empressa de se disculper mais cette sortie était exactement son style de plaisanterie. Il aimait faire son petit Groucho Marx ou donner à ses phrases des tournures à la S.J. Perelman. Quant à moi j'étais redevenu sérieux comme un pape, comme souvent après une de mes rosseries, qui m'étonnent autant que quiconque. Ce sont peut-être des symptômes hystériques au sens clinique du terme.

---

4. **grin**: *sourire, avoir un large sourire ;* **grin like a Cheshire cat**: *avoir un sourire fendu jusqu'aux oreilles ;* **we must grin and bear it**: *il faut le prendre avec le sourire,* ou, *faire contre mauvaise fortune bon cœur.*

5. **Groucho Marx**: l'un des quatre Marx Brothers, acteurs américains de cinéma, qui ont introduit au cinéma dans les années trente l'univers de l'absurde avec une utilisation burlesque du langage.

6. **Sidney Joseph Perelman** (1904-1979) : humoriste célèbre.

I used to consider myself absolutely normal, but I became
aware long ago that in certain moods my laughing
bordered[1] on hysteria. I myself could hear the abnormal
note. Walish knew very well that I was subject to such
seizures[2], and when he sensed that one of my fits was
approaching, he egged me on[3]. And after he had had his
fun he would say, with a grin like Pan Satyrus, "What a
bastard you are, Shawmut. The sadistic stabs you can
give!" He took care, you see, not to be incriminated as an
accessory[4].

And my joke wasn't even witty, just vile, no excuse for
it, certainly not "inspiration." Why should inspiration be
so idiotic? It was simply idiotic and wicked. Walish used
to tell me, "You're a Surrealist in spite of yourself." His
interpretation was that I had raised myself by painful
efforts from immigrant origins to a middle-class level but
that I avenged myself for the torments and falsifications
of my health instincts, deformities imposed on me by this
adaptation to respectability, the strain of social climbing.
Clever, intricate analysis of this sort was popular in
Greenwich Village[5] at that time, and Walish had picked
up the habit. His letter of last month was filled with
insights of this kind. People seldom give up the mental
capital accumulated in their "best" years. At sixty-odd,
Eddie is still a youthful Villager and associates with
young people, mainly. I have accepted old age.

---

1. **border (up) on**: *être proche de, frôler* ; **border (up) on insanity**: *frôler
la folie* ; **with a boldness bordering (up) on insolence**: *avec une hardiesse
qui frôlait l'insolence.*

2. **seizure** ['si:ʒə]: (...) (médecine) *crise, attaque.*
C'est ainsi que Shawmut se dégage de toute responsabilité vis-à-vis
de ses « gaffes » comme s'il s'agissait de véritables *crises* (**fits**)
incontrôlables et pathologiques.

3. **egg me on**: *pousser, inciter.*

4. **accessory**: cf. **accessary**: (juridique) *complice* ; **accessary
before/after the fact**: *complice par instigation/par assistance.*

Je me croyais autrefois parfaitement normal, mais je savais depuis bien longtemps qu'en certaines circonstances mon rire frisait l'hystérie. Même moi je percevais ce qu'il avait d'anormal. Walish connaissait ma propension à ce genre de crises et lorsqu'il en sentait approcher une il me poussait à la faute. Quand il s'était bien amusé il disait toujours avec un rictus sardonique : « Quel salopard tu fais, Shawmut ! Tu balances de ces vannes sadiques par moments ! » Il veillait avec soin, comme vous le voyez, à ne pas être incriminé comme complice.

Ma plaisanterie n'était même pas spirituelle ; tout juste atroce, sans excuse, et sûrement pas celle de l'inspiration. Comment l'inspiration pourrait-elle être aussi bête ? C'était tout simplement bête et méchant. Walish me disait souvent : « Tu es un surréaliste malgré toi ». Selon son interprétation je m'étais, au prix de pénibles efforts, hissé de mes origines immigrées au niveau de la bourgeoisie, mais je me vengeais des tourments, des altérations subis par ma nature saine et des mutations imposées par cette adaptation à la respectabilité, et par le stress lié à l'ascension sociale. Les analyses complexes et subtiles de ce genre étaient en vogue à Greenwich Village à l'époque et Walish avait suivi le courant. Sa lettre du mois dernier regorge d'intuitions de cet acabit. Il est rare que les gens renoncent au capital mental accumulé durant les « meilleures » années de leur vie. A la soixantaine passée Eddie est toujours le jeune bohême de Greenwich Village et il fréquente surtout des jeunes. Moi, j'ai accepté de vieillir.

---

5. **Greenwich Village**: quartier de Manhattan, haut lieu de la révolte estudiantine et du mouvement hippie des années soixante, point de rencontre des artistes et des écrivains.

Shawmut accuse Walish d'être un nostalgique de ses années de jeunesse contestataire (**"a youthful Villager"**) alors que lui se targue d'avoir mûri en prenant de l'âge.

It isn't easy to write with arthritic fingers. My lawyer, whose fatal advice I followed (he is the youngest brother of my wife, who passed away[1] last year), urged me to go to British Columbia, where, because of the Japanese current, flowers grow in midwinter, and the air is purer. There are indeed primroses out in the snow, but my hands are crippled and I am afraid that I may have to take gold injections if they don't improve. Nevertheless, I build up the fire and sit concentrating in the rocker because I need to make it worth[2] your while to consider these facts with me. If I am to believe Walish, you have trembled from that day onward like a flame on a middle-class altar of undeserved humiliation[3]. One of the insulted and injured.

From my side I have to admit that it was hard for me to acquire decent manners, not because I was naturally rude[4] but because I felt the strain of my position. I came to believe for a time that I couldn't get on in life until I, too, had a false self like everybody else and so I made special efforts to be considerate[5], deferential[6], civil. And of course I overdid[7] things and wiped myself twice where people of better breeding only wiped once. But no such program of betterment could hold me for long. I set it up, and then I tore it down, and burned it in a raging bonfire.

Walish, I must tell you, gives me the business in his letter.

---

1. **pass away:** *décéder, s'éteindre, mourir.*
2. **worth:** *(valeur)* it would be worth (your) while to go and see him: *vous gagneriez à aller le voir* ; it's not worth (my) while waiting for him: *je perds mon temps à l'attendre.*
3. **"altar of undeserved humiliation":** l'expression exagère l'ampleur du délit et lui donne des dimensions socio-religieuses, comme si Shawmut avait commis un crime de « lèse-bourgeoisie ».
4. **rude** (faux ami) : *impoli, mal élevé, insolent ;* would it be rude to ask you your address: *sans indiscrétion peut-on vous demander votre adresse ;* it's rude to stare: *il est impoli de dévisager les gens ;* rude word: *un gros mot.*

Ce n'est pas facile d'écrire avec des doigts déformés par l'arthrose. Mon avocat dont j'ai suivi les funestes conseils (c'est le plus jeune frère de ma femme décédée l'an dernier), m'a pressé de partir pour la Colombie britannique, où, du fait d'un courant japonais, les fleurs s'épanouissent en plein hiver et où l'air est plus pur. On voit, c'est vrai, des primevères sortir de la neige, mais j'ai les mains déformées et je crains de devoir passer aux injections de sels d'or si ça ne s'arrange pas. Néanmoins j'entretiens le feu dans ma cheminée et reste assis bien concentré dans mon fauteuil à bascule car je veux que cet examen des faits présente un intérêt pour vous. Si j'en crois Walish, depuis ce jour-là vous n'avez cessé de vaciller comme un cierge placé sur l'autel bourgeois de l'humiliation imméritée. Vous êtes du côté des victimes et des offensés.

Pour ma part je dois avouer qu'il m'a été difficile d'acquérir de bonnes manières, non parce que j'étais grossier par nature, mais en raison de la tension nerveuse imposée par ma situation. J'en étais venu à croire pour un temps que je n'arriverais à rien si je ne me forgeais pas un faux moi comme tout le monde, si bien que j'ai fait un effort tout particulier pour me montrer prévenant, déférent et courtois. Bien sûr j'en ai rajouté en m'essuyant deux fois là où les gens d'un milieu plus policé ne s'essuient qu'une fois. Mais je ne pouvais pas m'en tenir longtemps à un tel programme d'amélioration. Je l'ai mis en place avant de le démolir et de le jeter dans les flammes crépitantes d'un feu de joie.

Je dois vous le dire : dans sa lettre Walish me passe un savon.

---

5. **considerate** [kən'sɪdərat] : *prévenant, plein d'égards.*

6. **deferential** [defa'renʃl] : *respectueux, plein de déférence ;* **be deferential to somebody:** *se montrer respectueux envers.*

7. **overdo (overdid, overdone):** *exagérer, outrer ;* **overdo it, overdo things:** *exagérer, dépasser la mesure, forcer la note.*

policé — to civilité

Why was it, he asks, that when people groped[1] in conversations I supplied the missing phrases and finished their sentences with greedy pedantry? Walish alleges that I was showing off, shuffling out of my vulgar origins, making up to the genteel and qualifying as the kind of Jew acceptable (just barely) to the Christian society of T. S. Eliot's[2] dreams. Walish pictures me as an upwardly mobile[3] pariah seeking bondage as one would seek salvation. In reaction, he says, I had rebellious fits and became wildly insulting. Walish notes all this well, but he did not come out with it during the years when we were close. He saved it all up. At Ribier College we liked each other. We were friends, somehow. But in the end, somehow, he intended to be a mortal enemy. All the while that he was making the gestures of a close and precious friend he was fattening my soul in a coop till it was ready for killing[4]. My success in musicology may have been too much for him.

Eddie told his wife—he told everyone—what I had said to you. It certainly got around the campus. People laughed, but I was depressed. Remorse: you were a pale woman with thin arms, absorbing the colors of moss, lichen, and limestone into your skin. The heavy library doors were open, and within there were green reading lamps and polished heavy tables, and books massed up to the gallery and above.

---

1. **grope:** *tâtonner, aller à l'aveuglette;* **grope for words:** *chercher ses mots.*

2. **Thomas Stearns Eliot** (1888-1965): poète, critique et auteur dramatique anglais d'origine américaine. Il est ici fait allusion au monde créé par T.S. Eliot à la fois dans ses poèmes ("The Love Song of J. Alfred Prufrock", "Le Chant d'Amour de J. Alfred Prufrock", 1917, "The Waste Land", "La Terre désolée", 1922) et ses pièces de théâtre (*Murder in the Cathedral, Meurtre dans la cathédrale*, 1935, *The Cocktail Party*, 1950) unis par les thèmes chrétiens de pénitence, de rédemption et d'acceptation du destin.

Comment se fait-il, me demande-t-il que lorsque les gens cherchent leurs mots dans une conversation, tu fournis les expressions manquantes et finis leurs phrases avec un pédantisme outrecuidant. Walish prétend que j'en jette plein la vue pour faire oublier ma basse extraction et en remontrer aux patriciens; je cherche à me faire passer pour ce type de Juif que la société chrétienne (telle que T.S. Eliot l'a bâtie en rêve) a du mal à accepter. Walish me dépeint comme un paria aux dents longues en quête d'asservissement comme d'autres sont en quête de salut. C'est, selon lui, par réaction que j'étais pris d'accès de révolte et que je me mettais à insulter tout le monde. Les remarques de Walish sont justes, mais rien n'en a filtré du temps où nous étions proches. Il a tout gardé pour lui. Au collège Ribier nous nous aimions bien. Nous étions amis, en somme. Mais finalement, au fond, il avait l'intention de devenir mon ennemi mortel. Tout le temps où il donnait les signes d'une amitié intime et rare, il engraissait mon âme dans un poulailler en attendant l'heure du sacrifice. Mon succès en musicologie était peut-être difficile à gober pour lui.

Eddie a raconté à sa femme (comme il l'a raconté à tout le monde) ce que je vous avais dit. En fait tout le campus a dû être au courant. Les gens ont beaucoup ri mais moi j'étais déprimé. J'avais des remords : vous étiez pâle, les bras minces, et votre peau absorbait les couleurs de la mousse, du lichen et du calcaire. Les lourdes portes de la bibliothèque étaient ouvertes et l'on apercevait à l'intérieur des lampes de lecture vertes, de lourdes tables astiquées et des livres en rangs serrés jusqu'aux rayonnages les plus hauts.

---

3. **upwardly mobile :** cliché du vocabulaire sociologique américain désignant les groupes sociaux *à mobilité sociale ascendante*.

4. **fattening my soul in a coop till it was ready for killing :** allusion au conte de Grimm "Hansel et Gretel" (« Jeannot et Margot »).

A few of these books were exalted, some were usefully informative, the majority of them would only congest the mind. My Swedenborgian old lady says that angels do not read books. Why should they? Nor, I imagine, can librarians be great readers. They have too many books, most of them burdensome. The crowded shelves give off[1] an inviting, consoling, seductive odor that is also tinctured faintly with something pernicious, with poison and doom[2]. Human beings can lose their lives in libraries. They ought to be warned. And you, an underpriestess of this temple stepping out to look at the sky, and Mr. Lubeck, your chief, a gentle refugee always stumbling over his big senile dog and apologizing to the animal, "Ach, excuse me!" (heavy on the sibilant[3]).

*Personal note[4]: Miss Rose never was pretty, not even what the French call* une belle laide, *or ugly beauty, a woman whose command of sexual forces makes ugliness itself contribute to her erotic power. A* belle laide *(it would be a French idea!) has to be a rolling-mill of lusts. Such force was lacking. No organic basis for it. Fifty years earlier Miss Rose would have been taking Lydia Pinkham's[5] Vegetable Compound. Nevertheless, even if she looked green, a man might have loved her—loved her for her timid warmth, or for the courage she had had to muster to compliment me on my cap.*

---

1. **give (gave, given) off:** *dégager, émettre (chaleur, odeur)* ; **this milk must be bad, it's giving off a nasty smell:** *ce lait doit être tourné, il dégage une odeur nauséabonde.*

2. **doom:** *ruine, perte, destin, sort.*
Comme souvent Shawmut donne une dimension tragique à une situation ordinaire ; ici le propos est doublement ironique dans la mesure où, au moment même où il écrit, il attribue au verbe un pouvoir maléfique.

3. **sibilant:** terme de phonétique. Shawmut souligne ainsi le caractère étranger (d'origine allemande) du libraire (**"Mr. Lubeck, a gentle refugee"**) et fait montre de son intérêt pour les sons.

Quelques-uns de ces livres étaient enflammés, d'autres d'une grande valeur documentaire et la majorité d'entre eux n'étaient bons qu'à vous congestionner l'esprit. D'après cette vieille dame adepte de Swedenborg, les anges ne lisent pas. Au fond, pourquoi le feraient-ils ? J'imagine que les bibliothécaires ne doivent pas non plus être de grands lecteurs. Ils ont à leur disposition trop de livres et des livres ennuyeux pour la plupart. Les étagères surchargées exhalent un parfum alléchant, consolateur et attirant, où l'on perçoit quelque chose de vaguement pernicieux, comme un poison fatal. Les êtres humains peuvent perdre la vie dans les bibliothèques. On devrait les prévenir. Et vous, prêtresse en second de ce temple, qui sortiez regarder le ciel, et Mr Lubbeck, votre chef, aimable réfugié qui se prenait toujours les pieds dans son gros chien sénile et s'excusait auprès de l'animal avec ces mots : « Ach, excuse-moi » (avec la sifflante accentuée).

*Note personnelle : Miss Rose n'a jamais été jolie, et ce n'était même pas ce que les Français appellent une « belle laide », ou beauté laide, c'est-à-dire une femme qui dégage une telle énergie sexuelle que sa laideur même renforce son pouvoir érotique. Une belle laide (il n'y a que les Français pour avoir des idées pareilles !) se doit d'être une bombe sexuelle. Miss Rose n'avait pas cette puissance. Il lui manquait les bases organiques. Cinquante ans plus tôt Miss Rose aurait pris le composé végétal de Lydia Pinkham. Cependant, malgré son teint verdâtre, elle aurait pu être aimée d'un homme, aimée pour sa timidité chaleureuse ou pour le courage dont elle avait su s'armer pour me complimenter sur ma casquette.*

_____

4. **"Personal note"** : rédigée en italiques cette partie du texte est donc censée ne pas être incluse dans la lettre, et fait office d'aparté comme au théâtre.

5. **Lydia Pinkham's Vegetable Compound :** sorte de fortifiant végétal très en vogue, inventé au siècle précédent par une diététicienne avant la lettre.

*Thirty-five years ago I might have bluffed[1] out this
embarrassment with compliments, saying, "Only think,
Miss Rose, how many objects of rare beauty have been
dug up by archaeologists—the Venus de Milo, Assyrian
winged bulls with the faces of great kings. And Michelangelo even buried one of his statues to get the antique look
and then exhumed it." But it's too late for rhetorical
gallantries. I'd be ashamed. Unpretty, unmarried, the
nasty little community laughing at my crack, Miss Rose,
poor thing, must have been in despair.*

Eddie Walish, as I told you, would not act the cripple
despite his spiral back. Even though he slouched[2] and
walked with an outslapping left foot, he carried himself
with style. He wore good English tweeds and Lloyd &
Haig brogans. He himself would say that there were
enough masochistic women around to encourage any
fellow to preen[3] and cut a figure. Handicapped men did
very well[4] with girls of a certain type. You, Miss Rose,
would have done better to save your compliment for him.
But his wife was then expecting; I was the bachelor.

Almost daily during the first sunny days of the term we
went out walking. I found him mysterious then.

I would think: Who is he, anyway, this (suddenly) close
friend of mine? What is this strange figure, the big head
low beside me, whose hair grows high and thick?

---

1. **bluff:** *donner le change, bluffer.* **"Out"** exprime le résultat et se
traduit par un verbe.

2. **slouch:** *mal se tenir en marchant ;* **stop slouching!** *tiens-toi droit !* **he
slouched in/out:** *il entra/sortit en traînant les pieds,* ou *le dos voûté.*

3. **preen:** (plumes) *lisser ;* **the bird was preening itself:** *l'oiseau se lissait
les plumes ;* **she was preening herself in front of the mirror:** *elle se
pomponnait devant la glace.*

4. **do (did, done) well:** *aller bien, bien marcher, bien se débrouiller ;* **the
patient is doing well:** *le malade est en très bonne voie ;* **he's doing well at
school:** *il marche bien à l'école ;* **the roses are doing well this year:** *les
roses viennent bien cette année.*

*Il y a trente-cinq ans j'aurais pu dissiper le malaise sous une avalanche de compliments tels que : « Pensez donc, Miss Rose, à tous les objets d'une beauté sans pareille déterrés par les archéologues — la Vénus de Milo, les taureaux ailés assyriens aux visages de rois prestigieux. Michel-Ange lui-même a enterré une de ses statues pour obtenir la patine antique et l'exhumer ensuite. Mais il est trop tard pour ces fleurs de rhétorique. J'aurais trop honte. Sans attrait, sans mari, dans cette petite communauté fielleuse qui se gaussait de mon mot, Miss Rose, la pauvre, devait être au désespoir. »*

Eddie Walish, comme je vous l'ai dit, refusait de jouer les estropiés malgré son dos en guidon de vélo. Même s'il était voûté et qu'il marchait le pied gauche en dehors, il avait une allure assez élégante. Il portait de bons tweeds anglais et des mocassins de chez Lloyd & Haig. Il disait lui-même qu'il y avait assez de femmes masochistes pour encourager n'importe qui à se bichonner et à se faire beau. Les handicapés avaient beaucoup de succès auprès de femmes d'un certain type. Quant à vous, Miss Rose, vous auriez mieux fait de garder vos amabilités pour lui. Mais à cette époque sa femme attendait un enfant. C'était moi le célibataire.

Presque tous les jours, durant les premiers moments ensoleillés du trimestre nous sortions nous promener. Je le trouvais alors mystérieux.

Je me prenais à penser : Qui est-il au fond, cet ami subitement intime ? Quelle est cette silhouette étrange, cette grosse tête baissée près de moi, avec cette masse de cheveux ?

---

Il y a un jeu de mots (intraduisible) entre les deux sens de **"do well"** : le deuxième dans **"You, Miss Rose, would have done better to save your compliment for him"**, signifie : *bien faire ;* **he did well to take advice :** *il a bien fait de prendre conseil ;* **you would do well to rest more :** *vous feriez bien de vous reposer davantage.*

With a different slant, like whipcord stripes, it grows thickly also from his ears. One of the campus ladies has suggested that I urge him to shave his ears, but why should I? She wouldn't like him better with shaven ears, she only dreams that she might. He has a sort of woodwind laugh, closer to oboe than to clarinet, and he releases his laugh from the wide end of his nose as well as from his carved pumpkin mouth. He grins like Alfred E. Neuman from the cover of *Mad*[1] magazine, the successor to Peck's Bad Boy. His eyes, however, are warm and induce me to move closer and closer, but they withhold what I want most. I long for his affection, I distrust him and love him, I woo[2] him with wisecracks. For he is a wise guy in an up-to-date postmodern existentialist[3] sly manner. He also seems kindly. He seems all sorts of things. Fond of Brecht and Weill[4], he sings "Mackie Messer" and trounces out the tune on the upright piano. This, however, is merely period stuff—German cabaret jazz of the twenties, Berlin's answer to trench warfare and exploded humanism. Catch Eddie allowing himself to be dated like that! Up-to-the-minute Eddie has always been in the avant-garde. An early fan of the Beat poets, he was the first to quote me Allen Ginsberg's wonderful line "America I'm putting my queer[5] shoulder to the wheel."

Eddie made me an appreciative reader of Ginsberg, from whom I learned much about wit.

---

1. *Mad:* magazine humoristique américain qui épingle les personnalités de la télévision ainsi que celles du monde politique.

2. **woo:** *faire la cour à, courtiser; chercher à plaire à.*

3. **up-to-date postmodern, existentialist:** cet enchaînement d'adjectifs ne signifie rien de précis si ce n'est l'appartenance de Walish à un courant de mode vaguement avant-gardiste aux yeux de Shawmut.

4. **Kurt Weill** (1900-1950): compositeur américain d'origine allemande. C'est de sa collaboration avec Bertolt Brecht que naquit une conception nouvelle du théâtre lyrique : un théâtre parlé épique avec des intermèdes musicaux. **"Mackie Messer"**, « Mackie le Surineur » est tiré de *L'Opéra de quat'sous*, 1928.

Ils poussent dru aussi dans ses oreilles mais en formant un angle différent, comme des fils de whipcord. L'une des femmes du campus m'avait suggéré de lui conseiller de se raser les oreilles. Mais à quoi bon? Elle ne l'aurait pas trouvé mieux avec les oreilles rasées; ce n'était qu'une illusion pour elle. Son rire évoque les instruments à vent, plutôt le hautbois que la clarinette et il explose dans la partie largement dilatée de son nez ainsi que dans sa bouche fendue comme une citrouille. Son rictus ressemble à celui de Alfred. E. Neuman sur la couverture du magazine *Mad*, qui a remplacé le Bad Boy de Peck. Cependant ses yeux sont chaleureux et m'incitent à me rapprocher de plus en plus de lui, mais ils me dérobent ce que je désire le plus. Je recherche son affection, je me méfie mais je l'aime et je tente de le séduire avec mes plaisanteries. Car c'est un malin dans le genre existentialiste, dans le coup, post-moderne et sournois. Il a l'air gentil, aussi. En fait, il a l'air d'un tas de choses. Il aime Brecht et Weill et chante Mackie Messer en martelant la mélodie sur son piano droit. Il ne s'agit pourtant là que d'une curiosité rétro: du jazz de cabaret allemand des années vingt, la réponse de Berlin à la guerre de tranchées et à la faillite des valeurs humanistes. Incroyable qu'Eddie se laisse cataloguer de cette façon! L'Eddie dernier cri a toujours appartenu à l'avant-garde. Admirateur de la première heure des poètes Beat, il a été le premier à me citer ce merveilleux vers d'Allen Ginsberg: "Amérique, je fous ma sale main à la pâte".

C'est Eddie qui a fait de moi un fervent lecteur de Ginsberg qui m'a beaucoup appris en matière d'humour.

---

5. **queer:** au dernier vers de son poème "America" (1956), Allen Ginsberg fait un jeu de mots provocateur sur "queer'" qui signifie *bizarre*, mais aussi *homosexuel*.

You may find it odd, Miss Rose (I myself do), that I should have kept up with Ginsberg[1] from way back. Allow me, however, to offer a specimen statement from one of his recent books, which is memorable and also charming. Ginsberg writes that Walt Whitman slept with Edward Carpenter, the author of *Love's Coming-of-Age;* Carpenter afterward became the lover of the grandson of one of our obscurer Presidents, Chester A. Arthur; Gavin Arthur when he was very old was the lover of a San Francisco homosexual who, when he embraced Ginsberg, completed the entire cycle and brought the Sage of Camden[2] in touch with his only true successor and heir. It's all a little like Dr. Pangloss's account of how he came to be infected with syphilis.

Please forgive this, Miss Rose. It seems to me that we will need the broadest possible human background for this inquiry, which may so much affect your emotions and mine. You ought to know to whom you were speaking on that day when you got up your nerve, smiling and trembling, to pay me a compliment—to give me, us, your blessing. Which I repaid with a bad witticism drawn, characteristically, from the depths of my nature, that hoard of strange formulations. I had almost forgotten the event when Walish's letter reached me in Canada. That letter—a strange *megillah*[3] of which I myself was the Haman.

---

1. **Allen Ginsberg:** né en 1926, porte-parole des Beatniks et des hippies, est souvent associé à la poésie inspirée et visionnaire de Blake et de Walt Whitman (1819-1892), poète messianique de l'Amérique.

2. **The Sage of Camden:** Walt Whitman séjourna de 1884 à sa mort en 1892 dans cette ville du New Jersey. La périphrase le désigne.

En rapportant cette filiation imaginée par Ginsberg Shawmut délègue au poète le soin de choquer. Ce parcours mystique d'homme à homme est rendu d'autant plus grotesque qu'il est comparé à l'exemple tiré du *Candide* (1759) de Voltaire. Le précepteur Pangloss (« tout en

Vous trouvez peut-être drôle, Miss Rose (moi, cela m'étonne) que je sois resté depuis toujours un inconditionnel de Ginsberg. Permettez, cependant, que je vous offre une déclaration type tirée de l'un de ses livres récents, mémorable et charmant à la fois. Ginsberg parle de Walt Whitman amant de Edward Carpenter, l'auteur de *L'amour à sa majorité*. Carpenter est ensuite devenu l'amant du petit-fils de l'un de nos présidents les plus obscurs, Chester A. Arthur ; Gavin Arthur, sur ses vieux jours, était l'amant d'un homosexuel de San Francisco, qui, en enlaçant Ginsberg a bouclé la boucle et a fait le lien entre le Sage de Camden et son seul véritable successeur et héritier. C'est un peu le récit de Pangloss qui raconte comment il a contracté la syphilis.

Pardonnez-moi cette digression, Miss Rose, mais il me semble que nous aurons besoin du panorama humain le plus vaste comme toile de fond à cette enquête, qui risque de remuer tant d'émotions pour vous et moi. Il faut que vous sachiez à qui vous vous êtes adressée en ce jour où, toute souriante et tremblante, vous avez pris sur vous de me faire un compliment, c'est-à-dire de me donner votre bénédiction. Ce que j'ai payé de retour par une mauvaise plaisanterie puisée (c'est bien de moi !) au tréfonds de ma nature, qui recèle de bien étranges expressions. J'avais presque oublié l'incident quand la lettre de Walish m'est parvenue au Canada. Cette lettre était une bizarre *megillah* dont j'étais moi-même le Aman.

---

langue ») garde, malgré les leçons de l'expérience, son optimisme inébranlable.

Ce genre de rappel digressif ne peut manquer d'attirer l'attention du lecteur sur les intentions de Shawmut qui, tout en prétendant vouloir faire amende honorable, accumule les exemples douteux et les grossièretés à peine voilées en s'adressant à Miss Rose.

3. **megillah:** (argot yiddish) une explication longue et compliquée.

He must have brooded[1] with *ressentiment* for decades on my character, drawing the profile of my inmost soul over and over and over. He compiled a list of all my faults, my sins, and the particulars[2] are so fine, the inventory so extensive, the summary so condensed, that he must have been collecting, filing, formulating, and polishing furiously throughout the warmest, goldenest days of our friendship. To receive such a document—I ask you to imagine, Miss Rose, how it affected me at a time when I was coping[3] with grief and gross wrongs, mourning my wife (and funnily enough, also my swindling[4] brother), and experiencing *Edad con Sus Disgracias*, discovering that I could no longer straighten my middle finger, reckoning up[5] the labor and sorrow of threescore[6] and ten (rapidly approaching). At our age, my dear, nobody can be indignant or surprised when evil is manifested, but I ask myself again and again, why should Eddie Walish work up my faults for thirty-some years to cast them into my teeth? This is what excites my keenest interest, so keen it makes me scream inwardly. The whole comedy of it comes over me in the night with the intensity of labor pains[7]. I lie in the back bedroom of this little box of a Canadian house, which is scarcely insulated[8], and bear down hard so as not to holler. All the neighbors need is to hear such noises at three in the morning.

---

1. **brood:** *broyer du noir, ruminer.*
2. **particular:** *détail;* in every particular: *en tout point;* he is wrong in one particular: *il se trompe sur un point;* full particulars: *tous les détails, tous les renseignements.*
3. **cope (with):** *se charger de, s'occuper de;* I'll cope with him: *je me charge de lui;* can you cope?: *ça ira, vous y arriverez?;* he's got a lot to cope with: *il a du pain sur la planche.*
4. **swindle:** *escroquer, rouler;* swindle somebody out of his money, swindle somebody's money out of him: *escroquer de l'argent à quelqu'un.*
   Les détails de l'escroquerie en question viendront plus tard.
5. **reckon up:** *calculer, ajouter, additionner.*
6. **threescore:** *soixante;* threescore and ten: *soixante-dix.*

Il a dû nourrir son *ressentiment* à mon sujet pendant des dizaines d'années, traçant et retraçant les contours les plus secrets de mon âme. Il a fait une liste de tous mes défauts et de tous mes péchés, et les détails sont si précis, l'inventaire si exhaustif et le résumé si condensé qu'il a dû rassembler, trier, classer, peaufiner ses données tout au long des années les plus chaleureuses et les plus lumineuses de notre amitié. Recevoir un tel document (je vous demande d'imaginer, Miss Rose, à quel point j'en fus affecté) à une époque où j'étais assailli de soucis et de chagrins, portant le deuil de mon épouse (et assez curieusement celui de mon escroc de frère), en proie à *Edad con Sus Disgracias*, au moment où je me rendais compte que je ne pouvais plus étendre le majeur et où je faisais le bilan de (bientôt) soixante-dix ans de labeur et de chagrin. A notre âge, ma chère, personne n'a le droit de s'indigner ou d'être surpris lorsque le mal se manifeste, mais je me demande sans cesse pourquoi il a fallu qu'Eddie Walish rumine mes défauts pendant trente et quelques années, avant de me les balancer dans les gencives. Voilà une question qui suscite mon plus vif intérêt, si vif qu'il me fait hurler intérieurement. Toute cette comédie me saisit la nuit avec l'intensité des douleurs de l'enfantement. Je suis allongé dans la petite chambre du fond de cette maison canadienne minuscule et mal isolée et je m'enfonce dans mon lit pour ne pas me mettre à hurler. Il ne manquerait plus que les voisins entendent des cris à trois heures du matin.

---

7. **labor pains:** *douleurs de l'accouchement.*

8. **insulate:** *isoler ;* **insulation:** *isolation :* **the insulation in this house is bad:** *l'isolation de cette maison est défectueuse.*

En plus de tous ses maux physiques et moraux, Shawmut souffre du froid dans cette cabane mal chauffée de Colombie britannique, symbole de ses échecs et de sa ruine dont nous ne connaissons pas encore les causes.

And there isn't a soul in British Columbia I can discuss this with. My only acquaintance is Mrs. Gracewell, the old woman (she is very old) who studies occult literature, and I can't bother her with so different a branch of experience. Our conversations are entirely theoretical... One helpful remark she did make, and this was: "The lower self is what the Psalmist[1] referred to when he wrote, 'I am a worm and no man.' The higher self, few people are equipped to observe. This is the reason they speak so unkindly of one another."

More than once Walish's document (denunciation) took off[2] from Ginsberg's poetry and prose, and so I finally sent an order to City Lights[3] in San Francisco and have spent many evenings studying books of his I had missed—he publishes so many tiny[4] ones. Ginsberg takes a stand for[5] true tenderness and full candor[6]. Real candor means excremental and genital literalness. What Ginsberg[7] opts for is the warmth of a freely copulating, manly, womanly, comradely, "open road" humanity which doesn't neglect to pray and to meditate. He speaks with horror of our "plastic culture," which he connects somewhat obsessively with the CIA. And in addition to the CIA there are other spydoms, linked with Exxon, Mobil, Standard Oil of California, sinister Occidental Petroleum with its Kremlin connections (that *is* a weird one to contemplate, undeniably).

---

1. **the Psalmist:** le roi David à qui l'on attribue la composition de certains psaumes bibliques.

2. **take (took, taken) off:** *imiter, pasticher.*

3. **City Lights:** est le nom de la petite maison d'édition californienne qui publie les poèmes d'Allen Ginsberg et d'autres poètes de la *Beat generation* depuis les origines, dans les années cinquante.

4. **tiny:** allusion ironique au format des recueils de poèmes de Ginsberg publiés par City Lights Books.

5. **take a stand for:** *prendre position pour.*

6. **candor** (faux ami): *franchise, sincérité;* **candid:** *franc, sincère, qui*

Mais il n'y a pas un seul être en Colombie britannique avec qui je puisse en discuter. La seule personne que je connaisse est Mrs. Gracewell, la vieille dame (elle est vraiment très vieille) qui étudie l'occultisme et je ne peux pas l'ennuyer avec les histoires d'un monde aussi différent. Nos conversations sont toutes théoriques. Certes elle a fait une fois une remarque utile, à savoir : « Le moi inférieur est ce que le Psalmiste désignait en ces termes : "Je suis un vers, je ne suis pas un homme". Le moi supérieur, peu de gens sont à même de le contempler. C'est pourquoi ils parlent les uns des autres avec si peu d'aménité. »

Plus d'une fois le document de Walish (sa dénonciation) s'inspire des poèmes et de la prose de Ginsberg, si bien que j'ai fini par faire une commande à City Lights à San Francisco et j'ai passé plusieurs soirées à étudier les livres qui avaient échappé à ma lecture — il faut dire qu'il en publie tellement et de minuscules. Ginsberg est l'apôtre de la tendresse et de la sincérité la plus nue. La vraie sincérité veut dire qu'il parle sans détour des réalités excrémentielles et génitales. Ce que Ginsberg choisit c'est la chaleur d'une humanité qui fornique librement, hommes, femmes, camarades, une humanité de la grand-route, qui n'oublie pas de prier et de méditer. Il parle avec dégoût de notre culture frelatée qu'il relie d'une manière assez obsessionnelle à la C.I.A. Et en plus de la C.I.A. il y a d'autres repères d'espions rattachés à Exxon, Mobil, Standard Oil of California, et Occidental Petroleum de sinistre réputation avec ses accointances au Kremlin (il faut avouer que ça c'est tout de même dur à imaginer).

---

*ne cache rien ;* **he gave me his candid opinion of it :** *il m'a dit franchement ce qu'il en pensait.*

7. **Ginsberg :** ici Shawmut fait un résumé drôle et succinct des opinions exprimées par Ginsberg, mélange de provocation et d'appel à la liberté totale des corps et des esprits, la C.I.A. étant le symbole même de l'embrigadement et du pouvoir maléfique de la société capitaliste.

Supercapitalism and its carcinogenic[1] petrochemical technology are linked through James Jesus Angleton, a high official of the Intelligence Community, to T. S. Eliot[2], one of his pals. Angleton, in his youth the editor of a literary magazine, had the declared aim of revitalizing the culture of the West against the "so-to-speak Stalinists." The ghost of T. S. Eliot, interviewed by Ginsberg on the fantail of a ship somewhere in death's waters, admits to having done little spy jobs for Angleton. Against these, the Children of Darkness, Ginsberg ranges the gurus, the bearded meditators, the poets loyal to Blake[3] and Whitman, the "holy creeps[4]," the lyrical, unsophisticated homosexuals whose little groups the secret police track on their computers, amongst whom they plant provocateurs, and whom they try to corrupt with heroin. This psychopathic vision, so touching because there is, realistically so much to be afraid of, and also because of the hunger for goodness reflected in it, a screwball defense of beauty, I value more than my accuser, Walish, does. I truly understand. To Ginsberg's sexual Fourth of July[5] fireworks I say, Tee-hee. But then I muse sympathetically over his obsessions, combing my mustache downward with my fingernails, my eyes feeling keen as I try to figure him. I am a more disinterested Ginsberg admirer than Eddie is. Eddie, so to speak, comes to the table with a croupier's rake. He works for the house. He skims from poetry.

---

1. **carcinogenic:** *cancérigène;* **carcinoma:** *carcinome* (tumeur cancéreuse épithéliale ou glandulaire).

2. L'alliance entre la C.I.A. et T.S. Eliot correspond aux élucubrations de Ginsberg. En les citant avec une telle ferveur Shawmut se démarque du conformisme universitaire ambiant afin de montrer son désaccord profond avec celui qui l'accuse.

3. **William Blake** (1757-1827) avec son ton prophétique et son lyrisme visionnaire a beaucoup inspiré Ginsberg qui lui emprunte certains symboles et sa fougue révolutionnaire. De même Ginsberg se réclame de Walt Whitman (1819-1892), le barde américain de l'individualisme et des perspectives démocratiques.

Le supercapitalisme et sa technologie pétrochimique cancérigène seraient liés par le truchement de James Jesus
Angleton, haut responsable des services secrets, à T.S.
Eliot, l'un de ses copains. Angleton, rédacteur en chef dans
sa jeunesse, d'un magazine littéraire, avait le but avoué de
réinjecter du sang neuf dans la culture occidentale pour
contrer les « pseudo-staliniens ». Le fantôme de T.S. Eliot
interviewé par Ginsberg à l'arrière d'un bateau, quelque
part dans les eaux de la mort, reconnaît avoir fait quelques
petits travaux de renseignement pour Angleton. A ces
Enfants de l'Ombre, Ginsberg oppose les gourous, professionnels barbus de la méditation, fidèles à Blake et à
Whitman, les « saints dévoyés », les homosexuels lyriques et
sans fard, groupuscules que la police secrète traque sur ses
ordinateurs, et parmi lesquels elle poste des provocateurs,
et qu'elle essaie de corrompre avec de l'héroïne. A cette
vision psychopathique si émouvante car en vérité le danger
est grand, et aussi en ce qu'elle reflète d'appétit, de bonté,
de défense exacerbée de la beauté, j'attache plus de prix
que mon adversaire Walish. Je comprends profondément
son message. Devant les feux d'artifice sexuels tirés par
Ginsberg je m'esclaffe. Et puis je repense avec bienveil-
lance à ses obsessions en me lissant la moustache du bout
des ongles, les yeux tendus par l'effort de le déchiffrer. Je
suis un admirateur de Ginsberg plus désintéressé qu'Eddie.
Eddie vient pour ainsi dire à la table de Ginsberg avec un
râteau de croupier. Il travaille pour la maison. Il écume la
poésie.

---

4. **creep: it gives me the creeps:** *cela me donne la chair de poule ;* **he's a
creep:** *il me dégoûte, c'est un saligaud.*

L'adjectif « holy » évoque le mysticisme diffus de Ginsberg qui fait
des homosexuels et des exclus de tout poil les saints du monde
moderne.

5. **Fourth of July:** fête nationale qui célèbre l'indépendance américaine et en particulier l'adoption de la Déclaration d'Indépendance en
1776.

One of Walish's long-standing problems was that he looked distinctly Jewy. Certain people were distrustful and took against[1] him with gratuitous hostility, suspecting that he was trying to pass for a full American. They'd sometimes say, as if discovering how much force it gave them to be brazen (force is always welcome), "What was your name before it was Walish?"—a question of the type that Jews often hear. His parents were descended from north of Ireland Protestants, actually, and his mother's family name was Ballard. He signs himself Edward Ballard Walish. He pretended not to mind this. A taste of persecution made him friendly to Jews, or so he said. Uncritically delighted with his friendship, I chose to believe him.

It turns out[2] that after many years of concealed teetering[3], Walish concluded that I was a fool. It was when the public began to take me seriously that he lost patience with me and his affection turned to rancor. My TV programs on music history were what did it. I can envision this—Walish watching the screen in a soiled woolen dressing gown, cupping one elbow in his hand and sucking a cigarette, assailing me while I go on about Haydn's last days, or Mozart and Salieri[4], developing themes on the harpsichord: "Superstar! What a horseshit idiot!" "Christ! How phony can you get!" "Huckleberry Fink[5]!"

---

1. **take (took, taken) against:** *prendre en grippe.*

2. **turn out:** *s'avérer;* it turned out to be true: *cela s'est avéré juste;* he turned out to be a good student: *il s'est révélé bon étudiant;* as it turned out, nobody came: *en fin de compte, personne n'est venu.*

3. **teeter:** *chanceler, vaciller;* teeter on the edge/brink of: *être prêt à tomber dans;* (U.S.) **teeter totter:** *jeu de bascule.*

4. **Antonio Salieri** (1750-1825): compositeur italien, maître de chapelle à la cour de Vienne. La pièce du dramaturge anglais Peter Shaffer, *Amadeus* (1980) dont le réalisateur américain Milos Forman a fait un film, donne à Salieri une dimension complexe et trouble, surtout dans ses relations avec Mozart.

L'un des plus anciens problèmes de Walish était son air manifestement juif. Certains se méfiaient de lui et s'en prenaient à lui avec une acrimonie gratuite, soupçonnant qu'il essayait de se faire passer pour un Américain pur-sang. Il leur arrivait de demander, comme s'ils découvraient le pouvoir de l'effronterie (le pouvoir c'est toujours utile) « Et avant, vous vous appeliez comment ? ». C'est le genre de questions que les Juifs entendent souvent. En réalité ses parents descendaient d'une famille protestante d'Irlande du Nord et le nom patronymique de sa mère était Ballard. D'ailleurs il signe Edward Ballard Walish. Il affectait de ne pas se soucier de ces questions. Son goût de la persécution l'avait rendu sympathique aux Juifs, c'est du moins ce qu'il disait. J'étais si enchanté de cette amitié que j'avais choisi de le croire.

Or il se trouve qu'après bien des années de doute secret, Walish en est arrivé à la conclusion que j'étais un imbécile. C'est lorsque le public a commencé à me prendre au sérieux qu'il a perdu patience avec moi et que son affection s'est changée en rancœur. Ce sont mes émissions de télévision sur l'histoire de la musique qui ont tout déclenché. Je vois bien le tableau : Walish devant son poste, vêtu d'une robe de chambre de laine sale, tirant sur une cigarette, le coude appuyé dans la main, et me couvrant d'injures tandis que je disserte sur les derniers jours de la vie de Haydn, ou sur Mozart et Salieri, tout en improvisant au clavecin. « Génial ! Quel con intégral ! Bon Dieu ! ce que tu peux être bidon ! » « Marcel Prout. »

---

5. **Huckleberry Fink** : il y a ici un jeu de mots impossible à garder littéralement : Huckleberry Finn est le héros de Mark Twain, symbole de l'innocence de la frontière, tandis que "fink" désigne un jaune, un mouchard, un sale type. La transposition en français en "Marcel Prout" tente d'évoquer une semblable dérision par rapport à un monument de la littérature.

My own name, Shawmut, had obviously been tampered with[1]. The tampering was done long years before my father landed in America by his brother Pinye, the one who wore a pince-nez and was a music copyist for Sholom Secunda. The family must have been called Shamus or, even more degrading, Untershamus. The *untershamus*[2], lowest of the low in the Old World synagogue, was a quasi-unemployable incompetent and hanger-on, tangle-bearded and cursed with comic ailments like a large hernia or scrofula, a pauper's pauper. *"Orm,"* as my father would say, *"auf steiffleivent." Steiffleivent* was the stiff linen-and-horsehair fabric that tailors would put into the lining[3] of a jacket to give it shape. There was nothing cheaper. "He was so poor that he dressed in dummy cloth." Cheaper than a shroud. But in America Shawmut turns out to be the name of a chain of banks in Massachusetts. How do you like *them* apples! You may have heard charming, appealing, sentimental things about Yiddish, but Yiddish is a *hard* language, Miss Rose. Yiddish is severe and bears down[4] without mercy[5]. Yes, it is often delicate, lovely, but it can be explosive as well. "A face like a slop[6] jar," "a face like a bucket of swill[7]." (Pig connotations give special force to Yiddish epithets.) If there is a demiurge who inspires me to speak wildly, he may have been attracted to me by this violent unsparing[8] language.

---

1. **tamper with:** *toucher, fausser, falsifier.*

2. Par ses explications en yiddish, Shawmut souligne l'importance qu'il attache à ses origines juives, ce qui lui permettra par la suite d'attribuer ses écarts de langage à un atavisme qui le dépasse.

3. **lining:** *la doublure;* **every cloud has a silver lining** (dicton): *à quelque chose malheur est bon* (voir le jeu de mots page suivante).

4. **bear (bore, borne) down on:** *venir sur, foncer sur; peser sur;* **bear down on the enemy:** *arriver sur l'ennemi.*

5. **mercy:** *pitié, indulgence;* **without mercy:** *sans pitié.*

Mon propre nom, Shawmut, avait de toute évidence été déformé. Cette déformation avait été opérée de nombreuses années avant l'arrivée de mon père en Amérique, par son frère Pinye, celui qui portait un pince-nez et copiait de la musique pour Sholom Secunda. La famille avait dû s'appeler Shamus, ou, plus dégradant encore, Untershamus. L'*untershamus*, le dernier des derniers à la synagogue du vieux monde, était un incompétent quasi-inemployable, un traîne-savates à la barbe emmêlée et affligé de maux ridicules, comme des hernies ou des scrofules, le plus minable des minables. « *Orm*, comme disait mon père, *auf steiffleivent.* » *Steiffleivent* désignait le tissu de lin et de crin raide que les tailleurs mettaient dans la doublure d'une veste pour lui donner de la tenue. Il n'y avait rien de plus misérable. « Il était si pauvre qu'il s'habillait de toile de tapissier. » Plus misérable qu'un linceul. Mais il se trouve qu'en Amérique Shawmut est le nom d'une banque à succursales du Massachusetts. Qu'est ce que vous dites de ça ? Peut-être avez-vous entendu des propos charmants, séduisants, pleins de sentiment sur le yiddish, mais le yiddish est une langue brutale, Miss Rose. Le yiddish est cruel, il ne fait pas de quartier. S'il sait souvent être raffiné, et agréable, il peut aussi être détonnant. « Une face de seau hygiénique », « un visage d'auge à cochons ». (Les connotations porcines donnent une force particulière aux épithètes yiddish.) S'il existe un démiurge qui m'inspire des propos féroces, a-t-il peut-être été attiré vers moi par ce langage violent et impitoyable.

---

6. **slops:** *eaux sales ;* **slop bucket, slop pail:** *boîte à ordures, seau de toilette, seau à pâtée.*

7. **swill:** *pâtée* (pour les cochons), *eaux grasses.*

8. **unsparing:** *prodigue, généreux ;* **unsparing in one's efforts to do:** *ne pas ménager ses efforts pour faire ;* (ici) *cruel, impitoyable ;* **unsparing of others:** *impitoyable pour les autres.*

As I tell you this, I believe that you are willingly following, and I feel the greatest affection for you. I am very much alone in Vancouver, but that is my own fault, too. When I arrived, I was invited to a party by local musicians, and I failed to please. They gave me their Canadian test for U.S. visitors: Was I a Reaganite? I couldn't be that, but the key question was whether El Salvador might not be another Vietnam, and I lost half of the company at once by my reply: "Nothing of the kind. The North Vietnamese are seasoned[1] soldiers with a military tradition of many centuries—*really* tough people. Salvadorans are Indian peasants." Why couldn't I have kept my mouth shut? What do I care about Vietnam? Two or three sympathetic[2] guests remained, and these I drove away as follows: A professor from UBC[3] observed that he agreed with Alexander Pope[4] about the ultimate unreality of evil. Seen from the highest point of metaphysics. To a rational mind, nothing bad ever really happens. He was talking high-minded balls[5]. Twaddle[6]! I thought. I said, "Oh? Do you mean that every gas chamber has a silver lining[7]?"

That did it, and now I take my daily walks alone.

It is very beautiful here, with snow mountains and still harbors. Port facilities are said to be limited and freighters have to wait (at a daily free of $10,000[8]).

---

1. **seasoned:** *expérimenté, chevronné, aguerri;* a seasoned campaigner for civil rights: *un vétéran des campagnes pour les droits civils.*

2. **sympathetic** (faux ami): *compatissant; bienveillant, compréhensif;* you will find him very sympathetic: *vous le trouverez bien disposé à votre égard.*

3. **U.B.C.:** initiales de l'Université de Colombie britannique.

4. **Alexander Pope** (1688-1744): poète et essayiste anglais, il affirme la bonté et la dignité naturelles de l'homme dans son *Essai sur l'Homme* (1734) formé de quatre épîtres adressées à Lord Bolingbroke.

5. **balls:** *conneries.*

6. **twaddle:** *âneries, balivernes, fadaises.*

Comme je vous raconte tout cela, je pense que vous me suivez de bonne grâce et je ressens pour vous la plus vive affection. Je suis très seul à Vancouver mais après tout c'est de ma faute. A mon arrivée j'ai été invité à une soirée donnée par des musiciens du cru, et je n'ai pas été apprécié. Ils m'ont fait subir le test réservé aux visiteurs venant des Etats-Unis : « Etais-je reaganien ? » Ils se doutaient bien que non, mais la question clé était de savoir si le Salvador ne risquait pas de devenir un autre Viêt-nam. Je me suis aussitôt mis à dos la moitié de l'assistance, en répondant : « Pas du tout. Les Nord-vietnamiens étaient des soldats expérimentés avec une tradition militaire qui remonte à plusieurs siècles, de vrais durs. Les Salvadoriens sont des paysans indiens. » Je n'aurais pas pu me taire ? Qu'est-ce que j'en avais à faire du Viêt-nam ? Deux ou trois invités compréhensifs sont restés et ceux-là je les ai éconduits de la manière suivante : un professeur de UBC a fait remarquer qu'il était d'accord avec Alexander Pope quant à l'irréalité fondamentale du mal. D'un point de vue purement métaphysique. Pour un esprit rationnel il ne se passe jamais rien de mal. Il déconnait à pleins tubes. Foutaises ! Après réflexion j'ai dit : « Oh ? vous voulez dire qu'à quelque chambre à gaz malheur est bon ? »

Ce fut le coup de grâce et maintenant je fais ma promenade quotidienne tout seul.

C'est beau ici avec les montagnes enneigées et les ports tranquilles. Les capacités d'accueil du port sont limitées, dit-on, et les cargos sont obligés d'attendre (à un taux de 10 000 $ par jour).

---

7. **a silver lining :** ici Shawmut transforme le dicton "every cloud has a silver lining" (cf. page précédente) de manière provocatrice, et toujours en référence à ses origines juives.

8. La précision documentaire apportée ici est un indice de l'obsession de Shawmut vis-à-vis des questions financières, que le récit de ses mésaventures permettra de mieux comprendre.

To see them at anchor is pleasant. They suggest the "Invitation au Voyage[1]," and also "Anywhere, anywhere, Out of the world[2]!" But what a clean and civilized city this is, with its clear northern waters and, beyond, the sense of an unlimited wilderness beginning where the forests bristle[3], spreading northward for millions of square miles and ending at ice whorls[4] around the Pole.

Provincial academics took offense at my quirks[5]. Too bad.

But lest it appear that I am always dishing it out[6], let me tell you, Miss Rose, that I have often been on the receiving end, put down by virtuosi, by artists greater than myself, in this line. The late Kippenberg, prince of musicologists, when we were at a conference in the Villa Serbelloni on Lake Como, invited me to his rooms one night to give him a preview of my paper. Well, he didn't actually invite me. I was eager. The suggestion was mine and he didn't have the heart to refuse. He was a huge man dressed in velvet dinner clothes, a copious costume, kelly green[7] in color, upon which his large, pale, clever head seemed to have been deposited by a boom. Although he walked with two sticks, a sort of *diable boiteux*, there was no one faster with a word. He had published *the* great work on Rossini, and Rossini himself had made immortal wisecracks (like the one about Wagner: *"Il a de beaux moments mais de mauvais quarts d'heure"*).

---

1. **"L'Invitation au voyage"**: poème de C. Baudelaire dans *Les Fleurs du mal (Spleen et Idéal)*.

2. « N'importe où hors du monde »: vers de Baudelaire dans la section quarante-huit du *Spleen de Paris* (1869), où apparaît la phrase en français et en anglais, car elle provient d'un poème de Thomas Hood « *Pont des Soupirs* » (**"Bridge of Sighs"**), traduit en 1865 par Baudelaire. Edgar A. Poe le cite dans son essai *Le Principe de la Poésie* (1850).

3. **bristle**: *se hérisser;* (fig.) **shirt bristling with pins**: *chemise hérissée d'épingles;* **bristling with difficulties**: *hérissé de difficultés.*

C'est agréable de les voir à l'ancre. Ils évoquent « L'Invitation au Voyage » et aussi « N'importe où hors du monde ». Mais que cette ville est propre et civilisée avec ses eaux nordiques claires et au loin l'impression d'une nature vierge et sans borne commençant là où se dresse la forêt, pour s'étendre sur des millions de mètres carrés et s'arrêter aux volutes de glace qui entourent le pôle.

Les universitaires de province se sont offusqués de mes bizarreries. Tant pis.

Mais de peur d'avoir toujours l'air de celui qui balance des vannes, permettez-moi de préciser, Miss Rose, que je me suis souvent trouvé dans le rôle de la victime, écrasé par des virtuoses, des artistes plus doués que moi dans ce domaine. Feu Kippenberg, prince des musicologues, qui, lors d'une conférence à la villa Serbelloni sur le lac de Côme, m'a invité un soir dans ses appartements pour écouter mon exposé en avant-première. A vrai dire il ne m'avait pas vraiment invité. C'est moi qui en mourais d'envie. Je le lui ai soufflé et il n'a pas eu le coeur de refuser. C'était un homme colossal vêtu d'un smoking de velours, un costume somptueux de couleur vert vif, sur lequel sa grosse tête pâle semblait avoir été déposée par une grue. Il avait beau marcher avec deux cannes comme un diable boiteux, il n'avait pas son pareil pour décocher les traits les plus vifs. Il avait publié l'ouvrage qui faisait autorité sur Rossini, et Rossini lui-même avait eu des bons mots mémorables (comme celui sur Wagner : « Il a de beaux moments, mais de mauvais quarts d'heure. »)

---

4. **whorl** [wɜːl]: *volute, spire;* **whorls of cream:** *des tortillons de crème.*

5. **quirk:** *bizarrerie, excentricité;* **it's just one of his quirks:** *c'est encore une de ses excentricités.*

6. **dish out:** *servir, distribuer, administrer;* **dish it out to somebody:** *flanquer une correction à quelqu'un; passer un savon à quelqu'un.*

7. **kelly green:** *le vert typiquement irlandais, vif et lumineux.*

You have to imagine also the suite[1] that Kippenberg occupied at the villa, eighteenth-century rooms, taffeta sofas, brocades, cool statuary, hot silk lamps. The servants had already shuttered[2] the windows for the night, so the parlor was very close. Anyway, I was reading to the worldly-wise and learned Kippenberg, all swelled out in green, his long mouth agreeably composed. Funny eyes the man had, too, set at the sides of his head as if for bilateral vision, and eyebrows like caterpillars from the Tree of Knowledge[3]. As I was reading he began to nod[4]. I said, "I'm afraid I'm putting you to sleep, Professor." "No, no—on the contrary, you're keeping me awake," he said. That, and at my expense[5], was genius, and it was a privilege to have provoked it. He had been sitting, massive, with his two sticks, as if he were on a slope, skiing into profound sleep. But even at the brink, when it was being extinguished, the unique treasure of his consciousness could still dazzle[6]. I would have gone around the world for such a put-down[7].

Let me, however, return to Walish for a moment. The Walishes lived in a small country house belonging to the college. It was down in the woods, which at that season were dusty[8]. You may remember, in Florida, what New England woods are in a dry autumn—pollen, woodsmoke,

---

1. **suite** [swiːt]: *appartement, suite.*

2. **shutter:** *volet;* **put up the shutters:** *fermer les volets;* (fig.) *fermer boutique;* **shuttered:** *aux volets fermés.*

3. **The Tree of Knowledge:** allusion aux premiers chapitres de la Genèse où l'on voit l'homme recevant de son Créateur la défense formelle de goûter au fruit de « *l'arbre de la connaissance du bien et du mal* ».

4. **nod:** *hocher la tête, faire signe que oui; sommeiller, somnoler,* **he was nodding over a book:** *il somnolait sur un livre;* (fig.) **catch somebody nodding:** *prendre quelqu'un en défaut;* **the land of Nods:** *le pays des songes.*

5. **at my expense:** *à mes dépens;* **have a good laugh at somebody's expense:** *bien rire aux dépens de quelqu'un.*

Imaginez un peu la suite qu'occupait Kippenberg à la villa : dans le plus pur style dix-huitième, des sofas recouverts de taffetas, du brocart, des statues glacées, des lampes aux abat-jour de soie chaleureuses. Les serviteurs avaient déjà fermé les volets pour la nuit, si bien que le salon était plus intime. Toujours est-il que je faisais la lecture à ce Kippenberg, tout rehaussé de vert, dont la longue bouche portait l'expression agréable d'un homme plein d'expérience et de culture. Il avait aussi de drôles d'yeux placés de chaque côté de la tête comme pour assurer une vision bilatérale, et des sourcils comme des chenilles sorties de l'Arbre de la Connaissance. Tandis que je lisais il se mit à dodeliner de la tête. Alors je lui ai dit : « J'ai la fâcheuse impression que je vous endors, Professeur. — Non, non, au contraire, vous m'empêchez de dormir », dit-il. C'était là un trait de génie exprimé à mes dépens et l'avoir provoqué était un privilège. Il était assis là, imposant, flanqué de ses deux cannes, comme s'il descendait une piste de ski menant vers les profondeurs du sommeil. Mais à l'instant de sombrer, le trésor unique de sa conscience pouvait encore étinceler alors même qu'il était prêt à s'éteindre. J'aurais fait le tour du monde pour recevoir une telle leçon.

Mais, si vous le voulez bien, revenons à Walish un instant. Les Walish vivaient dans un petit manoir appartenant au collège. Il était situé dans les bois, qui, à cette saison, avaient quelque chose de poudreux. De votre Floride, vous vous souvenez peut-être de l'aspect des bois de Nouvelle-Angleterre par un automne très sec : le pollen, la fumée,

---

6. **dazzle**: *éblouir, aveugler.*

7. **put-down**: *dénigrement, rebuffade.*

8. **dusty**: *poussiéreux, couvert de poussière ;* **dusty pink**: *vieux rose ;* **dusty blue**: *bleu cendré.*

decayed and mealy leaves, spider webs, perhaps the wing
powder of dead moths. Arriving at the Walishes' stone
gateposts, if we found bottles left by the milkman we'd
grab them by the neck and, yelling, hurl[1] them into the
bushes. The milk was ordered for Peg Walish, who was
pregnant but hated the stuff and wouldn't drink it
anyway. Peg was socially above her husband. Anybody,
in those days, could be; Walish had below him only
Negroes and Jews, and owing to his Jewy look, was not
secure even in this advantage. Bohemianism therefore
gave him strength. Mrs. Walish enjoyed her husband's
bohemian style, or said she did. My Pergolesi and Haydn
made me less objectionable[2] to her than I might otherwise
have been. Besides, I was lively company for her husband. Believe me, he needed lively company. He was
depressed; his wife was worried. When she looked at me I
saw the remedy-light in her eyes.

Like Alice[3] after she had emptied the DRINK ME bottle in
Wonderland, Peg was very tall; bony but delicate, she
resembled a silent-movie star named Colleen Moore[4], a
round-eyed ingenue with bangs. In her fourth month of
pregnancy, Peg was still working at Filene's, and Eddie,
unwilling to get up in the morning to drive her to the
station, spent long days in bed under the faded patchwork
quilts. Pink[5], when it isn't fresh and lively, can be a
desperate color.

---

1. **hurl:** *jeter/lancer avec violence ;* **they were hurled to the ground by
the blast:** *ils ont été précipités à terre par le souffle de l'explosion ;* **they
hurled themselves into the fray:** *ils se sont jetés dans la mêlée.*

2. **objectionable:** *inadmissible, inacceptable, répréhensible, blâmable.*

3. **Alice:** allusion à un passage d'*Alice au Pays des Merveilles (Alice's
Adventures in Wonderland,* 1865) de Lewis Carroll : Alice trouve une
fiole portant une étiquette où se trouve l'inscription « Bois-Moi ». Après
quelque hésitation Alice en boit le contenu pour s'apercevoir qu'elle
rapetisse. Ici Shawmut confond cet épisode avec le suivant où Alice
trouve un gâteau marqué « Mange-Moi » qui la fait grandir de manière
vertigineuse.

les feuilles pourries et tavelées, les toiles d'araignée, peut-être la poussière détachée des ailes de papillons de nuit morts. Si, en arrivant aux piliers en pierre du portail de chez les Walish, nous trouvions des bouteilles de lait déposées par le laitier, nous les attrapions par le goulot pour les jeter dans les buissons en poussant des cris. Le lait était destiné à Peg Walish qui était enceinte mais détestait le lait et refusait d'en boire. Peg était d'un meilleur milieu que son mari. D'ailleurs, à cette époque-là, ce n'était pas difficile ; seuls les Noirs et les Juifs étaient inférieurs à Walish et du fait de son air juif il n'était même pas assuré de cet avantage. C'est pourquoi le style bohème lui donnait du poids. Mrs Walish appréciait le style de son mari, ou du moins c'est ce qu'elle disait. Du fait de mon Pergolèse et Haydn je trouvais grâce à ses yeux, ce qui n'aurait pas été évident autrement. D'autre part j'étais un compagnon agréable pour son mari. Et croyez-moi il avait besoin de compagnie agréable. Il était déprimé ; sa femme s'inquiétait. Quand elle me regardait je sentais une lueur de soulagement dans ses yeux.

Peg était très grande, comme Alice au Pays des Merveilles une fois qu'elle a vidé la bouteille « BOIS-MOI ». Anguleuse mais fine, elle ressemblait à une vedette du cinéma muet qui s'appelait Colleen Moore, une ingénue aux yeux ronds, avec une frange. A son quatrième mois de grossesse Peg travaillait toujours chez Filene et Eddie qui ne voulait pas se lever tôt le matin pour l'amener à la gare, passait de longues journées sous son couvre-lit en patch-work défraîchi. Le rose, quand il n'est pas frais et pimpant peut être une couleur désolante.

---

4. **Colleen Moore**: actrice de cinéma célèbre dans les années vingt.

5. **pink**: étant donné que cette lettre s'adresse à Miss Rose, l'allusion à un *rose* défraîchi peut être vue comme une perfidie supplémentaire du narrateur.

The pink of Walish's quilts sank[1] my heart when I came looking for him. The cottage was paneled in walnut[2]-stained[3] boards, the rooms were sunless, the kitchen especially gloomy. I found him upstairs sleeping, his jaw undershot and his Jewish lip prominent. The impression he made was both brutal and innocent. In sleep he was bereft[4] of the confidence[5] into which he put so much effort. Not many of us are fully wakeful, but Walish took particular pride in being alert[6]. That he was nobody's fool[7] was his main premise. But in sleep he didn't look clever.

I got him up. He was embarrassed. He was not the complete bohemian after all. His muzziness[8] late in the day distressed him, and he grumbled, putting his thin legs out of bed. We went to the kitchen and began to drink.

Peg insisted that he see a psychiatrist in Providence. He kept this from me awhile, finally admitting that he needed a tune-up, minor internal adjustments. Becoming a father rattled him. His wife eventually gave birth to male twins. The facts are trivial and I don't feel that I'm bretraying a trust. Besides, I owe him nothing. His letter upset me badly. What a time he chose to send it! Thirty-five years without a cross word. He allows me to count on his affection. Then he lets me have it. When do you shaft a pal, when do you hand him the poison cup?

---

1. sink (sank, sunk): *couler sombrer,* s'emploie le plus souvent de manière intransitive dans les expressions, **his voice sank to a whisper:** il s'est mis à chuchoter ; **his heart/his spirits sank:** *le découragement s'est emparé de lui ;* **his heart sank at the thought::** *son cœur s'est serré à cette pensée.*

2. walnut: *noix ;* walnut-tree: *noyer.*

3. stain: *tache, colorant ;* wood-stain: *colorant pour bois.*

4. bereft de bereave (bereft): *priver, dépouiller, déposséder* (of *de*) ; bereft of hope: *désespéré ;* bereft of reason: *il a perdu la raison.*

5. confidence (faux ami): *confiance ; assurance ;* **have confidence in somebody:** *avoir confiance en quelqu'un.*

Le rose du couvre-lit de Walish me fendait le cœur lorsque je venais le chercher. La maison était lambrissée de panneaux colorés au brou de noix, les pièces sans soleil et la cuisine particulièrement sinistre. Je le trouvais en haut, endormi, la mâchoire en avant, et sa lèvre juive saillante. Il donnait une impression de brutalité et d'innocence mêlées. Dans son sommeil il avait perdu cette confiance en lui qui lui coûtait tant d'efforts. Rares sont les gens qui sont vraiment vifs, mais Walish s'enorgueillissait tout particulièrement de sa vivacité. Il partait du postulat qu'on ne l'aurait pas. Mais endormi il n'avait pas l'air malin.

Je le réveillais. Il en était gêné. Finalement ce n'était pas un vrai bohème. Son hébétude à une heure avancée de la journée le consternait et il grommelait en extirpant ses jambes maigres du lit. Nous gagnions la cuisine et commencions à boire.

Peg voulait absolument qu'il voie un psychiatre à Providence. Il ne m'en avait d'abord pas touché mot, puis finit par reconnaître qu'il avait besoin d'une révision, de modifications internes bénignes. L'idée de devenir père le chamboulait. Sa femme donna finalement naissance à des jumeaux de sexe masculin. Il n'y a là que des faits banals et je n'ai pas l'intention de trahir la confiance de quelqu'un. D'ailleurs, je ne lui dois rien. Sa lettre m'a beaucoup contrarié. Il a vraiment choisi un drôle de moment pour l'envoyer ! Trente-cinq ans sans un mot plus haut que l'autre. Il me laisse compter sur son affection. Puis il m'envoie son paquet. Quand jetez-vous un copain aux orties, quand lui tendez-vous la coupe de ciguë ?

---

6. **alert** (faux ami) : *vigilant, vif, éveillé ;* **be on the alert:** *être sur le qui-vive.*

7. **fool:** *imbécile, idiot, sot ;* **he's no fool:** *il est loin d'être bête ;* **he's nobody's fool:** *il n'est pas né de la dernière pluie.*

8. **muzziness,** de **muzzy:** *confus, nébuleux, flou.*

Not while he's still young enough to recover. Walish
waited till the very end—*my* end, of course. *He*[1] is still
youthful, he writes me. Evidence[2] of this is that he takes a
true interest in young lesbians out in Missouri, he alone
knows their inmost hearts and they allow him to make
love to them—Walish, the sole male exception. Like the
explorer McGovern, who went to Lhasa in disguise, the
only Westerner to penetrate the sacred precincts[3]. They
trust only youth, they trust him, so it's certain that he
can't be old.

This document of his pulls me to pieces entirely. And I
agree, objectively, that my character is not an outstanding
success. I am inattentive, spiritually lazy, I tune out. I
have tried to make this indolence of mine look good, he
says. For example, I never would check a waiter's
arithmetic; I refused to make out my own tax returns; I
was too "unworldly" to manage my own investments, and
hired experts (read "crooks"). Realistic Walish wasn't too
good to fight over nickels; it was the principle that
counted, as honor did with Shakespeare's great soldiers.
When credit cards began to be used, Walish, after comput-
ing interest and service charges to the fourth decimal, cut
up Peg's cards and threw them down the chute. Every
year he fought it out with tax examiners, both federal and
state.

---

1. *He:* les italiques sont une façon de mettre en relief le sujet,
(équivalent de l'accent d'insistance à l'oral), ce qui se traduira souvent
par un étoffement lexical ou syntaxique, car le français n'utilise pas ce
procédé ou très peu. Autres exemples de mise en relief : "I *love* meeting
people", *j'adore rencontrer des gens;* "How *is* Robert?": *à propos,
comment va Robert?;* Only *you* wouldn't let me: *mais c'est toi qui ne
m'as pas laissé faire.*
2. evidence (faux ami): *preuve;* the clearest possible evidence: *la
preuve manifeste;* on the evidence of this document: *si l'on en croit ce*

Pas lorsqu'il est encore assez jeune pour récupérer. Walish a attendu la dernière limite, du moins la mienne. Parce que lui, il est encore jeune, à ce qu'il m'écrit. La preuve, c'est qu'il s'intéresse de près à de jeunes lesbiennes là-bas dans le Missouri. Il est le seul à connaître les replis les plus secrets de leur cœur et elles acceptent ses faveurs à lui, Walish, seul et unique représentant du sexe masculin. Comme l'explorateur McGovern entré à Lhassa sous un déguisement, seul Occidental à pénétrer dans l'enceinte sacrée. Elles ne font confiance qu'à la jeunesse et elles lui font confiance, donc il est certain qu'il ne peut pas être vieux.

Ce texte de lui me démolit complètement. Mais en toute objectivité je reconnais que mon caractère n'est pas une franche réussite. Je suis tête en l'air, spirituellement paresseux, facilement déphasé. D'après Walish j'ai essayé de tourner cette indolence à mon avantage. Par exemple je ne vérifiais jamais l'addition après le serveur ; je refusais de remplir ma déclaration d'impôts ; j'étais trop détaché des choses de ce monde pour gérer moi-même mes placements, et j'ai fait appel à des professionnels (lire : « des escrocs »). Walish, lui, le réaliste, ne dédaignait pas de chicaner pour trois sous ; c'était le principe qui comptait comme l'honneur chez les grands soldats de Shakespeare. Quand les cartes de crédit commencèrent à se répandre, Walish, après avoir calculé les intérêts et les frais de gestion jusqu'à la quatrième décimale, avait retiré ses cartes à Peg pour les jeter dans le vide-ordures. Tous les ans il livrait bataille contre les contrôleurs fiscaux tant au niveau fédéral qu'à celui de l'État.

---

*document ; signe, marque:* **bear evidence of:** *porter les marques de ;* **show evidence of:** *témoigner, offrir les signes de.*

3. **precinct** [príːsiŋkt]: *enceinte, pourtour ;* **within the precincts of:** *dans les limites de ;* **the precincts:** *les alentours, les environs.*

Nobody was going to get the better of Eddie Walish. By such hardness he connected himself with the skinflint[1] rich—the founding Rockefeller, who wouldn't tip[2] more than a dime[3], or Getty the billionaire[4], in whose mansion weekend guests were forced to use coin telephones. Walish wasn't being petty[5], he was being hard, strict, tighter than a frog's ass. It wasn't simply basic capitalism. Insofar as Walish was a Brecht fan, it was also Leninist or Stalinist hardness. And if I was, or appeared to be, misty[6] about money, it was conceivably "a semi-unconscious strategy," he said. Did he mean that I was trying to stand out[7] as a Jew who disdained the dirty dollar? Wanting to be taken for one of my betters? In other words, assimilationism? Only I never admitted that anti-Semites of any degree were my betters.

I wasn't trying to be absentmindedly angelic about my finances. In fact, Miss Rose, I was really not with it[8]. My ineptness with money was part of the same hysterical syndrome that caused me to put my foot in my mouth. I suffered from it genuinely, and continue to suffer. The Walish of today has forgotten that when he went to a psychiatrist to be cured of sleeping eighteen hours at a stretch, I told him how well I understood his problem. To console him, I said, "On a good day I can be acute[9] for about half an hour, then I start to fade out and anybody can get the better of me."

---

1. **skinflint:** *grippe-sou, radin.*

2. **tip:** *donner un pourboire;* **he tipped the waiter five francs:** *il a donné cinq francs de pourboire au garçon.*

3. **dime:** *pièce de dix cents;* **it's not worth a dime:** *cela ne vaut pas un clou;* **they're a dime a dozen:** *on en trouve à la pelle.*

4. **billion:** (Brit.) *billion;* (U.S.) *milliard.*

5. **petty:** *mesquin, petit, malveillant, étroit.*

6. **misty:** *brumeux, nébuleux;* **misty-eyed:** *qui a les yeux voilés de larmes,* (fig.) *qui a la larmes à l'œil.*

7. **stand (stood, stood) out:** *ressortir, se détacher, trancher;* **the yellow**

On ne la faisait pas à Eddie Walish. Cette dureté
l'apparentait aux riches grippe-sous : le premier Rockefeller qui ne donnait jamais plus de dix cents de pourboire,
ou le multimillionaire Getty qui obligeait ses invités du
week-end à utiliser des téléphones payants. Ce n'est pas
que Walish fût mesquin, il était dur, strict, plus serré
qu'un cul de grenouille. Il ne s'agissait pas simplement de
capitalisme primaire. Dans la mesure où Walish était un
admirateur de Brecht, sa dureté était aussi léniniste ou
stalinienne. Et si moi j'étais ou semblais être vague sur les
questions d'argent, c'était sans doute d'après lui une
« stratégie à demi inconsciente ». Est-ce qu'il voulait dire
que je tentais de me faire passer pour un Juif dédaigneux
du sale argent ? Dans le but d'être pris pour l'un de ces
hommes qui m'étaient supérieurs ? En d'autres termes, par
désir d'assimilation ? Une seule chose est sûre, c'est que je
n'ai jamais admis qu'aucun antisémite quel qu'il fût pût
m'être supérieur.

Je n'essayais pas de garder un détachement séraphique
vis-à-vis de mes finances. En réalité, Miss Rose, c'est que je
n'étais pas dans le coup. Mon incapacité en matière
d'argent faisait partie de ce même syndrome hystérique
qui occasionne les gaffes. J'en souffrais profondément et je
continue d'en souffrir. Le Walish d'aujourd'hui a oublié
que lorsqu'il était allé voir un psychiatre pour arrêter de
dormir dix-huit heures d'affilée, je lui avais dit à quel
point je comprenais son problème. Pour le consoler j'avais
dit : « Les bons jours j'ai environ une demi-heure de
lucidité, puis je commence à décliner et alors n'importe
qui peut prendre l'avantage sur moi. »

---

stands out against the dark background: *le jaune tranche sur le fond
sombre*; (fig.) his ability stands out: *son talent est manifeste*; he stands
out above all the rest: *il surpasse tout le monde*.

8. with it: *dans le vent, dans la course*.

9. acute: *pénétrant, perspicace, avisé, aigu*.

I was speaking of the dream condition or state of vague
turbulence in which, with isolated moments of clarity,
most of us exist. And it never occurred to me to adopt a
strategy. I told you before that at one time it seemed a
practical necessity to have a false self, but that I soon
gave up[1] on it. Walish, however, assumes[2] that every
clever modern man is his own avant-garde invention. To
be avant-garde means to tamper with yourself, to have a
personal project requiring a histrionic[3] routine[4]—in short,
to put on[5] an act[6]. But what sort of act was it to trust a
close relative[7] who turned out to be a felon, or to let my
late wife persuade me to hand over my legal problems to
her youngest brother? It was the brother-in-law who did
me in. Where others were simply unprincipled and
crooked, he was in addition bananas. Patience, I am
getting around to that.

Walish writes, "I thought it was time you knew what
you were really like," and gives me a going-over such as
few men ever face. I abused and badmouthed everybody, I
couldn't bear that people should express themselves (this
particularly irritated him; he mentions it several times)
but put words into their mouths, finished their sentences
for them, making them forget what they were about to say
(supplied the platitudes they were groping for). I was, he
says, "a mobile warehouse of middle-class spare parts,"

---

1. **give (gave, given) up:** *abandonner, renoncer à;* **give up smoking:**
*cesser de fumer;* **give up the game/give up the struggle:** *abandonner la
partie.*

2. **assume (faux ami):** *supposer, présumer, admettre;* **assuming this to
be true:** *en supposant que ceci soit vrai;* **you resigned, I assume:** *vous avez
démissionné, je présume;* **you are assuming a lot:** *vous faites bien des
suppositions.*

3. **histrionic:** *théâtral, cabotin.*

4. **routine:** *numéro;* **dance routine:** *enchaînement de danse;* (fig.) **he
gave me the old routine about his wife not understanding him:** *il m'a
ressorti la vieille rengaine du mari incompris.*

Je parlais de l'état de rêve ou de vague turbulence dans lequel nous existons pour la plupart, en dehors de quelques rares moments de lucidité. Or il ne m'est jamais venu à l'idée d'avoir recours à une stratégie. Comme je vous l'ai déjà dit, à une certaine époque il me parut d'une nécessité vitale d'avoir une fausse identité, mais j'ai vite abandonné ce projet. Walish, quant à lui, considère que tout homme moderne intelligent est sa propre création d'avant-garde. Etre à l'avant-garde signifie se modifier, avoir un projet personnel qui implique un numéro de clown, en bref faire son cirque. Mais de quel numéro s'agit-il quand on fait confiance à un parent qui s'avère être un malfrat, ou quand on se laisse convaincre par sa défunte épouse de confier ses problèmes juridiques à son frère cadet ? C'est le beau-frère en question qui m'a enfoncé. Là où d'autres étaient simplement cyniques et dénués de principes, lui était cinglé par-dessus le marché. Patience, j'arrive à cette histoire.

Walish écrit : « J'ai pensé qu'il était temps que tu apprennes qui tu es vraiment. », et me soumet à une revue de détail comme peu d'hommes en ont subi. J'ai malmené et outragé tout le monde, je ne pouvais pas supporter que les gens s'expriment (c'est cela qui l'agaçait le plus ; il en parle à plusieurs reprises) mais je leur mettais les mots dans la bouche, finissais les phrases à leur place en leur faisant oublier ce qu'ils allaient dire (je leur tendais les poncifs qu'ils cherchaient péniblement). D'après lui j'étais un « dépôt ambulant de pièces détachées bourgeoises »,

---

5. **put** (put, put) **on**: *affecter, feindre, simuler ;* **he's just putting it on**: *c'est un air qu'il se donne.*

6. **act**: *numéro ;* **he's just putting on an act**: *il joue la comédie ;* (fig.) **get one's act together**: *se reprendre en main.*

7. **relative** (faux ami): *parent ;* **one of my relatives**: *un membre de ma famille ;* **all my relatives came**: *toute ma famille est venue.*

meaning that I was stocked with the irrelevant and actually insane information that makes the hateful social machine tick on toward the bottomless pit. And so forth. As for my supernal[1] devotion to music, that was merely a cover. The real Shawmut was a canny[2] promoter whose *Introduction to Music Appreciation* was adopted by a hundred colleges ("which doesn't happen of itself") and netted him a million in royalties. He compares me to Kissinger[3], a Jew who made himself strong in the Establishment, having no political base or constituency but succeeding through promotional genius, operating as a celebrity... Impossible for Walish to understand the strength of character, even the constitutional, biological force such an achievement would require; to appreciate (his fur-covered ear sunk in his pillow, and his small figure thrice-bent, like a small fire escape, under the wads of pink quilt) what it takes for an educated man to establish a position of strength among semiliterate politicians. No, the comparison is farfetched. Doing eighteenth-century music on PBS is not very much like taking charge of U.S. foreign policy and coping with drunkards and liars in the Congress or the executive branch.

An honest Jew? That would be Ginsberg the Confessor[4]. Concealing no fact, Ginsberg appeals to Jew-haters by exaggerating everything that they ascribe to Jews in their pathological fantasies.

---

1. **supernal:** *céleste, divin.*

2. **canny:** *malin, rusé, futé;* **canny answer:** *réponse de Normand.*

3. **Henry Kissinger** né en Bavière en 1923. D'origine allemande, Henry Kissinger s'expatria avec sa famille en 1938 pour fuir le régime nazi et acquit la nationalité américaine. Professeur de sciences politiques à l'Université Harvard, il fut appelé en décembre 1968 à la Maison Blanche pour remplir les fonctions de conseiller à la présidence en matière de sécurité nationale. À partir de 1969 il a largement pris part à l'élaboration de la politique extérieure américaine, et joué un rôle de tout premier plan dans les négociations pour la paix au Viêt-nam et le rapprochement des États-Unis avec la Chine populaire et l'U.R.S.S.

c'est-à-dire que je détenais un stock d'informations inadé-
quates et même démentielles propres à précipiter la
détestable machine sociale vers le puits sans fond. Et ainsi
de suite. Quant à ma dévotion céleste à la musique, ce
n'était qu'une façade. Le vrai Shawmut était un commercial roublard dont l'*Introduction à la Musique* avait été
adopté par des centaines d'Universités (« ce qui n'arrive
pas par hasard »), me rapportant un million de droits
d'auteur. Il me compare à Kissinger, Juif qui s'est taillé
une place de choix dans le système, sans appui politique ni
électorat, mais grâce à son génie de la promotion, et son
attitude de star. Impossible pour Walish d'admettre la
force de caractère, ni même la force constitutionnelle, ou
biologique qu'une telle réussite suppose ; impossible d'évaluer (son oreille velue enfoncée dans l'oreiller et sa petite
silhouette pliée en trois, comme un escalier de secours en
miniature, sous les épaisseurs de son couvre-lit rose) les
ressources que doit mettre en oeuvre un homme instruit
pour acquérir une position de pouvoir au milieu de
politiciens à moitié illettrés. Non, la comparaison est tirée
par les cheveux. Parler de la musique du dix-huitième
siècle sur PBS n'a pas grand-chose à voir avec le fait de
prendre en charge la politique étrangère américaine et de
se colleter avec les ivrognes et les menteurs du Congrès ou
de l'exécutif.

Un Juif honnête ? Prenez Ginsberg et sa poésie confessionnelle. Comme il dit tout, Ginsberg plaît aux anti-
sémites en exagérant tout ce qu'ils attribuent aux Juifs,
dans leurs fantasmes pathologiques.

---

Ministère-secrétaire d'État dès 1973, il conserva ce poste sous la
présidence de Gerald Ford (1974-1976). Il obtint le Prix Nobel de la
Paix en 1973.

4. **Ginsberg the Confessor:** référence à la « poésie confessionnelle »
des poètes de la génération de Robert Lowell, John Berryman, Anne
Sexton, Sylvia Plath.

He puts them on, I think, with crazy simplemindedness, with his actual dreams of finding someone's anus in his sandwich[1] or with his poems about sticking a dildo into himself. This bottom-line materialistic eroticism is most attractive to Americans, proof of sincerity and authenticity. It's on this level that they tell you they are "leveling[2]" with you, although the deformities and obscenities that come out must of course be assigned to somebody else, some "morphodite" faggot[3] or exotic junkie[4] queer. When they tell you they're "leveling," put your money in your shoe at once, that's my advice.

I see something else in Ginsberg, however. True, he's playing a traditional Jewish role with this comic self-degradation, just as it was played in ancient Rome, and probably earlier. But there's something else, equally traditional. Under all this all-revealing candor (or aggravated self-battery[5]) is purity of heart. As an American Jew he must also affirm and justify democracy. The United States is destined to become one of the great achievements of humanity, a nation made up of many nations (not excluding the queer nation: how can anybody be left out?). The U.S.A. itself is to be the greatest of poems, as Whitman prophesied. And the only authentic living representative of American Transcendentalism[6] is that fat-breasted, bald, bearded homosexual in smeared goggles[7], innocent in his uncleanness.

---

1. **dreams of finding someone's anus in his sandwich:** allusion à un vers de Ginsberg.

2. **level (U.S.): I'll level with you:** *je vais être franche (franc) avec vous, je ne vais rien vous cacher*; **you're not leveling with me about what you bought:** *tu ne me dis pas tout ce que tu as acheté.*

3. **faggot:** *pédé, tante.*

4. **junkie:** *drogué, camé*; **a television junkie:** *un mordu de la télévision.*

5. **battery:** *voie de fait*; **assault and battery:** *coups et blessures.*

6. **American Transcendantalism:** courant philosophique illustré par Emerson et Thoreau à partir de 1830, prônant un appel à l'individu et à

Il les fait marcher, selon moi, avec son simplisme délirant et ses rêves authentiques, où il découvre un anus dans son sandwich, ou ces poèmes où il s'enfonce lui-même un godemiché dans le derrière. Cet érotisme matérialiste de bas étage plaît énormément aux Américains, comme preuve de sincérité et d'authenticité. C'est à ce niveau qu'ils vous promettront de «jouer franc-jeu» avec vous, bien que les difformités et les obscénités mises en évidence doivent, naturellement, être attribuées à d'autres, à quelque «pédé morphodite» ou à un homo original et camé. Quand ils vous disent «je vais jouer franc-jeu avec vous», planquez vite votre argent dans vos chaussures, c'est le conseil que je vous donne.

Cependant Ginsberg pour moi c'est autre chose. D'accord il joue un rôle de la tradition juive en s'autodénigrant, exactement comme dans la Rome antique et sans doute même avant. Mais il y a autre chose de tout aussi traditionnel. Sous cette franchise du tout-dire (coups et blessures auto-infligés) se cache une pureté de sentiments. En tant que Juif américain il doit aussi affirmer et justifier le système démocratique. Le destin des Etats-Unis est de devenir l'une des grandes réussites de l'humanité, une nation composée de beaucoup de nations (sans exclure la nation homosexuelle : comment peut-on laisser quiconque de côté ?). Les U.S.A. se doivent de devenir le plus grand des poèmes, comme le prophétisait Whitman. Et le seul représentant vivant authentique du transcendantalisme américain, c'est cet homosexuel fort du thorax, chauve et barbu, avec ses lunettes sales et son innocence crasseuse.

---

l'intuition par opposition au matérialisme, à la science et à la rationalité. En réaction au Calvinisme, et à l'enseignement de Locke, Emerson et Thoreau sont pour un déisme panthéiste et une croyance optimiste en l'harmonie de l'homme et de la nature.

7. **goggles:** *lunettes, besicles.*

Purity from foulness, Miss Rose. The man is a Jewish microcosm of this Midas[1] earth whose buried corpses bring forth golden fruits. This is not a Jew who goes to Israel to do battle with Leviticus[2] to justify homosexuality. He is a faithful faggot Buddhist in America, the land of his birth. The petrochemical capitalist enemy (an enemy that needs sexual and religious redemption) is right here at home. Who could help loving such a comedian! Besides, Ginsberg and I were born under the same birth sign, and both of us had crazy mothers and are given to inspired utterances. I, however, refuse to overvalue the erotic life. I do not believe that the path of truth must pass through all the zones of masturbation and buggery. He is consistent; to his credit, he goes all the way, which can't be said of me. Of the two of us, he is the more American. *He* is a member of the American Academy of Arts and Letters— I've never even been proposed as a candidate—and although he has suggested that some of our recent Presidents were acid-heads, he has never been asked to return his national prizes and medals. The more he libels them (did LBJ[3] use LSD?), the more medals he is likely to get. Therefore I have to admit that he is closer to the American mainstream than I am. I don't even look like an American (Nor does Ginsberg, for that matter.) Hammond, Indiana, was my birthplace (just before Prohibition my old man had a saloon there), but I might have come straight from Kiev.

---

1. **Midas:** roi de Phrygie, le roi Midas est le héros de plusieurs légendes. Ayant rendu Sylène, captif par erreur, à Dionysos, le dieu lui promet d'exaucer un vœu. Midas demande d'avoir la faculté de changer en or tout ce qu'il touche. Il s'aperçoit bientôt que tout aliment et toute boisson qu'il porte à la bouche se transforment en or. Mourant de soif et de faim il implore Dionysos de lui reprendre cette faveur. Le dieu lui conseille de se laver dans la source du pactole ; depuis lors, ce fleuve roule des paillettes d'or.

2. **Lévitique:** troisième livre du Pentateuque.

La pureté née de l'abjection, Miss Rose. Cet homme est un microcosme juif de cette terre de Midas dont les cadavres enfouis donnent des fruits d'or. Ce n'est pas un Juif qui va en Israël se battre avec le Lévitique pour justifier son homosexualité. C'est un pédé pétri de bouddhisme en Amérique, ce pays qui l'a vu naître. L'ennemi capitaliste pétrochimique (un ennemi qui a besoin d'une rédemption sexuelle et religieuse) est ici même, parmi nous. Comment ne pas aimer un tel comédien ? D'ailleurs Ginsberg et moi sommes nés sous le même signe, nous avons tous les deux eu une mère folle et nous avons tendance à tenir des propos inspirés. Moi, en revanche, je refuse d'attacher trop d'importance à la vie érotique. Je ne suis pas persuadé que les chemins de la vérité doivent nécessairement passer par toutes les zones de la masturbation et de la sodomie. Il est cohérent ; il a pour lui d'aller jusqu'au bout, ce que l'on ne peut pas dire de moi. De nous deux c'est lui le plus américain. Lui est membre de l'Académie américaine des Arts et des Lettres tandis que l'on ne m'a même jamais proposé de poser ma candidature ; et bien qu'il ait insinué que certains de nos présidents récents se droguaient au LSD on ne lui a jamais demandé de rendre ses prix nationaux et ses médailles. Plus il les injurie (LBJ prenait-il du LSD ?) plus il est susceptible de récolter des médailles. Par conséquent je dois bien reconnaître qu'il est plus proche que moi de la norme. Moi je n'ai même pas l'air d'un Américain (Ginsberg non plus, d'ailleurs). Je suis né à Hammond dans l'Indiana (juste avant la Prohibition mon vieux y tenait un saloon), mais j'aurais pu venir directement de Kiev.

---

3. **L.B.J.**: *Lyndon Baines Johnson*, qui succéda à J.F. Kennedy après son assassinat le 22 novembre 1963, fut réélu triomphalement en novembre 1964. Il rencontra l'hostilité d'une grande partie de l'opinion publique américaine pour sa politique d'escalade au Viêt-nam.

I certainly haven't got the build of a Hoosier[1]—I am tall
but I slouch, my buttocks are set higher than other
people's, I have always had the impression that my legs
are disproportionately long: it would take an engineer to
work out the dynamics. Apart from Negroes and hill-
billies[2], Hammond is mostly foreign, there are lots of
Ukrainians and Finns there. These, however, look completely American, whereas I recognize features like my
own in Russian church art—the compact faces, small
round eyes, arched brows, and bald heads of the icons.
And in highly structured situations in which champion
American executive traits like prudence and discretion are
required, I always lose control and I am, as Arabs say, a
hostage to my tongue.

The preceding has been fun[3]—by which I mean that
I've avoided rigorous examination, Miss Rose. We need to
get closer to the subject. I have to apologize to you, but
there is also a mystery here (perhaps of karma[4], as old
Mrs. Gracewell suggests) that cries out for investigation.
Why does anybody *say* such things as I said to you? Well,
it's as if a man were to go out on a beautiful day, a day so
beautiful that it pressed him incomprehensibly to *do*
something, to perform a commensurate[5] action—or else he
will feel like an invalid[6] in a wheelchair by the seashore, a
valetudinarian whose nurse says, "Sit here and watch the
ripples."

---

1. **Hoosier** ['hu:ʒər]: *habitant* ou *originaire de l'Indiana;* **the Hoosier
State**: *l'Indiana.*

2. **hillbilly:** (péj.) montagnard du sud des États-Unis; *péquenaud,
rustaud.*

3. **fun:** toujours prêt à faire son autocritique, le narrateur attire
l'attention sur sa démarche et ses stratégies de fuite, comble de la
provocation et de l'ironie.

4. **karma:** dans la religion hindouiste, pouvoir, dynamisme des actes
passés, en tant que détermination de l'individu transitoire.

En tout cas je n'ai pas la carrure d'un habitant de
l'Indiana — je suis grand, mais je ne me tiens pas droit,
j'ai les fesses plus hautes que la plupart des gens, j'ai
toujours eu l'impression que mes jambes sont d'une
longueur démesurée ; il faudrait un ingénieur pour comprendre comment cela fonctionne. En dehors des Noirs et
des péquenauds, la population de Hammond est surtout
composée d'étrangers, avec beaucoup d'Ukrainiens et de
Finlandais. Ces derniers, cependant, ont l'air tout à fait
américains, tandis que dans l'art religieux russe je reconnais des traits semblables aux miens — les visages denses,
les petits yeux ronds, les sourcils arqués et les têtes chauves
des icônes. De plus dans les situations nettement définies
où les qualités du super cadre américain telles que
prudence et discrétion seraient de mise, je perds toujours
mon sang-froid, et je deviens, comme disent les Arabes,
otage de ma langue.

Tout ce qui précède a été une partie de plaisir,
autrement dit, Miss Rose, j'ai évité une analyse rigoureuse.
Il faut revenir à notre sujet. Je m'en excuse, mais il y a
aussi un mystère (peut-être une question de karma, comme
le suggère cette vieille Mrs. Gracewell) qui réclame une
étude approfondie. Pourquoi profère-t-on le genre de
sornettes que je vous ai assénées ? On dirait que c'est
comme si quelqu'un sortait par une belle journée, une
journée si belle qu'il se sentirait une envie irrépressible de
faire quelque chose, d'accomplir un acte tangible sans
lequel il aurait l'impression d'être un malade dans un
fauteuil roulant, au bord de la mer, un valétudinaire
auquel son infirmière dit : « Restez là et regardez les
vagues. »

---

5. **commensurate**: *de même mesure* (**with**, *que*) ; *proportionné* (**with, to**,
*à*).

6. **invalid** (faux ami) : *malade, infirme.*

My late wife was a gentle, slender woman, quite small,
built on a narrow medieval principle. She had a way of
bringing together her palms under her chin when I upset
her, as if she were praying for me, and her pink color
would deepen to red. She suffered extremely from my fits
and assumed the duty of making amends[1] for me,
protecting my reputation and persuading people that I
meant no harm. She was a brunette and her complexion
was fresh. Whether she owed her color to health or
excitability was an open question. Her eyes were slightly
extruded, but there was no deformity in this; it was one of
her beauties as far as I was concerned. She was Austrian
by birth (Graz[2], not Vienna), a refugee. I never was
attracted to women of my own build—two tall persons
made an incomprehensible jumble together. Also I preferred to have to search for what I wanted. As a
schoolboy, I took no sexual interest in teachers. I fell in
love with the smallest girl in the class, and I followed my
earliest taste in marrying a slender van der Weyden[3] or
Lucas Cranach[4] woman. The rose color was not confined
to her face. There was something not exactly contemporary about her complexion, and her conception of graceful-
ness also went back to a former age. She had a dipping
way about her: her figure dipped when she walked, her
hands dipped from the wrist while she was cooking, she
was a dippy eater,

---

1.  **make amends:** *faire amende honorable, se racheter ;* **make amends to
somebody for something:** *dédommager quelqu'un de quelque chose ;* **make
amends for an injury:** *compenser un dommage, réparer un tort ;* **I'll try to
make amends:** *j'essaierai de me racheter.*

2.  **Graz:** ville autrichienne, capitale de la Styrie, située sur les rives de
la Mur. La ville connut de graves destructions pendant la Deuxième
Guerre mondiale.

3.  **Van Der Weyden:** peintre flamand (1399-1465), qui fut considéré à
son époque comme le plus grand peintre après Van Eyck (1390-1441).

Feu mon épouse était une femme douce et mince, assez petite et bâtie selon les canons médiévaux. Elle avait sa façon à elle de ramener ensemble ses mains jointes sous le menton lorsque je la contrariais, comme si elle priait pour moi, et sa couleur rose s'assombrissait alors vers le rouge. Mes écarts de langage la faisaient énormément souffrir et elle prenait sur elle de réparer mes torts, de protéger ma réputation et de persuader les gens que mes intentions n'étaient pas mauvaises. C'était une brune au teint frais. La question restait entière de savoir si son incarnat était un signe de santé ou de nervosité. Elle avait les yeux légèrement proéminents mais il n'y avait là nulle difformité ; pour moi c'était l'un de ses charmes. Elle était autrichienne de naissance (de Graz, pas de Vienne), une réfugiée. Je n'ai jamais été attiré par les femmes de ma propre taille ; deux personnes de grande taille ensemble forment un méli-mélo inextricable. De plus je préférais avoir à chercher ce que je désirais. A l'école je n'éprouvais aucune attirance sexuelle pour mes institutrices. Je tombais amoureux de la fille la plus petite de la classe et j'ai donc suivi mes penchants originels en épousant une femme mince sortie d'un van der Weyden ou d'un Lucas Cranach. La couleur rose n'était pas limitée à son visage. Il y avait quelque chose de légèrement suranné dans sa carnation, et la grâce de son expression renvoyait aussi à une époque révolue. Elle avait un air penché : la silhouette penchée quand elle marchait, les mains inclinées à partir du poignet en faisant la cuisine, elle mangeait penchée,

---

4. **Lucas Cranach:** peintre, graveur et dessinateur allemand (1472-1563), l'un des créateurs de l'iconographie protestante, il fut aussi influencé par le répertoire thématique de la Renaissance italienne. Il réalisa des scènes mythologiques, des figures isolées révélatrices de sa prédilection pour le nu féminin dont le type aux formes allongées, aux attitudes maniérées, à l'expression quelque peu perverse connut un succès considérable *(Vénus et l'Amour, Lucrèce, Diane)*.

she dipped her head attentively when you had anything serious to tell her and opened her mouth a little to appeal to you to make better sense. In matters of principle, however irrational, she was immovably obstinate. Death has taken Gerda out of circulation, and she has been wrapped up and put away for good. No more straight, flushed body and pink breasts, nor blue extruded eyes.

What I said to you in passing the library would have appalled her. She took it to heart that I should upset people. Let me cite an example. This occurred years later, at another university (a real one), one evening when Gerda put on a dinner for a large group of academics—all three leaves[1] were in our cherrywood[2] Scandinavian table. I didn't even know who the guests were. After the main course, a certain Professor Schulteiss was mentioned. Schulteiss was one of those bragging[3] polymath[4] types who gave everybody a pain[5] in the ass. Whether it was Chinese cookery or particle physics or the connections of Bantu[6] with Swahili[7] (if any) or why Lord Nelson[8] was so fond of William Beckford or the future of computer science, you couldn't interrupt him long enough to complain that he didn't let you get a word in edgewise[9]. He was a big, bearded man with an assault-defying belly and fingers that turned back at the tips, so that if I had been a cartoonist I would have sketched him yodeling, with black whiskers and retroussé fingertips.

---

1. **leaf (pl. leaves):** *rabat, abattant, rallonge.*
2. **cherrywood:** *merisier.*
3. **brag:** *se vanter;* **braggart:** *fanfaron, vantard.*
4. **polymath:** *esprit universel, à culture encyclopédique.*
5. **pain: be a real pain:** *être enquiquinant;* **give somebody a pain in the neck:** *enquiquiner quelqu'un;* **he's a pain in the arse** (U.S.): *c'est un emmerdeur.*
6. **Bantu:** *bantou,* groupe de langues africaines parlées au sud d'une ligne qui va du Cameroun au Kenya.
7. **Swahili:** souahéli ou swahili, langue bantoue parlée sur la côte du

elle inclinait la tête d'un air attentif quand on avait quelque chose d'important à lui dire et ouvrait légèrement la bouche comme pour vous inciter à plus de rigueur. Sur les questions de principe, si irrationnelles fussent-elles, elle se montrait d'une obstination inébranlable. La mort a tiré un trait sur Gerda, l'a emballée dans un linceul et définitivement rayée de la circulation. Finis le corps droit et rosissant, les seins roses, et les yeux bleus à fleur de tête.

Ce que je vous ai dit devant la bibliothèque l'aurait atterrée. Elle trouvait affligeant que je malmène les gens. Permettez que je vous cite un exemple. La scène s'est passée des années plus tard dans une autre université (une vraie), un soir où Gerda avait organisé un dîner pour un grand nombre d'universitaires (nous avions mis les trois rallonges à notre table de merisier scandinave). Je ne savais même pas qui étaient les invités. Après le plat principal, on évoqua un certain professeur Schulteiss. Schulteiss était du style érudit content de lui qui pompait l'air à tout le monde. Que ce soit sur la cuisine chinoise, la physique des particules, les liens entre le bantou et le swahili (s'il y en a) ou sur la question de savoir pourquoi Lord Nelson aimait tant William Beckford, sans oublier l'avenir de l'informatique, il était impossible de l'interrompre assez longtemps pour se plaindre de ne pas pouvoir en placer une. C'était un barbu corpulent, avec un ventre impressionnant, et des doigts aux bouts recourbés, au point que si j'avais été caricaturiste je l'aurais représenté en train de faire des tyroliennes, avec des favoris noirs et des doigts retroussés.

---

Tanganyika et dans l'île Zanzibar et écrite depuis le xviᵉ siècle en caractères arabes.

8. **Lord Nelson:** amiral anglais (1758-1805), mourut à la bataille de Trafalgar, qui fut une grande victoire navale pour les Anglais.

9. **edgewise, edgeways:** *de côté ;* **I couldn't get a word edgeways:** *je n'ai pas réussi à placer un mot.*

One of the guests said to me that Schulteiss was terribly worried that no one would be learned enough to write a proper obituary[1] when he died. "I don't know if I'm qualified," I said, "but I'd be happy to do the job, if that would be of any comfort to him." Mrs. Schulteiss, hidden from me by Gerda's table flowers, was being helped just then to dessert. Whether she had actually heard me didn't matter, for five or six guests immediately repeated what I had said, and I saw her move aside the flowers to look at me.

In the night I tried to convince Gerda that no real harm[2] had been done. Anna Schulteiss was not easy to wound. She and her husband were on the outs[3] continually—why had she come without him? Besides, it was hard to guess what she was thinking and feeling; some of her particles[4] (a reference to Schulteiss's learning in the field of particle physics) were surely out of place. This sort of comment[5] only made matters worse. Gerda did not tell me that, but only lay stiff on her side of the bed. In the field of troubled breathing in the night she was an accomplished artist, and when she sighed heavily there was no sleeping. I yielded to the same stiffness and suffered with her. Adultery, which seldom tempted me, couldn't have caused more guilt. While I drank my morning coffee, Gerda telephoned Anna Schulteiss and made a lunch date with her. Later in the week they went to a symphony concert together.

---

1. **obituary:** *notice nécrologique;* **obituary column:** *rubrique nécrologique.*

2. **harm:** *tort, dommage;* **do somebody harm:** *faire du tort, nuire à quelqu'un;* **no harm done!:** *il n'y a pas de mal!* **it can't do you any harm:** *cela ne peut pas te faire de mal;* **it will do more harm than good:** *cela fera plus de mal que de bien;* **he means no harm:** *il n'a pas de mauvaises intentions;* **keep a child out of harm's way:** *mettre un enfant à l'abri du danger.*

L'un des convives me dit que Schulteiss s'inquiétait énormément qu'il n'y eût personne d'assez cultivé pour écrire un éloge funèbre digne de lui à sa mort. Je répondis : « Je ne sais pas si j'en ai les compétences, mais je serais ravi de m'en charger si cela peut lui apporter le moindre réconfort. » A cet instant précis, on servait le dessert à Mrs Schulteiss, cachée par le bouquet de table disposé par Gerda. Qu'elle m'eût entendu ou non importait peu, car ma réflexion lui fut immédiatement rapportée par cinq ou six convives et je la vis écarter les fleurs pour me regarder.

Pendant la nuit j'ai essayé de convaincre Gerda qu'il n'y avait pas eu grand mal. Anna Schulteiss n'était pas quelqu'un qu'on blessait facilement. Son mari et elle étaient continuellement en bisbille; pourquoi était-elle venue sans lui ? D'ailleurs il était difficile de deviner ce qu'elle pensait ou ce qu'elle ressentait ; sans doute certaines de ses particules (allusion aux connaissances de Schulteiss dans le domaine de la physique des particules) étaient-elles dérangées. Ce genre de remarque ne faisait qu'aggraver la situation. Gerda ne me dit rien, et se contenta de se raidir de son côté du lit. En fait de respiration nocturne agitée Gerda s'y connaissait et lorsqu'elle soupirait bruyamment il n'y avait pas moyen de dormir. Je succombais à la même raideur et souffrais avec elle. L'adultère, qui m'avait rarement tenté, ne m'aurait pas causé plus de sentiment de culpabilité. Tandis que je prenais mon café du matin, Gerda téléphona à Anna Schulteiss et prit rendez-vous pour déjeuner avec elle. Plus tard dans la semaine elles allèrent ensemble à un concert symphonique.

3. **on the outs with** (U.S.): *être en « bisbille » avec, brouillé.*
4. **particle:** *particule,* corpuscule entrant dans la composition de la matière ou de l'énergie.
5. **this sort of comment:** la mauvaise foi évidente de Shawmut, qui tente de rationaliser après coup son agressivité verbale, n'échappe pas à sa femme.

Before the month was out we were baby-sitting for the Schulteisses in their dirty little university house, which they had turned into a Stone Age[1] kitchen midden[2]. When that stage of conciliation had been reached, Gerda felt better. My thought, however, was that a man who allowed himself to make such jokes should be brazen enough to follow through, not succumb to conscience as soon as the words were out. He should carry things off[3] like the princely Kippenberg. Anyway, which was the real Shawmut, the man who made insulting jokes or the other one, who had married a wife who couldn't bear that anyone should be wounded by his insults?

You will ask: With a wife willing to struggle mortally to preserve you from the vindictiveness of the injured[4] parties, weren't you perversely[5] tempted to make trouble[6], just to set the wheels rolling? The answer is no, and the reason is not only that I loved Gerda (my love terribly confirmed by her death), but also that when I said things I said them for art's sake[7], i.e., without perversity or malice, nor as if malice had an effect like alcohol and I was made drunk on wickedness. I reject that. Yes, there has to be some provocation. But what happens when I am provoked happens because the earth heaves up underfoot, and then from opposite ends of the heavens I get a simultaneous shock to both ears.

---

1. **Stone Age:** *c'est là le type d'exagération dont Shawmut est coutumier.*

2. **midden:** *fumier, tas d'ordure;* **this place is like a midden:** *on se croirait dans une porcherie.* Où l'on retrouve la tendance à l'insulte méchante que le narrateur attribuait précédemment au yiddish.

3. **carry things off:** *emporter, enlever, ravir;* **carry it off well:** *s'en tirer à son honneur;* **carry it off:** *réussir (son coup).*

4. **injured** (faux ami): *blessé, estropié, offensé;* (Jur) **the injured party:** *la partie lésée.*

5. **perverse, perversely:** *méchant, mauvais, obstiné, entêté, têtu.*

6. **make trouble:** *causer des ennuis;* **you are making trouble for yourself:** *tu t'attires des ennuis.*

Un mois ne s'était pas écoulé que nous gardions les enfants
es Schulteiss dans leur petite maison minable du campus,
qu'ils avaient transformée en souillarde préhistorique.
Lorsque nous eûmes atteint ce stade de réconciliation,
Gerda se sentit mieux. Cependant j'avais dans l'idée qu'un
homme qui se permettait de faire de telles plaisanteries se
devait de les assumer crânement, au lieu de se laisser
gagner par le remords dès que les mots étaient prononcés.
Il devait l'emporter avec le panache d'un Kippenberg.
Enfin bref, qui était le vrai Shawmut, celui qui prononçait
des paroles offensantes, ou bien l'autre, marié à une femme
qui ne supportait pas de voir quiconque blessé par ses
insultes ?

Vous me direz : avec une femme prête à se battre
jusqu'au bout pour vous préserver de la vindicte des
parties offensées, n'aviez-vous pas la tentation mauvaise de
faire des esclandres, pour le plaisir de relancer la machine ?
La réponse est non, non seulement parce que j'aimais
Gerda (sa mort m'a cruellement confirmé cet attache-
ment), mais aussi parce que lorsque je disais quelque chose
c'était pour l'amour de l'art, c'est-à-dire sans malignité ni
malveillance et non comme si, la malveillance jouant le
rôle d'un alcool, je m'enivrais de méchanceté. Je rejette
cette hypothèse. Certes il faut qu'il y ait provocation. Mais
ce qui se passe lorsque je suis provoqué se produit parce
que la terre se soulève sous mes pieds, et que, des
extrémités opposées du ciel je reçois alors un choc
simultané à chaque oreille.

---

7. sake: for the sake of somebody: *pour l'amour de, par égard pour
quelqu'un* ; for God's sake: *pour l'amour de Dieu* ; for my sake: *pour moi,
par égard pour moi* ; for old times' sake: *en souvenir du passé* ; for
argument's sake: *à titre d'exemple* ; art for art's sake: *l'art pour l'art* ; for
the sake of peace: *pour avoir la paix*.

I am deafened, and I have to[1] open my mouth. Gerda, :
her simplicity, tried to neutralize the ill[2] effects of tl
words that came out and laid plans to win back tl
friendship of all kinds of unlikely parties whose essenti
particles were missing and who had no capacity fe
friendship, no interest in it. To such people she ser
azaleas, begonias, cut flowers, she took the wives to luncl
She came home and told me earnestly how many fascina
ing facts[3] she had learned about them, how their hu:
bands were underpaid, or that they had sick old parent:
or madness in the family, or fifteen-year-old kids wh
burglarized houses or were into[4] heroin.

I never said anything wicked to Gerda, only to provoca
tive people. Yours is the only case I can remember wher
there was no provocation, Miss Rose—hence this letter o
apology, the first I have ever written. You are the cause o
my self-examination. I intend to get back to this later. Bu
I am thinking now about Gerda. For her sake I tried to
practice self-control, and eventually[5] I began to learn th
value of keeping one's mouth shut, and how it can give a
man strength to block his inspired words and to let the
wickedness (if wickedness is what it is) be absorbed into
the system again. Like the "right speech" of Buddhists, I
imagine. "Right speech" is sound[6] physiology. And did it
make much sense[7] to utter choice words at a time when
words have sunk into grossness and decadence?

---

1. **I have to:** en décrivant ce raz de marée intérieur qui le saisit
Shawmut se présente comme incapable de contrôler un mouvement
qu'il décrit comme plus physique que moral.

2. **ill:** *mauvais, méchant;* **ill deed:** *mauvaise action;* **ill fame:** *mauvaise
réputation;* **no ill feeling!:** *sans rancune!;* **ill will:** *malveillance, rancune;* I
**bear him no ill will:** *je ne lui en veux pas.*

3. **fascinating facts:** l'ironie est évidente vu la liste de lieux communs
qui s'ensuit.

4. **be into:** *s'adonner à, se passionner pour;* **the children are into
everything:** *les enfants touchent à tout;* **she's into transcendental
meditation:** *elle est à fond dans la méditation transcendantale.*

Je suis assourdi et il me faut ouvrir la bouche. Gerda, dans sa simplicité, tentait de neutraliser les effets désastreux des mots qui sortaient de ma bouche et élaborait des plans pour regagner l'amitié de toutes sortes de gens improbables à qui il manquait les «particules» essentielles, et qui n'avaient aucun don ni intérêt pour l'amitié. C'est à ces gens-là qu'elle envoyait des azalées, bégonias, et autres bouquets de fleurs, et c'est leurs épouses qu'elle emmenait déjeuner. Elle rentrait à la maison et me racontait avec beaucoup de sérieux toutes les découvertes fascinantes qu'elle avait faites à leur propos : maris sous-payés, vieux parents malades, fous dans la famille, ou mômes de quinze ans qui cambriolaient les maisons ou se piquaient à l'héroïne.

Je n'ai jamais rien dit de méchant à Gerda, seulement à ceux qui me provoquaient. Votre cas est le seul dont je me souvienne où il n'y ait pas eu de provocation, Miss Rose, d'où cette lettre d'excuse, la première que j'aie jamais écrite. Vous êtes la cause de mon examen de conscience. J'ai l'intention de revenir plus tard sur le sujet. Pour l'heure je pense à Gerda. Pour elle je me suis exercé à me dominer, et j'ai fini par apprendre qu'il valait mieux se taire ; qu'un homme pouvait acquérir de la force en gardant ses paroles inspirées pour lui, et en laissant sa méchanceté (s'il s'agit bien de méchanceté) se diluer dans son organisme. Un peu comme le «discours juste» des Bouddhistes, je suppose. «Le discours juste» est de la saine physiologie. D'ailleurs quel sens cela a-t-il de prononcer des termes choisis à une époque où les mots ont sombré dans la grossièreté et la décadence ?

---

5. **eventually** (faux ami) : *finalement, en fin de compte, en définitive.*

6. **sound** : *solide, juste, sain ;* **sound sense** : *bon sens, sens pratique ;* **that was a sound move** : *c'était une action judicieuse.*

7. **make much sense** : *avoir du sens ;* **what she did makes sense** : *ce qu'elle a fait se tient.*

If a La Rochefoucauld[1] were to show up, people would
turn away from him in midsentence, and yawn. Who
needs maxims now?

The Schulteisses were colleagues, and Gerda could work
on them, she had access to them, but there were occasions
when she couldn't protect me. We were, for instance, at a
formal[2] university dinner, and I was sitting beside an old
woman who gave millions of dollars to opera companies
and orchestras. I was something of a star that evening
and wore tails[3], a white tie, because I had just conducted a
performance of Pergolesi's[4] *Stabat Mater*, surely one of
the most moving works of the eighteenth century. You
would have thought that such music had ennobled me, at
least until bedtime. But no, I soon began to spoil[5] for
trouble. It was no accident that I was on Mrs. Pergamon's
right. She was going to be hit for a big contribution.
Somebody had dreamed up a schola cantorum, and I was
supposed to push it (tactfully). The real pitch would come
later. Frankly, I didn't like the fellows behind the plan.
They were a bad lot, and a big grant would have given
them more power than was good for anyone. Old Pergamon had left his wife a prodigious fortune. So much
money was almost a sacred attribute. And also I had
conducted sacred music, so it was sacred against sacred.

---

1. **La Rochefoucauld (François, duc de):** écrivain moraliste français
(1613-1680). Ses *Réflexions* ou *Sentences et Maximes morales* (1665)
firent scandale par l'absence totale d'illusions qu'elles révélaient, selon
une vision résolument pessimiste de l'homme. Ces maximes dénon-
çaient les motivations égoïstes des passions, des sentiments ou des
relations sociales.
  Citer le nom du moraliste n'est pas innocent pour Shawmut qui par
son humour décapant veut sans doute faire œuvre de moraliste, mais
sans à avoir à en subir les conséquences qui sont le rejet et
l'exclusion.
  2. **formal:** *guindé;* **he is very formal:** *il est très à cheval sur les
convenances;* **don't be so formal:** *ne faites pas tant de cérémonies.*

Si un La Rochefoucauld se présentait, les gens se détourneraient de lui au beau milieu d'une phrase et diraient en bâillant : « Qui a besoin de maximes aujourd'hui ? »

Les Schulteiss étaient des collègues et Gerda pouvait rattraper le coup avec eux, car elle les avait sous la main, mais il y avait des occasions où elle ne pouvait pas me protéger. Par exemple, nous assistions à un grand dîner de l'Université et je me trouvais assis à côté d'une vieille dame qui donnait des millions de dollars à des troupes d'opéra et à des orchestres. J'avais en quelque sorte la vedette ce soir-là et portais smoking et cravate blanche car je venais de diriger une représentation du *Stabat Mater* de Pergolèse, sans aucun doute l'une des oeuvres les plus émouvantes du dix-huitième siècle. On aurait pu croire qu'une telle musique m'eût ennobli l'âme, du moins jusqu'à l'heure du coucher. Eh bien, non, je n'ai pas tardé à chercher le scandale. Je ne me trouvais pas à la droite de Mrs Pergamon par hasard. On allait la taper d'une grosse somme. Quelqu'un avait eu l'idée d'ouvrir une schola cantorum et j'étais censé lancer le sujet (avec tact). On ferait le grand baratin plus tard. A vrai dire, je n'aimais pas les instigateurs de ce projet. Ce n'étaient pas des gens recommandables et une grosse subvention leur aurait donné un excès de pouvoir malsain. Le vieux Pergamon avait laissé à sa femme une fortune prodigieuse. Une telle quantité d'argent devenait presque un attribut sacré. Quant à moi j'avais dirigé de la musique sacrée, c'était donc le sacré face au sacré.

---

3. **tails:** *queue-de-pie.*
4. **Pergolèse:** compositeur italien (1710-1736). Outre ses œuvres pour le théâtre Pergolèse a composé de la musique religieuse, dont un célèbre *Stabat Mater* (1736).
5. **spoil (spoilt, spoilt):** to be spoiling for a fight: *chercher la bagarre.*

Mrs. Pergamon talked money to me, she didn't mention
the *Stabat Mater* or my interpretation of it. It's true that
in the U.S., money leads all other topics by about a
thousand to one, but this was one occasion when the
music should not have been omitted. The old woman
explained to me that the big philanthropists had an
understanding[1], and how the fields were divided up
among Carnegie, Rockefeller, Mellon, and Ford. Abroad
there were the various Rotschild interests and the Volkswagen Foundation. The Pergamons did music, mainly.
She mentioned the sums spent on electronic composers,
computer music, which I detest, and I was boiling all the
while that I bent[2] a look of perfect courtesy from Kiev[3] on
her. I had seen her limousine[4] in the street with campus
cops[5] on guard, supplementing the city police. The dia-
monds on her bosom[6] lay like the Finger Lakes[7] among
their hills. I am obliged to say that the money conversation had curious effects on me. It reached very deep
places. My late brother, whose whole life was devoted to
money, had been my mother's favorite. He remains her
favorite still, and she is in her nineties. Presently I heard
Mrs. Pergamon say that she planned to write her
memoirs. Then I asked—and the question is what
Nietzsche called a *Fatum*—"Will you use a typewriter or
an adding machine?"

---

1. **understanding:** *accord, arrangement, entente.*
2. **bend (bent, bent):** diriger ; **bend one's steps towards:** *diriger ses pas
vers;* **all eyes were bent on him:** *tous les regards étaient braqués sur lui;*
**bend one's efforts towards changing something:** *diriger ses efforts vers la
transformation de.*
3. **Kiev:** l'une des plus anciennes villes de Russie, centre culturel et
artistique. Shawmut fait ici allusion aux valeurs de la vieille Europe
dont il est originaire, par opposition à la prédominance des intérêts
mercantiles représentés par les tenants du capitalisme américain.
4. **limousine:** *limousine;* (U.S.) *voiture navette* (dans les aéroports);
(U.S.) **a limousine liberal:** *un libéral de salon.*

Mrs Pergamon me parla d'argent, sans mentionner le *Stabat Mater* ni l'interprétation que j'en avais donnée. Il est vrai qu'aux Etats-Unis l'argent est le thème de quatre-vingt-dix-neuf pour cent des conversations, mais dans ce cas précis la musique n'aurait pas dû être oubliée. La vieille femme m'expliqua que les grands philanthropes avaient une entente et que le terrain se répartissait entre Carnegie, Rockefeller, Mellon et Ford. A l'étranger se trouvaient les différents intérêts des Rothschild ainsi que la Fondation Volkswagen. Les Pergamon, eux, se consa-craient essentiellement à la musique. Elle évoqua les sommes versées à des compositeurs de musique électroni-que, ou de musique électroacoustique qui me fait horreur et tout en lui adressant des regards empreints de la plus pure courtoisie de Kiev, je bouillais intérieurement. Dans la rue j'avais vu sa limousine gardée par des flics du campus venus renforcer la police municipale. Ses diamants s'étalaient sur sa poitrine comme les lacs Finger au milieu des collines. Je dois bien avouer que cette conversation sur l'argent avait sur moi des effets bizarres. Elle me touchait en des recoins secrets. Mon défunt frère, qui avait consacré toute sa vie à l'argent, avait été le préféré de ma mère. Il est d'ailleurs toujours son préféré, alors qu'elle a plus de quatre-vingt-dix ans. Tout à coup voilà que j'entends Mrs Pergamon annoncer qu'elle avait l'intention d'écrire ses Mémoires. Sur quoi je demande (et cette question est du *Fatum* nietzschéen) : « Comptez-vous utiliser une machine à écrire ou une machine à calculer ? »

---

5. **cop**: *flic, poulet ;* **play at cops and robbers**: *jouer aux gendarmes et aux voleurs ;* **the cop-shop**: *la maison Poulaga, le commissariat* (de police).

6. **bosom** [ˈbʊzəm]: *poitrine, seins ;* (fig.) *sein, milieu ;* **in the bosom of the family**: *au sein de la famille ;* **the bosom of the earth**: *les entrailles de la terre ;* **bosom-friend**: *ami(e) de cœur.*

7. **Finger Lakes**: lacs glaciaires de forme allongée (comme des doigts) situés dans l'État de New York.

Should I have said *that*? Did I actually *say* it? Too late to ask, the tempest had fallen. She looked at me, quite calm. Now, she was a great lady and I was from Bedlam¹. Because there was no visible reaction in her diffuse old face, and the blue of her eyes was wonderfully clarified and augmented by her glasses, I was tempted to believe that she didn't hear or else had failed to understand. But that didn't wash². I changed the subject. I understood that despite the almost exclusive interest in music, she had from time to time supported³ scientific research. The papers reported that she had endowed⁴ a project for research in epilepsy. Immediately I tried to steer her into epilepsy. I mentioned the Freud essay⁵ in which the theory was developed that an epileptic fit was a dramatization of the death of one's father. This was why it made you stiff. But finding that my struggle to get off the hook was only giving me a bloody lip, I went for the bottom and lay there coldly silent. With all my heart I concentrated on the *Fatum. Fatum* signifies that in each human being there is something that is inaccessible to revision. This something can be taught *nothing*. Maybe it is founded in the Will to Power, and the Will to Power is nothing less than Being itself. Moved, or as the young would say, stoned out of my head, by the *Stabat Mater* (the glorious mother who would not stand up for *me*),

---

1. **Bedlam**: nom populaire donné à l'hôpital St Mary of Bethlehem à Londres, asile psychiatrique célèbre (1522); devenu synonyme de fous et de folie.

2. **wash**: *that just won't wash!*: *ça ne prend pas!*; *that excuse won't wash with him*: *on ne lui fera pas avaler cette excuse.*

3. **support** (faux ami): *subvenir aux besoins de*; *he has a wife and three children to support*: *il a une femme et trois enfants à nourrir*; *the school is supported by money from*: *l'école reçoit une aide financière de.*

4. **endow** [ɪn'daʊ]: *doter* (institution, école) *doter* (with, *de*); (fig.) *be endowed with beauty*: *être doué de beauté*; **endowment**: *donation, fondation.*

5. **the Freud essay**: allusion à l'article de Freud intitulé en français

Aurais-je dû faire cette réflexion ? L'ai-je vraiment faite ?
Il était trop tard pour poser la question, la tempête était
retombée. Elle m'a regardé avec beaucoup de calme.
Maintenant elle devenait une grande dame et moi j'étais
fou à lier. Comme son vieux visage vague ne marquait
aucune réaction, et que le bleu de ses yeux était
merveilleusement éclairci et accentué par ses lunettes, j'ai
été tenté de croire qu'elle n'avait pas entendu ou alors
qu'elle n'avait pas saisi. Mais c'était peine perdue. J'ai
donc changé de sujet. J'avais cru comprendre que, malgré
son intérêt presque exclusif pour la musique, elle avait de
temps à autre soutenu la recherche scientifique. D'après les
journaux, elle avait subventionné un projet de recherche
sur l'épilepsie. Aussitôt j'ai tenté de la diriger vers le sujet
de l'épilepsie. J'ai fait allusion à l'essai de Freud soutenant
la théorie selon laquelle la crise d'épilepsie était une mise
en scène de la mort du père. D'où la raideur corporelle.
Mais en voyant que tous mes efforts pour lâcher l'hameçon
ne parvenaient qu'à me faire saigner les lèvres, j'ai coulé à
pic et me suis replié dans un silence glacé. J'ai mis toute
mon énergie à me concentrer sur le *Fatum*. Le *Fatum*
signifie qu'en chaque être humain existe une part réfrac-
taire au changement. A cette part on ne peut rien
apprendre, vraiment rien. Peut-être s'appuie-t-elle sur la
volonté de puissance, or la Volonté de Puissance n'est rien
d'autre que l'Etre même. Emu par le *Stabat Mater* ou,
comme diraient les jeunes, « shooté » au *Stabat Mater* (cette
mère pleine de gloire qui ne se serait pas dressée pour me
défendre),

---

« Dostoïevski et le parricide », dans *Résultats, idées, problèmes, II* (1921-
1938), trad. J.-B. Pontalis (Paris, Presses Universitaires de France,
1985). Freud établit un lien entre les crises d'épilepsie de l'auteur des
*Frères Karamazov* et ses désirs refoulés de meurtre de son père qui fut
en réalité assassiné.

6. **hook**: *crochet, hameçon;* ici se file une la métaphore aquatique,
avec Shawmut dans le rôle du poisson.

I had been led to speak from the depths of my *Fatum*[1]. I believe that I misunderstood old Mrs. Pergamon entirely. To speak of money to me was kindness, even magnanimity on her part—a man who knew Pergolesi was as good as rich and might almost be addressed as an equal. And in spite of me she endowed the schola cantorum. You don't penalize an institution because a kook[2] at dinner speaks wildly to you. She was so very old that she had seen every sort of maniac[3] there is. Perhaps I startled[4] myself more than I did her.

She was being gracious, Miss Rose, and I had been trying to go beyond her, to pass her on a dangerous curve. A power contest? What might that mean? Why did I need power? Well, I may have needed it because from a position of power you can say anything. Powerful men give offense with impunity. Take as an instance what Churchill[5] said about an M.P. named Driberg: "He is the man who brought pederasty into disrepute." And Driberg instead of being outraged was flattered, so that when another member of Parliament claimed the remark for himself and insisted that his was the name Churchill had spoken, Driberg said, "*You?* Why would Winston take notice of an insignificant faggot like *you!*" This quarrel amused London for several weeks.

1. **Fatum:** Shawmut fait ici allusion à la philosophie de Nietzsche (1844-1900), auteur de *Humain trop humain. Le Gai Savoir, Par-delà le bien et le mal, La Généalogie de la morale, Ainsi parlait Zarathoustra.* La « volonté de puissance » est créatrice de valeurs qui affirment la vie et d'une morale aristocratique remettant en cause les valeurs traditionnelles issues du platonisme, du christianisme, du judaïsme et de l'humanisme moderne. En même temps que la mort de Dieu et du dernier homme, le plus méprisable de tous car il a perdu le sens de son propre dépassement, Zarathoustra annonce la venue du surhomme ; il créera des valeurs nouvelles et sa volonté de puissance sera l'affirmation la plus totale de la vie, coïncidant avec l'acceptation la plus joyeuse de l'éternel retour.

j'avais laissé parler les profondeurs de mon *Fatum*. Je crois
que je m'étais mépris sur cette vieille Mrs Pergamon. Pour
elle me parler d'argent était de la bonté et même de la
grandeur d'âme, car un homme qui connaissait Pergolèse
valait bien un nabab et pouvait presque être traité en égal.
En dépit de ma bévue elle finança la schola cantorum. On
ne pénalise pas une institution sous prétexte qu'un maboul
vous sort des horreurs à table. Elle était tellement vieille
qu'elle avait vu défiler toutes sortes de cinglés. C'est peut-
être à moi que j'avais fait le plus peur.

Elle s'était montrée aimable, Miss Rose, et moi j'avais
essayé de la doubler, de la coiffer dans un virage
dangereux. Lutte d'influence? Qu'est-ce que cela pouvait
bien signifier? Pourquoi me fallait-il dominer? Peut-être
était-il plus facile à partir d'une position de pouvoir de
dire ce qui vous passait par la tête. Les puissants manient
l'impertinence en toute impunité. Prenez par exemple ce
que Churchill a déclaré à propos d'un député du nom de
Driberg: «Voilà l'homme qui a jeté le discrédit sur la
pédérastie.» Et Driberg au lieu de s'offusquer en avait été
flatté, au point que lorsqu'un autre député se déclara
l'objet de cette remarque et précisa que c'était son nom
qui avait été prononcé par Churchill, Driberg rétorqua:
«Vous? Pourquoi Winston s'occuperait-il d'une tantouze
quelconque comme vous?» Cette querelle a diverti
Londres pendant des semaines.

---

2. **kook**: (U.S.) *dingue*; **kookie, kooky**: *dingue, cinglé*.

3. **maniac**: *maniaque, fou, folle*; **these football maniacs**: *ces toqués de
football*; **he drives like a maniac**: *il conduit comme un fou*; **he's a maniac**:
*il est bon à enfermer*.

4. **startle**: *faire sursauter, tressaillir*; **it startled him out of his sleep**:
*cela l'a réveillé en sursaut*.

5. **Winston Churchill** (1874-1965): l'homme d'État britannique avait
aussi des activités littéraires, et rédigea notamment une biographie de
Marlborough, mentionnée page suivante.

But then Churchill was Churchill, the descendant of Marlborough, his great biographer, and also the savior of his country. To be insulted by him guaranteed your place in history. Churchill was, however, a holdover[1] from a more civilized age. A less civilized case would be that of Stalin. Stalin, receiving a delegation of Polish Communists in the Kremlin, said, "But what has become of that fine, intelligent woman Comrade Z?" The Poles looked at their feet. Because, as Stalin himself had had Comrade Z murdered, there was nothing to say.

This is contempt, not wit. It is Oriental despotism, straight, Miss Rose. Churchill was human, Stalin merely a colossus. As for us, here in America, we are a demotic, hybrid civilization. We have our virtues but are ignorant of style. It's only because American society has no place for style (in the sense of Voltairean[2] or Gibbonesque[3] style, style in the manner of Saint-Simon[4] or Heine[5]) that it is possible for a man like me to make such statements as he makes, harming no one but himself. If people are offended, it's by the "hostile intent" they sense, not by the keenness of the words. They classify me then as a psychological curiosity, a warped personality. It never occurs to them to take a full or biographical view. In the real sense of the term, biography has fallen away from us. We all flutter like new-hatched chicks between the feet of the great idols, the monuments of power.

---

1. **hold (held, held) over:** *remettre;* **the meeting was held over until Friday:** *la séance fut reportée à vendredi.*

2. **Voltaire** (1694-1778): dans ses Contes philosophiques (*Zadig*, 1747, *Candide*, 1759) il attaque sans relâche les institutions politiques et sociales du xviiie siècle et dénonce la vanité, comme les dangers, de la métaphysique.

3. **Gibbon** (1737-1794): historien anglais, auteur de *l'Histoire du déclin et de la chute de l'Empire romain*, 1776. Par son sens de la synthèse, l'œuvre de Gibbon est sans doute l'une des premières tentatives d'histoire scientifique. Ses qualités littéraires donnèrent du lustre aux sciences historiques avant A. Thierry et Michelet.

Mais il est vrai que Churchill était Churchill, descendant de Marlborough, son grand biographe et aussi le sauveur de son pays. Etre insulté par lui vous assurait une place dans l'Histoire. Cependant Churchill était un survivant d'une époque plus civilisée. Moins civilisé serait le cas de Staline. Staline recevant une délégation de communistes polonais au Kremlin avait demandé : « Mais qu'est devenue cette femme si bien et si intelligente, la camarade Z ? » Et les Polonais ont regardé leurs pieds. Car Staline ayant lui-même fait assassiner la camarade Z, il n'y avait rien à répondre.

C'est là du mépris, non de l'esprit. Voilà du pur despotisme oriental, Miss Rose. Churchill était un être humain, Staline un simple titan. Et nous ici en Amérique, nous représentons une civilisation populaire, hybride. Nous avons nos qualités mais nous ignorons tout du style. Et c'est bien parce que la société américaine ne fait aucune place au style (au style comme l'entendaient Voltaire ou Gibbon, Saint-Simon ou Heine) qu'il est possible pour un homme comme moi de faire ce genre de déclaration qui ne blesse personne que lui-même. Si les gens sont offensés c'est plus par « l'intention hostile » qu'ils ressentent que par la vivacité des mots. Ils me cataloguent alors comme une curiosité psychologique, une personnalité perverse. Il ne leur vient jamais à l'esprit de vous envisager sous un angle général ou biographique. La notion de biographie au vrai sens du terme nous échappe. Nous sommes tous comme des poussins nouveau-nés agitant leurs petites ailes au pied des grandes idoles, monuments du pouvoir.

---

4. **Saint-Simon** (1760-1825) : philosophe et économiste, précurseur de la science sociale et de la philosophie positiviste.

5. **Heinrich Heine** (1797-1856) : poète lyrique allemand, musicien du verbe qui sut retrouver les rythmes de la mélodie populaire *(Lorelei)* et qui inspira des musiciens comme Schubert et Schumann.

So what are words? A lawyer, the first one, the one who
represented me in the case against my brother's estate
(the second one was Gerda's brother)—lawyer number one,
whose name was Klaussen, said to me when an important
letter had to be drafted[1], "*You* do it, Shawmut. You're the
man with the words."

"And you're the whore with ten cunts[2]!"

But I didn't say this. He was too powerful. I needed
him. I was afraid.

But it was inevitable that I should offend him, and
presently I did.

I can't tell you *why*. It's a mystery. When I tried to
discuss Freud's epilepsy essay with Mrs. Pergamon I
wanted to hint[3] that I myself was subject to strange
seizures[4] that resembled falling sickness. But it wasn't
just brain pathology, lesions, *grand mal* chemistry. It was
a kind of perversely happy *gaieté de cœur*. Elements of
vengefulness, or blasphemy? Well, maybe. What about
demonic inspiration, what about energumens, what about
Dionysus[5] the god? After a distressing luncheon with
Klaussen the lawyer at his formidable club, where he
bullied me in a dining room filled with bullies, a scene
from Daumier (I had been beaten down ten or twelve
times, my suggestions all dismissed, and I had paid him a
$25,000 retainer, but Klaussen hadn't bothered yet to
master the elementary facts of the case)—

--------

1. **draft:** *faire le brouillon* (d'une lettre); *écrire, préparer* (discours).

2. **the whore with ten cunts:** mot à mot: *la putain à dix cons.*
Shawmut gratifie le lecteur (et Miss Rose en premier lieu) de ses pensées
les plus obscènes.

3. **hint:** *insinuer, suggérer;* **he hinted to me that he was unhappy:** *il m'a
laissé entendre qu'il était malheureux;* **hint at:** *faire allusion à;* **what are
you hinting at?** *qu'est-ce que vous voulez dire par là?*

4. **seizure** ['siːʒə]: *crise, attaque.*

5. **Dionysus:** *Dionysos,* dieu grec de la vigne, du vin et du délire
extatique, appelé aussi Bacchus. Il apparaît toujours escorté d'une

Que sont, alors, les mots? Un avocat, le premier, celui qui me représentait dans l'affaire m'opposant à la succession de mon frère (le deuxième fut le frère de Gerda), l'avocat numéro un qui s'appelait Klaussen me disait lorsqu'il fallait rédiger une lettre importante: «A vous de jouer, Shawmut. C'est vous qui connaissez les paroles.

— Et vous, vous connaissez la musique!»

Mais je n'ai pas dit ça. Il avait trop d'influence. J'avais besoin de lui, j'avais peur.

Il était malgré tout inévitable que je l'offense, ce que j'ai fait sans tarder.

Impossible de vous dire pourquoi. Cela reste un mystère. Lorsque j'avais tenté de parler de l'article de Freud sur l'épilepsie avec Mrs Pergamon, je voulais laisser entendre que j'étais moi-même sujet à d'étranges attaques qui ressemblaient à des crises. Mais ce n'était pas une maladie du cerveau, une lésion ou le grand mal. Il s'agissait d'une sorte de gaieté de cœur joyeusement mauvaise. Y avait-il des éléments de revanche ou de blasphème? Peut-être. Pourquoi pas une inspiration démoniaque, une possession, l'influence de Dionysos? Après un repas désespérant avec l'avocat Klaussen à son redoutable club, où il m'avait brutalisé dans une salle à manger remplie de brutes, au cours d'une vraie scène à la Daumier (j'avais été démoli à dix ou douze reprises, toutes mes idées avaient été rejetées et je lui avais versé une provision de vingt-cinq mille dollars mais Klaussen n'avait pas encore daigné maîtriser les éléments essentiels du dossier);

---

compagnie délirante de démons. Les cortèges tumultueux et l'utilisation du masque pendant ses fêtes (Dionysies) donnèrent naissance à la tragédie, à la comédie et au drame satirique. Dans la pensée de Nietzsche, Dionysos est opposé au rationalisme et à la métaphysique socratique comme le dieu affirmatif, personnifiant la sincérité de l'instinct, le rire, en équilibre avec l'harmonie apollinienne.

—after lunch, I say, when we were walking through the
lobby of the club, where federal judges, machine[1] politicians, paving contractors, and chairmen[2] of boards con-
ferred in low voices, I heard a great noise. Workmen had
torn down an entire wall. I said to the receptionist,
"What's happening?" She answered, "The entire club is
being rewired[3]. We've been having daily power failures
from the old electrical system." I said, "While they're at it
they might arrange to have people electrocuted in the
dining room."

I was notified by Klaussen next day that for one reason
or another he could no longer represent me. I was an
incompatible client.

The intellect of man declaring its independence from
worldly power—okay. But I had gone to Klaussen for
protection. I chose him because he was big and arrogant,
like the guys my brother's widow had hired[4]. My late
brother had swindled me. Did I want to recover my money
or not? Was I fighting or doodling[5]? Because in the courts
you needed brazenness, it was big arrogance or nothing.
And with Klaussen as with Mrs. Pergamon there was not
a thing that Gerda could do—she couldn't send either of
them flowers or ask them to lunch. Besides, she was
already sick. Dying, she was concerned about my future.
She remonstrated[6] with me. "Did you have to needle him?
He's a proud man."

"I gave in to my weakness. What's with me? Like, am I
too good to be a hypocrite?"

---

1. **machine:** (U.S.) *machine, appareil;* **th democratic machine:** *l'appareil du parti démocrate:* **party machine:** *administration du parti.*

2. **chairman:** *président;* (U.S.) **chairman and chief executive officer:**
*président de société.*

3. **wire:** *faire l'installation électrique, installer;* **wire a room (up) for
sound:** *sonoriser une pièce;* **it's all wired (up) for television:** *l'antenne de
télévision est déjà installée.*

4. **hire:** *engager, embaucher;* **hired car:** *voiture de location;* **hired
killer:** *tueur à gages.*

après le déjeuner, dis-je, comme nous traversions le hall d'entrée du club où des juges fédéraux, des politiciens professionnels, des promoteurs et des présidents de conseils d'administration s'entretenaient à voix basse, j'ai entendu un fracas. Des ouvriers avaient abattu un mur entier. « Que se passe-t-il ? » ai-je demandé à la réceptionniste qui m'a répondu : « Ils refont toute l'installation électrique du club. Avec l'ancien circuit nous avions une coupure de courant par jour. — Tant qu'ils y sont, lui ai-je dit, ils pourraient s'arranger pour faire électrocuter tout le monde dans la salle à manger. »

Le lendemain il m'a été notifié par Klaussen que pour une raison quelconque il ne pouvait plus me représenter. J'étais un client inacceptable.

Que l'intellect se démarque des puissants de ce monde, passe encore. Mais j'étais venu solliciter la protection de Klaussen. Je l'avais choisi parce qu'il était gros et prétentieux comme les types qu'avait embauchés la veuve de mon frère. Mon défunt frère m'avait escroqué. Voulais-je oui ou non récupérer mon argent ? Est-ce que j'allais me battre ou bricoler ? Parce que dans un tribunal il fallait se montrer effronté ; c'était l'arrogance pure ou rien. Et dans le cas de Klaussen comme dans celui de Mrs Pergamon, Gerda ne pouvait strictement rien faire : ni leur envoyer des fleurs, ni les inviter à déjeuner. D'ailleurs elle était déjà malade. Mourante, elle était préoccupée par mon avenir et me faisait des remontrances. « Qu'avais-tu besoin de l'asticoter. C'est un homme orgueilleux.

— J'ai cédé à ma faiblesse. Qu'est-ce qui me prend ? On dirait que je me crois trop bien pour être hypocrite.

---

5. **doodle**: *griffonner* (distraitement).

6. **remonstrate**: *protester* (**against**, *contre*) ; **remonstrate with someone about something**: *faire des remontrances à quelqu'un au sujet de quelque chose.*

"Hypocrisy is a big word... A little lip service[1]."

And again I said what I shouldn't have, especially given the state of her health: "It's a short step from lip service to ass kissing[2]."

"Oh, my poor Herschel, you'll never change!"

She was then dying of leukemia, Miss Rose, and I had to promise her that I would put my case in the hands of her brother Hansl. She believed that for her sake Hansl would be loyal to me. Sure, his feeling for her was genuine[3]. He loved his sister. But as a lawyer he was a disaster, not because he was disloyal but because he was in essence an inept conniver. Also he was plain crackers.

Lawyers, lawyers. Why did I need all these lawyers? you will ask. Because I loved my brother fondly. Because we did business, and business can't be done without lawyers. They have built a position for themselves at the very heart of money—strength at the core of what is strongest. Some of the cheerfulest passages in Walish's letter refer to my horrible litigation. He says, "I always knew you were a fool." Himself, he took the greatest pains never to be one. Not that any man can ever be absolutely certain that his prudence is perfect. But to retain lawyers is clear proof that you're a patsy. There I concede that Walish is right.

My brother, Philip, had offered me a business proposition and that, too, was my fault.

---

1. **lip service:** he only pays lip service to socialism: *il n'est socialiste qu'en paroles*; that was merely lip service on his part: *il l'a dit du bout des lèvres, pour la forme.*

2. **ass kissing:** le jeu de mots consiste à prendre au pied de la lettre ces expressions imagées impliquant une partie du corps (**lip:** *lèvres* et **ass:** *cul*).

3. **genuine:** *authentique, véritable*; a genuine Persian rug: *un tapis persan authentique*; I'll only buy the genuine article!: *je n'achète que du*

— Hypocrite est un bien grand mot... Tu pourrais être plus complaisant. »

Et encore une fois j'ai dit ce que je n'aurais pas dû dire, surtout vu son état de santé. « Il n'y a pas loin du complaisant au con.

— Mon pauvre Herschel, tu ne changeras donc jamais ! »

A ce moment-là la leucémie était en train de l'emporter, Miss Rose, et j'ai dû lui promettre de confier mes intérêts à son frère Hansl. Elle se disait que par égard pour elle Hansl serait honnête avec moi. Certes il avait pour elle une affection sincère. Il adorait sa sœur. Mais comme avocat il a été une vraie catastrophe, non pas qu'il fût malhonnête, mais fondamentalement il n'était pas doué pour la manigance ; sans compter qu'il était fou à lier.

Des avocats, des avocats. Pourquoi avais-je besoin de tous ces avocats, me demanderez-vous.

Parce que j'aimais beaucoup mon frère.

Parce que nous faisions des affaires et qu'on ne peut pas faire d'affaires sans avocats. Ils se sont aménagé un domaine réservé au cœur même de l'argent ; un bastion au centre de la forteresse. Certains des passages les plus allègres de la lettre de Walish font allusion à mon horrible procès. Voici ce qu'il dit : « J'ai toujours su que tu étais un imbécile. » Lui, en revanche, s'est donné toutes les peines du monde pour ne pas l'être. Nul n'est jamais absolument certain de faire preuve d'une prudence irréprochable, mais le fait d'engager des avocats prouve bien que l'on est une poire. Là je dois dire que Walish a raison.

Mon frère Philip m'avait proposé une affaire et cela aussi était de ma faute.

---

*vrai ; franc, vrai, sincère ;* **he is a very genuine person:** *il est très (simple et) direct ;* **genuine buyer:** *acheteur sérieux.*

I made the mistake of telling him how much money my
music-appreciation book had earned. He was impressed.
He said to his wife, "Tracy, guess[1] who's loaded[2]!" Then
he asked, "What are you doing with it? How do you
protect yourself against taxes and inflation?"

I admired my brother, not because he was a "creative
businessman," as they said in the family—that meant[3]
little to me—but because... Well, there is in fact no
"because," there's only the *given*, a lifelong feeling, a
mystery. His interest in my finances excited me. For once
he spoke seriously to me, and this turned my head. I told
him, "I never tried to make money, and now I'm knee
deep[4] in the stuff." Such a statement was a little
disingenuous[5]. It was, if you prefer, untrue. To take such a
tone was also a mistake, for it implied that money wasn't
so hard to make. Brother Philip had knocked himself out[6]
for it, while Brother Harry had earned heaps of it,
incidentally, while fiddling. This, I now acknowledge, was
a provocative booboo. He made a dark note of it. I even
saw the note being made.

As a boy, Philip was very fat. We had to sleep together
when we were children and it was like sharing the bed
with a dugong[7]. But since then he had firmed up quite a
lot. In profile his face was large, with bags under the eyes,
a sharp serious face upon a stout body. My late brother
was a crafty man. He laid long-distance schemes.

---

1. **guess:** *deviner, estimer, évaluer;* **guess who:** *devine qui c'est.*

2. **loaded:** *bourré de fric, plein aux as;* *bourré* (alcool); *défoncé*
(drogues).

3. **mean:** *vouloir dire, signifier;* **a pound means a lot to him:** *une livre
représente une grosse somme pour lui;* **holidays don't mean much to me:**
*les vacances ne comptent guère pour moi.*

4. **knee deep:** *jusqu'aux genoux;* **the water was knee-deep:** *l'eau arrivait
aux genoux;* **he was knee-deep in mud:** *la boue lui arrivait aux genoux.*

5. **disingenuous:** *déloyal, pas sincère, fourbe.*

6. **knock himself out:** *sonner, abrutir, mettre à plat.*

J'avais commis l'erreur de lui dire combien mon livre d'initiation à la musique m'avait rapporté. Impressionné, il avait dit à sa femme : « Tracy ! J'en connais un qui est plein aux as ! » Ensuite il m'avait demandé : « Qu'est-ce que tu vas faire de tout cet argent ? Comment te protègeras-tu des impôts et de l'inflation ? »

J'admirais mon frère non pas en sa qualité d'« homme d'affaires plein de talent » comme on disait dans la famille (pour moi cela ne voulait pas dire grand-chose) mais parce que... En fait il n'y a pas de « parce que », mais seulement un acquis, le sentiment de toute une vie, un mystère. L'intérêt qu'il portait à mes finances m'a émoustillé. Pour une fois il me parlait sérieusement et j'en ai été retourné. Je lui ai dit : « Je n'ai jamais cherché à gagner de l'argent et maintenant je ne sais pas quoi en faire. » Cette déclaration manquait un peu de sincérité, ou, si vous préférez, ce n'était pas vrai. Prendre un ton pareil était aussi une erreur car cela impliquait qu'il n'était pas si difficile de gagner de l'argent. Des deux frères, Philip était celui qui avait dû se décarcasser pour en gagner, tandis qu'Harry en avait ramassé des tonnes, par hasard, sans lever le petit doigt. J'ai fait là, je le reconnais à présent, une énorme boulette. Il avait accusé le coup. Je l'avais vu très clairement.

Petit, Philip était très gras Nous n'avions qu'un lit pour deux quand nous étions enfants et j'avais l'impression de partager mon lit avec un éléphant de mer. Mais depuis lors il s'était considérablement raffermi. De profil son visage était massif, avec des poches sous les yeux : un visage grave et anguleux sur un corps trapu. Feu mon frère était un homme rusé. Il échafaudait des plans à long terme.

---

7. **dugong :** mammifère sirénien qui vit dans l'Océan Indien et peut atteindre 3 m de long. Le dugong, dit vache marine, se nourrit de végétaux aquatiques ; il ressemble beaucoup au lamantin.

Over me he enjoyed the supreme advantage of detachment. My weakness was my fondness[1] for him, contemptible[2] in an adult male. He slightly resembled Spencer Tracy[3], but was more avid and sharp. He had a Texas tan, his hair was "styled," not barbered, and he wore Mexican rings on every one of his fingers.

Gerda and I were invited to visit his estate near Houston[4]. Here he lived in grandeur, and when he showed me around the place he said to me, "Every morning when I open my eyes I say, 'Philip, you're living right in the middle of a park. You own a whole park.'"

I said, "It certainly is as big as Douglas Park in Chicago."

He cut me short, not wishing to hear about the old West Side, our dreary origins[5]. Roosevelt Road with its chicken coops stacked on the sidewalks, the Talmudist horseradish grinder in the doorway of the fish store, or the daily drama of the Shawmut kitchen on Independence Boulevard. He abominated these reminiscences of mine, for he was thoroughly Americanized. On the other hand, he no more belonged on this Texas estate than I did. Perhaps no one belonged here. Numerous failed entrepreneurs had preceded him in this private park, the oilmen and land developers who had caused this monument to be built. You had the feeling that they must all have died in flophouses[6] or on state funny-farms[7],

---

1. **fondness:** *prédilection, penchant, affection, tendresse.*

2. **contemptible:** *méprisable, indigne, vil.*

3. **Spencer Tracy** (1900-1967): acteur américain qui s'est imposé par le truchement d'un personnage assez rassurant et plein d'humour. « Positif » par nature il incarne des héros de la mythologie américaine comme Thomas Edison dans *Young Thomas Edison* de Norman Taurog, 1939, mais aussi parfois des personnages troubles comme dans le *Dr. Jekyll et Mr. Hyde* de V. Fleming (1941) ou dans *Fury* de Fritz Lang (1936).

4. **Houston:** ville des États-Unis la plus grande du Texas ; dans la plaine côtière à environ 80 km du Golfe du Mexique.

Il avait sur moi l'avantage suprême du détachement. Mon affection pour lui, méprisable chez un adulte masculin, était ma faiblesse. Il ressemblait vaguement à Spencer Tracy, mais en plus avide et en plus futé. Il arborait un bronzage texan, il se faisait coiffer, pas simplement couper les cheveux et il portait des bagues mexicaines à tous les doigts.

Gerda et moi avions été invités à visiter sa propriété près de Houston. Il vivait là sur un grand pied et en me faisant faire le tour du propriétaire il m'avait dit : « Tous les matins en ouvrant les yeux je me dis : "Philip, tu vis au beau milieu d'un parc. Tu as tout un parc à toi." »

Et moi de dire : « Oui, il est sûrement aussi grand que Douglas Park à Chicago. »

Il m'a coupé aussitôt, car il ne tenait pas à entendre parler du vieux West side, ni de nos mornes origines : Roosevelt Road et ses cages à poules entassées sur le trottoir, le marchand de raifort talmudiste installé sur le seuil de la poissonnerie et les drames quotidiens joués dans la cuisine Shawmut d'Independence Boulevard. Il avait horreur des souvenirs que j'évoquais, car il était tout à fait américanisé. D'un autre côté il n'était pas plus à sa place que moi dans cette propriété texane. Mais peut-être que personne ne pouvait y être à sa place. De nombreux chefs d'entreprise ratés l'avaient précédé dans ce parc privé, industriels du pétrole ou promoteurs immobiliers responsables de la construction de ce monument. On avait l'impression qu'ils avaient tous dû mourir dans des asiles de nuit, ou des maisons de fous,

---

5. **the old West Side, our dreary origins:** contrairement à Shawmut, le narrateur, son frère Philip veut faire une croix sur ses origines plus que modestes et se fondre dans le creuset américain.

6. **flophouse:** *asile de nuit ; flop (U.S.) dormir, crécher.*

7. **funny-farms:** euphémisme pour désigner les *asiles d'aliénés.*

cursing the grandiose[1] fata morgana[2] that Philip now owned, or seemed to own. The truth was that he didn't like it, either; he was stuck with it. He had bought it for various symbolic reasons, and under pressure from his wife.

He told me in confidence that he had a foolproof[3] investment for me. People were approaching him with hundreds of thousands, asking to be cut into[4] the deal, but he would turn them all down for my sake. For once he was in a position to do something for me. Then he set his conditions. The first condition was that he was never to be questioned, that was how he did business, but I could be sure that he would protect me as a brother should and that there was nothing to fear. In the fragrant[5] plantation gardens, he flew for one instant (no more) into Yiddish. He'd never let me lay my sound head in a sickbed. Then he flew out again. He said that his wife, who was the best woman in the world and the soul of honor, would respect his commitments[6] and carry out[7] his wishes with fanatical fidelity if anything were to happen to him. Her fanatical fidelity to him was fundamental. I didn't understand Tracy, he said. She was difficult to know but she was a true[8] woman, and he wasn't going to have any clauses in our partnership agreement that would bind her formally. She would take offense at that and so would he. And you wouldn't believe, Miss Rose, how all these clichés moved me.

---

1. **grandiose:** *grandiose, grandiloquent, pompeux.*
2. **fata morgana:** mirage surtout vu au large des côtes de Sicile, près du détroit de Messine ; ainsi nommé car son origine était attribuée à Morgan Le Fay, fée maléfique et demi-sœur du roi Arthur dans la Légende arthurienne.
   Il s'agit des dimensions excessives de la propriété du frère.
3. **foolproof:** *infaillible, à toute épreuve, indétraquable, indéréglable.*
4. **cut in:** *se mêler à la conversation ;* (Auto) **cut in on somebody:** *faire une queue de poisson ;* **cut in on the market,** *s'infiltrer sur le marché ;* **cut somebody in on or into a deal:** *intéresser quelqu'un à une affaire.*

maudissant le fata morgana grandiose dont Philip était maintenant le propriétaire, du moins en apparence. A la vérité il ne l'aimait pas non plus ; il ne pouvait plus s'en débarrasser. Il l'avait acheté pour toutes sortes de raisons symboliques et sous la pression de sa femme.

Il m'avait dit en confidence qu'il avait un placement à toute épreuve pour moi. On venait le voir avec des centaines de milliers de dollars pour s'introduire sur ce coup, mais il refoulait tout le monde dans mon intérêt. Pour une fois il était à même de faire quelque chose pour moi. Puis il avait posé ses conditions. La première était de ne jamais émettre d'objections, c'était sa manière à lui de traiter les affaires, mais j'étais assuré de son soutien de frère, et je n'avais rien à craindre. Parmi les jardins odoriférants il s'est laissé aller un instant (à peine) à parler yiddish. Il ne me laisserait jamais poser ma tête bien faite sur un lit d'hôpital. Puis il s'est remis à divaguer. Il a déclaré que sa femme, la meilleure femme du monde, une âme d'élite, respecterait ses engagements et exécuterait ses vœux avec une fidélité fanatique s'il devait lui arriver quelque chose. Sa fidélité fanatique envers lui était fondamentale. Il prétendait que je ne comprenais pas Tracy. Elle était difficile à connaître, mais c'était une femme loyale et il n'allait pas la lier formellement par une clause dans notre contrat d'association. Elle s'en offenserait et lui aussi. Vous ne pouvez pas savoir, Miss Rose, à quel point j'ai été ému par ces clichés.

---

5. **fragrant**: *parfumé, odorant* ; **fragrant memories**: *doux souvenirs*.

6. **commitment**: *engagement, responsabilités, engagement financier* ; **without commitment**: *sans obligation* ; **commitment fee**: *commission d'engagement* ; **teaching commitments**: *(heures d')enseignement* ; **he has a commitment to another firm**: *il a des obligations envers une autre société*.

7. **carry out**: *exécuter, mener à bonne fin, réaliser* ; **carry out one's duty**: *faire son devoir* ; **carry out one's duties**: *s'acquitter de ses fonctions*.

I responded as if to an accelerator[1] under his fat elegantly
shod foot, pumping blood, not gasoline, into my mortal
engine. I was wild with feeling and said yes to it all. Yes,
yes! The plan was to create an autowrecking center, the
biggest in Texas, which would supply auto parts to the
entire South and to Latin America as well. The big
German and Italian exporters were notoriously[2] short of[3]
replacement parts; I had experienced this myself—I had
once had to wait four months for a BMW front-wheel
stabilizer unobtainable in the U.S. But it wasn't the
business proposition that carried me away, Miss Rose.
What affected me was that my brother and I should be
really associated for the first time in our lives. As our
joint entreprise could never in the world be Pergolesi, it
must necessarily be business. I was unreasonably stirred
by emotions that had waited a lifetime for expression;
they must have worked their way into my heart at a very
early age, and now came out in full strength to drag me
down.

"What have you got to do with wrecking automobiles?"
said Gerda. "And grease, and metal, and all that
noise?"

I said, "What has the IRS[4] ever done for music that it
should collect half my royalties?"

My wife was an educated woman, Miss Rose, and she
began to reread certain books and to tell me about them,
especially at bedtime. We went through much of Balzac.

---

1. **as if to an accelarator:** ce n'est pas la première fois que Shawmut
fait une analogie avec le monde de l'automobile, comme s'il anticipait
sur la suite de son récit, où il sera question de vieilles voitures. De plus,
cette vision mécanique de son corps et de ses émotions lui permet de
faire comme s'il était la victime d'impulsions venues de l'extérieur et
non le maître de ses choix.

2. **notoriously:** *notoirement;* **notoriously cruel/inefficient:** *d'une
cruauté/d'une incompétence notoire.*

3. **short of:** *moins de, en dessous de;* **we're 3 short:** *il nous en manque*

J'ai réagi comme un accélérateur à la pression de son gros pied élégamment chaussé, injectant non pas de l'essence mais du sang dans mon moteur d'être humain. Je débordais de sentiments et j'ai répondu oui à tout. Oui, oui ! Son idée était de créer une casse automobile, la plus grande du Texas, qui fournirait des pièces détachées de voiture à tout le Sud et aussi à l'Amérique latine. Les grands exportateurs allemands et italiens, c'était bien connu, étaient toujours à court de pièces détachées ; j'en avais moi-même fait l'expérience, ayant dû attendre quatre mois un amortisseur de direction pour ma BMW, introuvable aux Etats-Unis. Mais ce n'est pas sa proposition d'affaire qui m'avait transporté, Miss Rose. Ce qui me touchait, c'était que mon frère et moi soyons vraiment associés pour la première fois de notre vie. Comme il était exclu que nous trouvions un terrain d'entente avec Pergolèse, il fallait que ce fût dans le domaine des affaires. J'étais terriblement troublé par des émotions qui avaient attendu toute une vie pour s'exprimer ; elles avaient dû s'insinuer dans mon cœur à un très jeune âge et elles revenaient maintenant en force pour me submerger.

« Qu'est-ce que tu as à voir avec une casse de voitures ? » avait dit Gerda. « Et avec la graisse, le métal et tout ce bruit ? »

J'avais répondu : « Qu'est-ce que le fisc a donc fait pour la musique, qui lui permette de récolter la moitié de mes droits d'auteur ? »

Ma femme était une personne instruite, Miss Rose ; elle s'était mise à relire certains livres et à m'en parler, surtout à l'heure du coucher. Nous avons parcouru pas mal de Balzac.

---

*trois ;* **we are £2,000 short of our target :** *il nous manque encore 2 000 livres pour arriver à la somme que nous nous étions fixée.*
   4. **I.R.S. :** *Internal Revenue Service,* administration des impôts.

*Père Goriot* (what daughters can do to a father), *Cousin Pons* (how an elderly innocent was dragged down by relatives who coveted[1] his art collection)... One swindling relative after another, and all of them merciless[2]. She related the destruction of poor César Birotteau, the trusting perfumer. She also read me selections from Marx on the obliteration of the ties[3] of kinship[4] by capitalism. But it never occurred to me that such evils[5] could affect a man who had read about them. I had read about venereal diseases and had never caught any. Besides, it was now too late to take a warning.

On my last trip to Texas I visited the vast, smoking wrecking grounds, and on our way back to the mansion Philip told me that his wife had become a breeder of pit bulldogs. You may have read about these creatures, which have scandalized American animal lovers. They are the most terrifying of all dogs. Part terrier, part English bulldog, smooth-skinned, broad-chested, immensely muscular, they attack all strangers, kids as well as grownups. As they do not bark, no warning is given. Their intent is always to kill, and once they have begun to tear at[6] you they can't be called off. The police, if they arrive in time, have to shoot them. In the pit, the dogs fight and die in silence. Aficionados bet millions of dollars on the fights (which are illegal, but what of it[7]?).

---

1. **covet:** *convoiter;* **covetous:** *avide;* **cast covetous eyes on something:** *regarder quelque chose avec convoitise.*

2. **merciless:** *impitoyable, implacable, sans pitié.*

3. **tie:** *lien, attache;* **the ties of blood:** *les liens du sang;* **family ties:** *liens de parenté.*

4. **kinship:** *la parenté.*

L'éclectisme des lectures de Shawmut et de sa femme est assez remarquable, mais toutes ont trait à la propriété et à la famille.

5. **evil** ['iːvl]: *mal;* **wish somebody evil:** *vouloir du mal à quelqu'un;* **speak evil of somebody:** *dire du mal de quelqu'un;* **of two evils one must choose the lesser:** *de deux maux il faut choisir le moindre;* **it's the lesser evil:** *c'est le moindre mal;* **social evils:** *plaies sociales,* **the evils of drink:**

*Le Père Goriot* (ce que des filles peuvent faire à un père), *Le Cousin Pons* (comment un innocent d'un certain âge se fait flouer par des parents qui convoitent sa collection d'art)... Les escrocs défilaient dans les familles et tous étaient sans pitié. Elle me racontait la destruction de ce pauvre César Birotteau, parfumeur trop confiant. Elle me lisait également des passages de Marx sur l'effacement des liens de parenté par le capitalisme. Mais jamais l'idée ne m'a effleuré que ces maux pouvaient affecter un homme qui les avait découverts par ses lectures. J'avais lu des articles sur les maladies vénériennes et n'en avais attrapé aucune. D'ailleurs il était désormais trop tard pour les avertissements.

Lors de mon dernier voyage au Texas j'ai visité les vastes terrains fumants de la casse, et en revenant vers la maison, Philip m'a annoncé que sa femme avait ouvert un élevage de bouledogues de combat. Vous avez peut-être entendu parler de ces animaux, qui ont scandalisé les amis des bêtes aux Etats-Unis. Il n'y a pas de chiens plus terrifiants. Moitié terriers, moitié bouledogues anglais, la peau lisse, le poitrail large, d'une musculature impressionnante, ils attaquent tous les étrangers, aussi bien les enfants que les adultes. Comme ils n'aboient pas, ils ne donnent aucun avertissement. Ils n'ont qu'un seul but : tuer et une fois qu'ils ont commencé à vous mettre en pièces il n'y a pas moyen de les arrêter. Si les policiers arrivent à temps ils les abattent. Dans les fosses, ces chiens se battent et meurent en silence. Les aficionados parient des millions de dollars sur ces combats (illégaux mais qu'importe).

---

*les conséquences funestes de la boisson;* **one of the great evils of our time:** *un des grands fléaux de notre temps.*

6. **tear (tore, torn) at:** *déchirer;* **he tore at the wrapping paper:** *il a déchiré l'emballage (impatiemment);* **he tore at the earth with his bare hands:** *il a lacéré la terre de ses mains nues.*

7. **what of it = what about it?;** **so what?:** *et alors?*

Humane societies and civil liberties groups don't quite know how to defend these murderous animals or the legal rights of their owners. There is a Washington lobby trying to exterminate the breed[1], and meantime enthusiasts go on experimenting, doing everything possible to create the worst of all possible dogs.

Philip took an intense pride in his wife. "Tracy is a wonder, isn't she?" he said. "There's terrific[2] money in these animals. Trust her to pick up a new trend[3]. Guys are pouring in[4] from all over the country to buy pups[5] from her."

He took me to the dog-runs to show the pit bulls off. As we passed, they set their paws on the wire meshes and bared their teeth. I didn't enjoy visiting the pens[6]. My own teeth were on edge. Philip himself wasn't comfortable with the animals, by any means. He owned them, they were assets, but he wasn't the master. Tracy, appearing among the dogs, gave me a silent nod. The Negro employees who brought meat were tolerated. "But Tracy," Philip said, "she's their goddess."

I must have been afraid, because nothing satirical or caustic came to mind. I couldn't even make up[7] funny impressions to take home to Gerda, with whose amusement I was preoccupied in those sad days.

But as a reverberator, which it is my nature to be, I tried to connect the breeding of these terrible dogs with the mood of the country.

---

1. **breed:** *race, espèce.*

2. **terrific:** *énorme, fantastique, fou, incroyable.*

3. **trend:** *tendance,* **the latest trend in swimwear:** *la toute dernière mode pour les maillots de bain;* **the trend of events:** *la tournure des événements;* **set à trend:** *donner le ton, lancer une mode;* **trends in popular music:** *tendances de la musique populaire.*

4. **pour in:** *arriver de toutes parts, en masse;* **complaints/letters poured in:** *il y a eu un déluge/une avalanche de réclamations/de lettres.*

Les sociétés humanitaires et les groupes de défense des droits civiques ne savent pas très bien comment défendre ces animaux meurtriers ni les droits légaux de leurs maîtres. Il existe un groupe de pression à Washington qui essaie d'obtenir l'extermination de la race pendant que des mordus multiplient les expériences pour s'efforcer de créer le pire chien possible.

Philip était extrêmement fier de sa femme. « Tracy est prodigieuse, n'est-ce pas ? Ces animaux valent de l'or. Elle a le chic pour trouver de nouveaux filons. Il arrive des types de tous les coins du pays pour lui acheter des chiots. »

Il m'a emmené jusqu'aux enclos pour me faire admirer les chiens de combat. A notre passage ils agrippaient le grillage en montrant les crocs. Je n'ai pris aucun plaisir à visiter le chenil. J'étais moi-même à cran. D'ailleurs Philip ne se sentait pas du tout à l'aise avec ces bêtes. Il en était le propriétaire, il les considérait comme un placement, mais il n'en était pas le maître. Tracy, apparaissant au milieu des chiens, m'a salué de la tête sans un mot. Les employés noirs qui apportaient la nourriture étaient tolérés par les bêtes, « Mais Tracy, m'a dit Philip, c'est leur idole. »

Je devais avoir peur car aucune pensée caustique ou satirique ne m'est venue à l'esprit. Je ne parvenais même pas à inventer de drôles de sensations à rapporter à Gerda que j'avais à cœur de divertir en cette sombre période.

Mais comme il est dans ma nature de voir des rapprochements entre les choses, je tentais de faire le lien entre l'élevage de ces redoutables chiens et l'état d'esprit du pays.

---

5. pup: *chiot, jeune chien ;* (seal) *bébé-phoque ; freluquet ;* he's an insolent young pup: *c'est un petit morveux.*

6. pen: *parc, enclos ;* play-pen: *parc (d'enfant).*

7. make (made, made) up: *inventer, fabriquer ;* you're making it up!: *tu l'inventes (de toutes pièces).*

The pros and cons of the matter add some curious lines to the spiritual profile of the U.S.A. Not long ago, a lady wrote to the *Boston Globe* that it had been a failure of judgment in the Founding Fathers[1] not to consider the welfare[2] of cats and dogs in our democracy, people being what they are. The Founders were too lenient with human viciousness, she said, and the Bill of Rights[3] ought to have made provision[4] for the safety of those innocents who are forced to depend upon us. The first connection to come to mind was that egalitarianism was now being extended to cats and dogs. But it's not simple egalitarianism, it's a merging of different species: the line between man and other animals is becoming blurred. A dog will give you such simple heart's truth as you will never get from a lover or a parent. I seem to recall from the thirties (or did I read this in the memoirs of Lionel Abel?) how scandalized the French Surrealist André Breton[5] was when he visited Leon Trotsky in exile. While the two men were discussing World Revolution, Trotsky's dog came up to be caressed and Trotsky said, "This is my only true friend." What? A dog the friend of this Marxist theoretician and hero of the October Revolution, the organizer of the Red Army? Symbolic surrealist acts, like shooting at random into a crowd in the street, Breton could publicly recommend, but to be sentimental about a dog like any bourgeois was shocking.

---

1. **the Founding Fathers:** signataires de la Constitution des États-Unis en 1787.

2. **welfare:** *bien-être, confort;* **the spiritual/physical welfare of the young:** *la santé morale/physique des jeunes.*

3. **the Bill of Rights:** les dix premiers amendements à la Constitution américaine qui garantissent les droits des individus, comme la liberté d'expression, la liberté du culte, le droit de se réunir, etc.

4. **provision:** *stipulation, clause;* **according to the provisions of the treaty:** *selon les dispositions du traité;* **within the dispositions of this law:** *c'est un cas prévu par cette loi;* **provision to the contrary:** *clause*

Le pour et le contre en la matière ajoutent quelques traits curieux au profil spirituel des États-Unis. Il n'y a pas longtemps, une dame a écrit au *Boston Globe* que, les hommes étant ce qu'ils sont, les Pères Fondateurs avaient commis une erreur de jugement en négligeant le bien-être des chiens et des chats dans notre démocratie. Les Fondateurs ont été trop indulgents envers la brutalité humaine, a-t-elle dit et la Déclaration des droits aurait dû prévoir une clause assurant la protection de ces pauvres innocents contraints de dépendre de nous. La première idée qui m'est venue à l'esprit est que l'égalitarisme s'appliquait désormais aux chats et aux chiens. Or il ne s'agit pas de simple égalitarisme, mais d'un mélange de différentes races : la distinction entre l'homme et les autres animaux devient floue. Le chien vous apportera une grande simplicité de cœur, difficile à trouver en un parent ou un amant. Il me semble me souvenir que dans les années trente (à moins que je ne l'aie lu dans les Mémoires de Lionel Abel ?) le surréaliste français A. Breton avait été scandalisé par sa visite à Léon Trotski en exil. Pendant que les deux hommes parlaient de révolution mondiale, le chien de Trotski est venu se faire caresser et Trotski aurait dit : « C'est mon seul véritable ami. » Quoi ? Un chien, ami de ce théoricien marxiste, héros de la Révolution d'Octobre, et organisateur de l'armée rouge ? Des actes surréalistes symboliques tels que tirer au hasard sur la foule dans la rue, Breton pouvait les recommander publiquement, mais il était choqué que l'on se montrât sentimental avec un chien comme n'importe quel bourgeois.

---

*contraire ;* there is no provision for this in the rules, the rules make no provisions for this: *le réglement ne prévoit pas cela.*

5. André Breton (1896-1966) : l'une des personnalités marquantes du mouvement surréaliste. La rencontre de Léon Trotski, lors d'un voyage au Mexique (1938) confirma Breton dans une opposition farouche au stalinisme et dans un refus d'assimiler surréalisme et marxisme.

Today's psychiatrists would not be shocked. Asked whom
they love best, their patients reply in increasing[1] numbers,
"My dog." At this rate, a dog in the White House becomes
a real possibility. Not a pit bulldog, certainly, but a nice
golden retriever whose veterinarian would become Secret-
ary of State.

I didn't try these reflections out[2] on Gerda. Nor, since it
would have been unsettling, did I tell her that Philip, too,
was unwell. He had been seeing a doctor. Tracy had him
on a physical-fitness program. Mornings he entered the
annex to the master bedroom, in which the latest gymnast-
ic equipment had been set up. Wearing overlong silk boxer
shorts (I reckon that their theme was the whiskey sour[3],
since they were decorated with orange slices resembling
wheels), he hung by his fat arms from the shining
apparatus, he jogged on a treadmill with an odometer[4],
and he tugged[5] at the weights. When he worked out on the
Exercycle, the orange-slice wheels of his underpants
extended the vehicular fantasy, but he was going
nowhere. The queer things he found himself doing as a
rich man, the false position he was in! His adolescent
children were rednecks[6]. The druidic Spanish moss
vibrated to the shocks of rock music. The dogs bred for
cruelty bided their time[7]. My brother, it appeared, was
only the steward of his wife and children.

Still, he wanted me to observe him at his exercices and
to impress me with his strength.

---

1. **increasing** ['ɪn'kriːsɪŋ]: *croissant;* **an increasing number/amount of:**
*un nombre/une quantité croissante de.*

2. **try...out:** *essayer, faire l'essai de;* **try it out on the cat first:** *essaie
d'abord de voir quelle est la réaction du chat.*

3. **whiskey sour:** *cocktail de whisky au citron.* La présence de
rondelles d'orange sur le short de Philip est la raison de cette étrange
association d'idées.

4. **odometer:** *odomètre* (du grec « hodometron », de « hodos »
« route » et « metron » « mesure »), *podomètre,* appareil de mesure qui
sert à compter les pas et donc la distance parcourue.

Voilà qui ne choquerait pas les psychiatres d'aujourd'hui. A la question : «Qui aimez-vous le plus», leurs patients répondent en nombre croissant : «Mon chien». A ce compte-là, un chien à la Maison Blanche entre dans le domaine des choses possibles. Certes pas un bouledogue de combat, mais un beau setter irlandais dont le vétérinaire deviendrait secrétaire d'Etat.

Je n'ai pas tenté de faire partager ces réflexions à Gerda. Je ne lui ai pas dit non plus, ce qui l'aurait inquiétée, que Philip n'allait pas bien. Il avait consulté un médecin. Tracy lui faisait faire de la mise en forme. Le matin il entrait dans l'annexe de la chambre de maître, où un équipement sportif dernier cri avait été installé. Portant un short de sport en soie trop long, (apparemment il y avait un thème *whisky sour* sur le tissu, puisqu'il était décoré de rondelles d'orange ressemblant à des roues), il se suspendait aux appareils étincelants par ses bras adipeux, courait sur un tapis roulant muni d'un podomètre et s'efforçait de soulever des poids. Lorsqu'il s'échinait sur l'Exercycle, les rondelles d'orange de ses sous-vêtements renforçaient l'illusion de mouvement, mais il faisait du sur-place. A quelles drôles d'activités le poussait la richesse ! Comme sa position était fausse ! Ses enfants adolescents étaient des péquenauds. La vénérable glycine vibrait sous les assauts de la musique rock. Les chiens élevés pour leur cruauté attendaient leur heure. Mon frère, semblait-il, n'était que le steward de sa femme et de ses enfants.

Pourtant, il tenait à ce que je le voie faire ses exercices et à m'impressionner par sa force.

---

5. **tug:** *tirer fort et sec* (*sur*/**at, on**).

6. **redneck:** à l'origine un pauvre Blanc du Sud ignorant et plein de préjugés ; *rustre, péquenaud.*

7. **bide one's time:** *se réserver, attendre son heure,* ou *le bon moment, attendre le moment d'agir.*

As he did push-ups[1], his dipping titties[2] touched the floor
before his chin did, but his stern face censored any
comical comments I might be inclined to make. I was
called upon to witness that under the fat there was a
block of primal[3] powers, a strong heart in his torso, big
veins in his neck, and bands of muscle across his back. "I
can't do any of that," I told him, and indeed I couldn't,
Miss Rose. My behind[4] is like a rucksack[5] that has slipped
its straps[6].

I made no comments, because I was a general partner
who had invested $600,000 in the wreckage of rusty
automobiles. Two miles behind the private park, there
were cranes and compactors, and hundreds of acres were
filled with metallic pounding and dust. I understood by
now that the real power behind this enterprise was
Philip's wife, a short round blonde of butch[7] self-
sufficiency, as dense as a meteorite and, somehow, as
spacy[8]. But no, it was I who was spacy, while she was
intricately shrewd.

And most of my connubial ideas derived from the
gentleness and solicitude of my own Gerda!

During the last visit with Brother Philip, I tried to get
him to speak about Mother. The interest he took in her
was minimal. Family sentiment was not his dish[9]. All
that he had was for the new family; for the old family,
nix. He said he couldn't recall Hammond, Indiana, or
Independence Boulevard. "You were the only one I ever
cared for," he said.

---

1. **push-ups:** *tractions, pompes.*
2. **tits:** *seins, nichons, nénés.*
3. **primal:** *primitif, des premiers âges;* **primal scream:** *cri primal.*
4. **behind:** *derrière, postérieur.*
5. **rucksack** ['rʌksæk]: *sac à dos, sac de montagne.*
6. **strap:** *lanière, courroie, sangle.*
Saul Bellow a le sens de la formule grotesque, surtout lorsqu'il s'agit
de décrire l'apparence physique.

Pendant les pompes, ses tétons pendants touchaient le sol avant son menton, mais le sérieux de son visage m'interdisait tout commentaire comique. J'étais appelé à témoigner que sous la graisse se cachait une masse d'énergie primitive, dans son torse un cœur, de grosses veines sur son cou et des faisceaux de muscles en travers de son dos. « Je serais incapable de faire tout ça », lui dis-je et c'était vrai, Miss Rose. J'ai le postérieur comme un sac à dos dont les courroies auraient lâché.

Je n'ai fait aucun commentaire, parce que j'étais un associé à part entière ayant investi six cent mille dollars dans la récupération d'automobiles rouillées. A environ trois kilomètres derrière le parc privé, se tenaient des grues et des broyeurs, et sur des centaines d'hectares s'étalaient des déchets et de la limaille de fer. J'ai compris alors que le pouvoir appartenait en réalité à la femme de Philip, petite blonde boulotte et hommasse, aussi dense qu'un météorite, et d'une certaine façon aussi planante. Mais non, c'est moi qui planais, alors qu'elle était rouée.

La plupart de mes références en matière de conjugalité provenaient de la tendre sollicitude de ma douce Gerda !

Au cours de ma dernière rencontre avec mon frère Philip j'ai essayé de le faire parler de notre mère. Il ne prenait qu'un intérêt minime au sujet. Il n'était pas très famille. Ne comptait à ses yeux que sa nouvelle famille ; pour l'ancienne, tintin. Il disait avoir oublié Hammond, dans l'Indiana ou Independence Boulevard. « Tu es le seul qui ait jamais compté pour moi », disait-il.

---

7. **butch** [bʊtʃ]: *hommasse.*

8. **spacy**: rime avec Tracy ; cf. **"spacey"** ou **"spaced-out"**: *dans les vaps, déconnecté.*

9. **dish**: (U.S.) **this is not my dish**: *ce n'est pas dans mes goûts, ce n'est pas mon truc.*

He was aware that there were two departed[1] sisters, but their names didn't come to him. Without half trying, he was far ahead of André Breton, and could never be overtaken[2]. Surrealism[3] wasn't a theory, it was an anticipation of the future.

"What was Chink's real name?" he said.

I laughed. "What, you've forgotten Helen's name? You're bluffing. Next you'll tell me you can't remember her husband, either. What about Kramm? He bought you your first pair of long pants. Or Sabina? She got you the job in the bucket shop in the Loop[4]."

"They fade from my mind," he said. "Why should I keep those dusty memories? If I want details I can get you to fill me in. You've got such a memory hang-up[5]—what use is it?"

As I grow older, Miss Rose, I don't dispute such views or opinions but tend instead to take them under consideration. True, I counted on Philip's memory. I wanted him to remember that we were brothers. I had hoped to invest my money safely and live on an income from wrecked cars— summers in Corsica, handy to London at the beginning of the musical season. Before the Arabs sent London real estate so high, Gerda and I discussed buying a flat in Kensington. But we waited and waited, and there was not a single distribution from the partnership. "We're doing great," said Philip.

---

1. **departed:** *défunt;* **the departed leader:** *le chef défunt;* **departed friend:** *ami disparu.*

2. **overtake (took, took, taken):** *rattraper, rejoindre, dépasser.*

3. **Surrealism:** né d'un violent mouvement de révolte contre toutes les institutions, le Surréalisme adopte systématiquement une attitude de dérision et de provocation, qui marquait déjà le style des Dadaïstes. Ici le terme est employé par dérision pour caractériser l'attitude absurde du frère qui a perdu la mémoire des événements essentiels pour se consacrer à l'élévation d'un temple à sa propre gloire. Le côté ridicule de l'entreprise est épinglé par Shawmut, l'intellectuel, qui

Il savait bien que deux sœurs étaient mortes mais leur nom lui échappait. Sans se forcer il avait dépassé André Breton, et resterait imbattable. Le surréalisme n'était pas une théorie mais une vision de l'avenir.

« Quel était le vrai nom de Chink ? » m'a-t-il demandé.

Je me suis mis à rire. « Quoi, tu as oublié le prénom d'Hélène ? Tu te moques de moi. Après tu vas me dire que tu as aussi oublié le nom de son mari. Et Kramm ? Il t'a acheté ton premier pantalon long. Ou Sabina ? Elle t'a fait avoir ce boulot dans le bureau de courtier marron du Loop.

— Ils me sont sortis de la tête, a-t-il répondu. Pourquoi veux-tu que je conserve ces souvenirs poussiéreux ? Si j'ai besoin de détails je n'ai qu'à te les demander. Toi et ta mémoire d'éléphant,... à quoi ça servirait ? »

A mesure que j'avance en âge, Miss Rose, je ne discute plus ce genre d'avis ou d'opinion, mais j'ai tendance, au contraire, à les prendre en considération. Il est vrai que je comptais sur la mémoire de Philip. Je tenais à ce qu'il se souvienne que nous étions frères. J'avais espéré faire un bon investissement et tirer un revenu des voitures accidentées — avec des étés en Corse, c'est commode pour être à Londres au début de la saison musicale. Avant que les Arabes ne fassent flamber les prix de l'immobilier londonien, Gerda et moi avions parlé d'acheter un appartement à Kensington. On a attendu, attendu, mais l'association ne m'a pas rapporté un centime. « Nos affaires prospèrent ! », disait Philip.

---

affecte une position de détachement vis-à-vis des faiblesses de ses contemporains.

4. **the Loop:** quartier des affaires et centre commercial de Chicago, ainsi nommé car il ne comprenait à l'origine que le quartier situé à l'intérieur de la « boucle » du métro aérien (the "El" pour "Elevated"): Wabash St., Walls St. et Van Buren St.

5. **hang-up:** *complexe, fantasme, obsession.*

"By next year I'll be able to remortgage[1], and then you and I will have more than a million to cut up between us. Until then, you'll have to be satisfied with the tax write-offs."

I started to talk about our sister Chink, thinking my only expedient[2] was to stir such family sentiments as might have survived in this atmosphere where the Spanish moss was electronicized by rock music (and, at the back, the pit bulldogs were drowning[3] silently in the violence of their blood-instincts). I recalled that we had heard very different music on Independence Boulevard. Chink would play "Jimmy Had a Nickel" on the piano, and the rest of us would sing the chorus, or yell it out[4]. Did Philip remember that Kramm, who drove a soda-pop truck (it was from affection, because he doted on[5] Helen, that he called her Chink), could accurately pitch a case filled with bottles into a small opening at the very top of the pyramid? No, the pop truck wasn't exactly stacked[6] like a pyramid, it was a ziggurat[7].

"What's a ziggurat?"

Assyrian or Babylonian, I explained, terraced, and not coming to a peak.

Philip said, "Sending you to college was a mistake, although I don't know what else you would have been fit for. Nobody else went past high school... Kramm was okay, I guess."

---

1. **mortgage** ['mɔːgɪdʒ]: *hypothéquer.*
2. **expedient:** *expédient;* adj. *politique, opportun;* **this solution is more expedient than just:** *cette solution est plus politique que juste.*
3. **drown:** *se noyer, sombrer.*
4. **yell (out):** *hurler, crier;* **'stop it!' he yelled:** *'arrêtez!' hurla-t-il.*
5. **dote on:** *aimer à la folie; être fou de;* **her doting father:** *son père qui l'adore.*
6. **stack:** *empiler, entasser;* **the table was stacked with books:** *la table était couverte de piles de livres.*
7. **ziggourat:** temple des anciens Babyloniens, en forme de pyramide

« Dès l'année prochaine je pourrai rembourser les hypothèques et ensuite toi et moi on aura un million à se répartir
entre nous. D'ici là tu devras te contenter des déductions
fiscales. »

Je me suis remis à parler de notre sœur Chink, en me
disant que ma seule ressource était de ranimer le peu de
sentiment familial qui avait pu survivre dans cette
atmosphère où la glycine était galvanisée par la musique
rock (tandis qu'à l'arrière-plan les bouledogues de combat
sombraient en silence dans la violence de leurs instincts
sanguinaires). Je me souvenais que nous écoutions une
musique toute différente sur Independence Boulevard.
Chink jouait « Jimmy had a nickel » au piano et nous
autres reprenions le refrain, ou plutôt nous le beuglions.
Est-ce que Philip se souvenait que Kramm, chauffeur d'un
camion de soda (c'était par affection, parce qu'il adorait
Hélène, qu'il l'appelait Chink), était capable de lancer
avec précision un casier rempli de bouteilles dans une
petite ouverture tout en haut de la pyramide ? Non, le
camion de soda n'était pas exactement chargé comme une
pyramide, mais une ziggourat.

« Qu'est-ce que c'est une ziggourat ?

— Assyrienne ou babylonienne », ai-je expliqué, en
terrasse et non pointue au sommet.

Philip a dit : « C'était une erreur de t'envoyer à la fac,
quoique je ne voie pas ce que tu aurais pu faire d'autre.
Personne d'autre n'avait dépassé le lycée... Kramm a été
sympa, au fond.

à étages, qui portait un sanctuaire sur son sommet, et servait à
l'observation des astres.

Par ce genre de comparaisons faisant appel à une culture que son
frère Philip n'a pas, Shawmut se démarque de lui et tient à bien
montrer qu'ils ne sont plus tout à fait du même monde. L'un a suivi
l'ascension capitaliste sans se retourner, l'autre a opté pour d'autres
valeurs moins lucratives.

Yes, I said, Chink got Kramm to pay my college tuition[1]. Kramm had been a doughboy[2], did Philip remember that? Kramm was squat[3] but powerful, full-faced, smooth-skinned like a Samoan, and wore his black hair combed flat to his head in the Valentino[4] or George Raft[5] style. He supported us all, paid the rent. Our dad, during the Depression, was peddling carpets to farm women in northern Michigan. *He* couldn't earn the rent. From top to bottom, the big household became Mother's responsibility, and if she had been a little tetched before, melodramatic, in her fifties she seemed to become crazed. There was something military about the way she took charge of the house. Her command post was the kitchen. Kramm had to be fed because he fed us, and he was an enormous eater. She cooked tubs of stuffed cabbage and of chop suey for him. He could swallow soup by the bucket, put down an entire pineapple upside-down cake by himself. Mother shopped, peeled, chopped, boiled, fried, roasted, and baked, served and washed. Kramm ate himself into a stupor and then, in the night, he might come out in his pajama bottoms, walking in his sleep. He went straight to the icebox. I recalled a summer's night when I watched him cutting oranges in half and ripping into them with his teeth. In his somnambulism he slurped away about a dozen of them, and then I saw him go back to bed, following his belly to the right door.

---

1. **tuition:** *cours;* **private tuition:** *cours particuliers;* **tuition fees:** *frais de scolarité.*

2. **doughboy:** *sammy* (soldat américain de la Première Guerre mondiale).

3. **squat:** *ramassé, courtaud;* **a squat parcel:** *un petit paquet épais/rebondi.*

4. **Valentino (Rudolph):** acteur américain d'origine italienne (1895-1926). Rudolph Valentino a représenté, dans la galerie des « types » hollywoodiens, le mâle latin brun à la chevelure gominée, à l'œil de velours sous une paupière lourde.

— Oui », dis-je, Chink avait décidé Kramm à me payer des études. Kramm avait été *sammy*, est-ce que Philip s'en souvenait ? Kramm était court mais costaud, avec un visage large, la peau lisse comme un Polynésien et les cheveux noirs plaqués sur le crâne à la manière de Rudolph Valentino ou de George Raft. Il subvenait à nos besoins et payait le loyer. Notre père, pendant la Dépression colportait des tapis chez les fermières du Nord Michigan. Ce n'est pas lui qui aurait pu payer le loyer. C'est maman qui avait pris en charge toute la maisonnée de A à Z et si autrefois elle avait été un peu braque et mélodramatique, à la cinquantaine on aurait dit qu'elle était devenue fêlée. Il y avait quelque chose de militaire dans sa façon de prendre en main la maison. Son poste de commande, c'était la cuisine. Il fallait nourrir Kramm puisqu'il nous nourrissait et c'était un très gros mangeur. Elle préparait des lessiveuses de chou farci et de chop suey pour lui. Il pouvait à lui tout seul avaler des litres et des litres de soupe et engloutir toute une crème renversée à l'ananas. Maman faisait les courses, épluchait, hachait, faisait bouillir, frire, rôtir et cuire au four, elle servait et lavait. Kramm mangeait jusqu'à l'hébétude et puis la nuit il lui arrivait de descendre vêtu de son bas de pyjama, comme un somnambule. Il allait directement au frigo. Je me souviens d'une nuit d'été où je l'ai vu couper des oranges en deux et les attaquer à pleines dents. Dans son somnambulisme il en a ingurgité à peu près une douzaine et puis je l'avais vu retourner se coucher, suivant son ventre jusqu'à la bonne porte.

---

5. **George Raft** (1903-1980) : acteur américain. Il joue au cinéma dans *Scarface* d'Howard Hawks, qui le lance immédiatement en lui créant un personnage à l'aide de traits très simples, comme de lancer une pièce et la rattraper. Il se partage entre des rôles de gangsters et de danseurs. Pour ces références au cinéma voir Roger Boussinot *L'Encyclopédie du cinéma*, Paris, Bordas, 1980.

"And gambled in a joint[1] called the Diamond Horse-shoe[2], Kedzie and Lawrence," said Philip. He did not, however, intend to be drawn into any reminiscences. He began, a little, to smile, but he remained basically gloomy[3], reserved.

Of course. He had entered upon one of his biggest swindles.

He changed the subject. He asked if I didn't admire the way Tracy ran this large estate. She was a magician. She didn't need interior decorators, she had done the whole place by herself. All the linens[4] were Portuguese. The gardens were wonderful. Her roses won prizes. The appliances[5] never gave trouble. She was a cordon bleu cook. It was true the kids were difficult, but that was how kids were nowadays. She was a terrific psychologist, and fundamentally the little bastards were well adjusted. They were just American youngsters. His greatest satisfaction was that everything was so American. It was, too—an all-American production.

For breakfast, if I called the kitchen persistently, I could have freeze-dried[6] coffee and a slice of Wonder bread[7]. They were brought to my room by a black person who answered no questions. Was there an egg, a piece of toast, a spoonful of jam? Nothing. It wounds me desperately not to be fed. As I sat waiting for the servant to come with the freeze-dried coffee and the absorbent-cotton bread,

---

1. **joint:** *boîte, bistrot mal famé, tripot.*

2. **horseshoe:** *fer à cheval.*

3. **gloomy:** *sombre, mélancolique, lugubre;* **he took a gloomy view of everything:** *il voyait tout en noir;* **feel gloomy:** *avoir des idées noires.*

4. **linen:** (U.S.) **linens:** *linge de maison;* **dirty or soiled linen:** *linge sale.*

5. **appliance:** *appareil;* **electrical/domestic appliances:** *appareils électriques/ménagers.*

6. **freeze-dry:** *lyophiliser.*

« Et il jouait dans un tripot appelé le Diamond Horseshoe, à l'angle de Kedzie et Lawrence », a dit Philip, qui pourtant n'avait pas l'intention de se laisser entraîner à des réminiscences. Il s'est mis à sourire faiblement sans pour autant se départir de son air sombre et réservé.

Evidemment. Il venait de lancer l'une de ses plus grosses escroqueries.

Il changea de sujet, pour me demander si je n'admirais pas la manière dont Tracy gérait ce vaste domaine. Une vraie magicienne. Sans faire appel à des décorateurs d'intérieur, elle avait tout aménagé elle-même. Tout le linge de maison venait du Portugal. Les jardins étaient merveilleux. Ses roses remportaient des prix. Les appareils ménagers ne tombaient jamais en panne. C'était un véritable cordon bleu. Il est vrai que les enfants étaient difficiles, mais c'étaient les jeunes de maintenant. Elle était très psychologue et dans le fond ces petits corniauds étaient très bien adaptés. C'étaient des adolescents américains, voilà tout. Son plus grand sujet de fierté était que tout fût tellement américain. Tout chez lui était cent pour cent américain.

Pour le petit déjeuner, en appelant sans arrêt la cuisine, je pouvais obtenir du café lyophilisé et une tranche de pain de mie. Une servante noire qui ne répondait pas aux questions me les apportait dans ma chambre. Y avait-il un œuf, une tranche de pain grillé, une cuillerée de confiture ? Rien. Je souffre terriblement de ne pas être nourri. Tout en attendant assis dans mon lit que la servante m'apporte le café lyophilisé et le pain caoutchouteux,

---

7. **Wonder bread:** marque de pain industriel à farine blanche, dont la mie est comparable à de la ouate (**"absorbent-cotton bread"**) ou de l'éponge.

Cette description assez désespérante du petit déjeuner américain vient illustrer les « réussites » du système et donner un aspect grotesque au désir de Philip de s'intégrer et de devenir cent pour cent américain.

I prepared and polished remarks that I might make to her, considering how to strike a balance between satire and human appeal.

It was a waste of time to try to reach a common human level with the servants. It was obvious that I was a guest of no importance, Miss Rose. No one would listen. I could almost hear the servants being instructed to "come slack of former services" or "Put on what weary negligence you please"—the words of Goneril[1] in *King Lear*. Also the room they had given me had been occupied by one of the little girls, now too big for it. The wallpaper, illustrated with Simple Simon and Goosey Gander[2], at the time seemed inappropriate (it now seems sharply pertinent).

And I was obliged to listen to my brother's praise of his wife. Again and again he told me how wise and good she was, how clever and tender a mother, what a brilliant hostess, respected by the best people who owned the largest estates. And a shrewd counselor (I could believe that!). Plus a warm sympathizer when he was anxious, an energetic lover, and she gave him what he had never had before—peace. And I, Miss Rose, with $600,000 sunk here, was constrained to go along, nodding like a dummy. Forced to underwrite all of his sustaining falsehoods, countersigning the bill of goods he sold himself, I muttered the words he needed to finish his sentences. (How Walish would have jeered!)

----

1. **Goneril:** à la scène 3 de l'Acte I du *Roi Lear* de Shakespeare, Goneril encourage ses serviteurs à faire preuve de nonchalance et de négligence vis-à-vis de son père (le Roi Lear). La tirade se poursuit par ces mots : « Si cela lui déplaît, qu'il aille chez ma sœur ». Goneril voudrait ainsi chasser son père de son palais. Elle sait que sa sœur suivra son exemple et ne manifestera pas à son père l'affection déférente à laquelle il a droit. Il s'agit de sa sœur Régane épouse du duc de Cornouailles qui ayant, comme Goneril, flatté son père a reçu en partage la moitié du royaume de Lear, tandis que la cadette, Cordelia, qui est pourtant la fille la plus sincère, a été déshéritée.

je préparais et peaufinais les remarques que je pourrais lui faire, en me demandant comment maintenir l'équilibre entre la satire et l'appel aux bons sentiments.

Il ne servait à rien d'essayer de rencontrer les domestiques sur un terrain humain commun. Il était évident, Miss Rose, que j'étais un hôte négligeable. Personne ne me prêtait attention. C'est comme si j'avais entendu les serviteurs recevoir la consigne de « négliger d'accomplir leur service » ou « d'adopter l'air de négligence lassée qu'il leur plaira », selon les mots de Goneril dans *Le Roi Lear*. De plus, il m'avait donné la chambre de l'une des filles pour qui elle était désormais trop petite. La tapisserie illustrée de motifs folkloriques (Simple Simon et Goosey Gander) semblait incongrue à l'époque (alors qu'aujourd'hui elle semble particulièrement pertinente).

Et j'étais obligé d'écouter mon frère encenser sa femme. Il me répétait à satiété comme elle était sage et comme elle était bonne, comme c'était une mère intelligente et tendre, comme elle recevait à merveille, inspirant le respect à des gens très bien, propriétaires de domaines très vastes. Et quelle conseillère avisée (ça, je n'avais pas de mal à le croire !). A cela s'ajoutait sa compréhension chaleureuse quand il avait des soucis, son énergie pour les choses de l'amour, et enfin elle lui donnait ce qu'il n'avait jamais eu avant — la tranquillité. Et moi, Miss Rose, après avoir englouti mes six cent mille dollars dans l'affaire, je me voyais contraint de lui emboîter le pas, en opinant du bonnet comme un pantin. J'étais forcé de souscrire à l'ensemble de ses balivernes, de contresigner les sornettes qu'il se vendait à lui-même et je marmonnais les mots qui lui manquaient pour finir ses phrases. (Pensez aux sarcasmes de Walish !)

---

2. **Simple Simon** et **Goosey Gander**: personnages de comptines enfantines traditionnelles.

Death breathing over both the odd brothers with the very
fragrance of subtropical air — magnolia, honeysuckle,
orange-blossom, or whatever the hell it was, puffing into
our faces. Oddest of all was Philip's final confidence
(untrue!). For my ears only, he whispered in Yiddish that
our sisters had shrieked like *papagayas* (parrots), that for
the first time in his life he had quiet here, domestic
tranquillity. Not true. There was amplified rock music.

After this lapse[1], he reversed himself with a vengeance[2].
For a family dinner, we drove in two Jaguars to a Chinese
restaurant, a huge showplace constructed in circles, or
dining wells[3], with tables highlighted like symphonic
kettledrums. Here Philip made a scene. He ordered far too
many hors d'œuvres, and when the table was jammed[4]
with dishes he summoned[5] the manager to complain that
he was being hustled[6], he hadn't asked for double portions
of all these fried wontons[7], egg rolls, and barbecued ribs.
And when the manager refused to take them back Philip
went from table to table with egg rolls and ribs, saying,
"Here! Free! Be my guest!" Restaurants always did excite
him, but this time Tracy called him to order. She said,
"Enough, Philip, we're here to eat, not raise everybody's
blood pressure." Yet a few minutes later he pretended that
he had found a pebble in his salad. I had seen this before.
He carried a pebble in his pocket for the purpose.

---

1. **lapse:** *écart* (de conduite), *défaillance;* **lapse of memory:** *trou de
mémoire;* **lapse from truth/from a diet:** *entorse à la vérité/à un régime;* **a
lapse into bad habits:** *un retour de mauvaises habitudes.*

2. **with a vengeance:** *furieusement, à outrance, pour de bon;* **it's raining
with a vengeance:** *maintenant qu'il pleut, c'est pour de bon, voilà ce qui
s'appelle pleuvoir.*

3. **well:** *puits, cage.*

4. **jam:** *tasser, entasser;* **jam clothes into a suitcase:** *tasser des
vêtements dans une valise;* **the prisoners were jammed into a small cell:**
*les prisonniers ont été entassés dans une petite cellule.*

5. **summon:** *appeler, faire venir, convoquer;* **the Queen summoned
Parliament:** *la Reine a convoqué le Parlement;* **I was summoned to his
presence:** *il m'a mandé auprès de lui.*

La mort exhalait sur ces deux frères mal assortis un véritable parfum subtropical — magnolia, chèvrefeuille, fleur d'oranger, ou je ne sais trop quoi, nous soufflant au visage. Le plus bizarre ce fut la dernière confidence (fausse!) de Philip. A ma seule intention il avait murmuré en yiddish que nos sœurs jacassaient comme des *papagayas* (des perroquets) et que pour la première fois de sa vie il connaissait la paix et le repos domestique. C'était faux. Il y avait de la musique rock dans les haut-parleurs.

Après cet écart il a opéré un changement de direction à cent quatre-vingts degrés. Nous avons pris deux Jaguar pour aller dîner en famille dans un restaurant chinois, vaste Luna Park disposé en cercles, ou alvéoles de dégustation aux tables rehaussées de lumières comme les timbales d'un orchestre symphonique. Là, Philip a fait un esclandre. Il a commandé beaucoup trop de hors-d'œuvre et une fois que la table a été encombrée de plats il a fait appeler le gérant pour se plaindre de ce qu'on l'avait poussé à la consommation, car il n'avait pas demandé des doubles portions de tous ces wontons frits, pâtés impériaux et côtes de porc grillées. Et lorsque le gérant a refusé de les remporter, Philip est allé de table en table avec ses rouleaux de printemps et ses côtelettes, en disant : « Allez-y, c'est gratuit! C'est moi qui régale! » Il faut dire que les restaurants avaient le don de l'énerver, mais cette fois-ci Tracy l'a rappelé à l'ordre en disant : « Ça suffit, Philip on est là pour dîner, pas pour faire monter la tension de tout le monde. » Et malgré tout, au bout de quelques minutes il a prétendu avoir trouvé un caillou dans sa salade. J'avais déjà assisté à une scène identique. Il avait sur lui un caillou destiné à cet effet.

---

6. **hustle:** *fourguer*, *refiler* (vente).
7. **wonton:** *mets chinois : boulette de pâte fourrée de viande hachée* ou *de poisson.*

Even the kids were on to him, and one of them said, "He's always doing this routine, Uncle." It gave me a start[1] to have them call me Uncle.

Indulge[2] me for a moment, Miss Rose. I am covering[3] the ground as quickly as I can. There's not a soul to talk to in Vancouver except ancient Mrs. Gracewell, and with her I have to ride in esoteric clouds. Pretending that he had cracked his tooth, Philip had shifted from the Americanism of women's magazines (lovely wife, beautiful home, the highest standard of normalcy) to that of the rednecks—yelling at the Orientals, ordering his children to get his lawyer on the table telephone. The philistine[4] idiosyncrasy[5] of the rich American brute[6]. But you can no longer be a philistine without high sophistication, matching the sophistication of what you hate. However, it's no use talking about "false consciousness" or any of that baloney[7]. Philly had put himself into Tracy's hands for full Americanization. To achieve[8] this (obsolete) privilege, he paid the price of his soul. But then he may never have been absolutely certain that there is any such thing as a soul. What he resented about me was that I wouldn't stop hinting that souls existed. What was I, a Reform rabbi or something? Except at a funeral service, Philip wouldn't have put up with[9] Pergolesi for two minutes. And wasn't I—never mind Pergolesi—looking for a hot[10] investment?

---

1. **start:** *sursaut, tressaillement;* **give somebody a start:** *faire tressaillir quelqu'un.*

2. **indulge:** *céder à, gratifier, se prêter à;* **indulge somebody's whim:** *céder à un caprice de quelqu'un;* **I'll indulge myself and have a chocolate:** *je vais me faire plaisir et manger un chocolat.*

3. **cover:** *parcourir, couvrir;* **we covered 8 km in 2 hours:** *nous avons parcouru 9 km en 2 heures;* **cover a lot of ground:** *faire beaucoup de chemin, traiter un large éventail de questions, faire du bon travail.*

4. **philistine:** *philistin, béotien.*

5. **idiosyncrasy:** *particularité, caractéristique;* **one of his little idiosyncrasies:** *une de ses petites manies.*

Même les enfants l'ont épinglé et l'un d'eux a dit : « Il nous fait le coup à chaque fois, tonton. » J'ai tressailli en les entendant m'appeler tonton.

Soyez patiente avec moi, Miss Rose. J'avance aussi vite que possible. Je n'ai personne à qui parler à Vancouver sauf la très vieille Mrs. Gracewell et elle m'oblige à m'envoler dans des sphères ésotériques. En prétendant qu'il s'était fêlé une dent Philip avait troqué l'américanisme pour magazines féminins (jolie femme, belle maison, normalité à toute épreuve) contre une idéologie de péquenaud. Insulte contre les Orientaux, ordre aux enfants d'appeler son avocat avec le téléphone de table. Toute la panoplie grossière du riche Américain rustaud. Mais on ne peut plus être un béotien sans un degré certain de raffinement, à la mesure de celui de votre adversaire. Cependant, il est inutile de parler de « mauvaise conscience » ou tout ce baratin. Philip s'en était remis à Tracy pour réaliser la procédure d'américanisation. Il payait l'obtention de ce privilège (périmé) du prix de son âme. Mais peut-être au fond n'avait-il jamais été convaincu de l'existence de l'âme. Ce qu'il me reprochait, c'était de lui rappeler sans cesse par allusions que les âmes existaient. Pour qui est-ce que je me prenais, un rabbin non orthodoxe, ou quoi ? Sauf à une messe d'enterrement Philip n'aurait pas supporté Pergolèse deux minutes. N'étais-je pas après tout, tant pis pour Pergolèse, à la recherche d'un placement juteux ?

---

6. **brute**: *brute, bête.*

7. **baloney**: *idiotie, baliverne.*

8. **achieve** (faux ami): *accomplir, réaliser ;* **how did you achieve that?**: *comment avez-vous réussi à faire ça ? ;* **achieve something in life**: *arriver à quelque chose dans la vie ;* **I feel I have achieved something today**: *j'ai l'impression d'avoir fait quelque chose de valable aujourd'hui.*

9. **put up with**: *tolérer, supporter.*

10. **hot**: *très recherché, qui a beaucoup de succès.*

When Philip died soon afterward, you may have read in the papers that he was mixed up[1] with chop-shop operators in the Midwest, with thieves who stole expensive cars and tore them apart for export piecemeal[2] to Latin America and the whole of the third world. Chop shops, however, were not Philip's crime. On the credit established by my money, the partnership acquired and resold land, but much of the property lacked clear title, there were liens against it. Defrauded purchasers brought suit[3]. Big trouble followed. Convicted, Philip appealed, and then he jumped bail and escaped to Mexico. There he was kidnapped while jogging in Chapultepec Park. His kidnappers were bounty hunters. The bonding companies he had left holding the bag when he skipped out had offered a bounty for his return. Specialists exist who will abduct people, Miss Rose, if the sums are big enough to make the risks worthwhile. After Philip was brought back to Texas, the Mexican government began extradition proceedings on the ground that he was snatched illegally, which he was, certainly. My poor brother died while doing push-ups in a San Antonio prison yard during the exercise hour. Such was the end of his picturesque struggles.

After we had mourned him, and I took measures to recover my losses from his estate, I discovered that his personal estate was devoid of assets. He had made all his wealth over to his wife and children.

---

1. **mix up: mix somebody up in something:** *impliquer quelqu'un dans quelque chose;* **get mixed up in an affair:** *se trouver mêlé à une affaire;* **don't get mixed up in it:** *ne vous mêlez pas de ça, restez à l'écart;* **he has got mixed up with a lot of criminals:** *il s'est mis à fréquenter un tas de malfaiteurs;* (U.S.) **mix it up:** *causer des ennuis, se bagarrer.*

2. **piecemeal:** *par bribes, petit à petit, par bouts, au coup par coup;* **he tossed the books piecemeal into the box:** *il a jeté les livres en vrac dans la caisse;* adj. **he gave me a piecemeal account of it:** *il m'en a donné un compte rendu par bribes;* **the construction was piecemeal:** *la construction a été réalisée par étapes;* **this essay is piecemeal:** *cette dissertation est*

A la mort de Philip peu après, vous aurez peut-être lu dans les journaux qu'il était en cheville avec des casseurs du Midwest ; des escrocs qui volaient des voitures chères et les démantibulaient pour les exporter morceau par morceau vers l'Amérique latine et l'ensemble du Tiers Monde. Mais ce n'était pas le trafic de voitures volées que l'on reprochait à Philip. En utilisant le crédit de ma mise de fonds, notre société avait acquis et revendu des terrains, mais la plupart de ces propriétés manquaient de titres clairs, et elles étaient frappées d'hypothèques. Des acheteurs intentaient des procès. Les gros ennuis avaient commencé. Une fois condamné, Philip avait fait appel, puis il s'était soustrait à la justice en s'enfuyant au Mexique. C'est là qu'il avait été enlevé alors qu'il courait dans le parc de Chapultepec. Ses ravisseurs étaient des chasseurs de primes. Les organismes de prêt à qui il avait laissé l'ardoise avaient mis sa tête à prix. Il y a des spécialistes de l'enlèvement, Miss Rose, à condition que les sommes soient assez élevées pour justifier le risque. Une fois Philip ramené au Texas, le gouvernement mexicain a commencé les démarches en vue de l'extradition, arguant du fait qu'il avait été enlevé illégalement, ce qui était la pure vérité. Mon pauvre frère est mort en faisant des pompes dans la cour d'une prison de San Antonio pendant la pause de gymnastique. Voilà comment se sont terminées ses pittoresques mésaventures.

Après la période de deuil et quand j'ai eu pris des mesures pour récupérer mes capitaux perdus, j'ai découvert que l'actif de sa succession était nul. Il avait placé toute sa fortune au nom de sa femme et de ses enfants.

---

*décousue ; a piecemeal* **argument :** *un raisonnement qui manque de rigueur.*

   3. **suit** [su:t] : *poursuite, procès, action ;* **bring a suit against :** *intenter un procès contre ;* **criminal suit :** *action criminelle.*

I could not be charged with Philip's felonies[1], but since
he had made me a general partner I was sued[2] by the
creditors. I retained Mr. Klaussen, whom I lost by the
remark I made in the lobby of his club about electrocuting
people in the dining room. The joke was harsh, I admit,
although no harsher than what people often think, but
nihilism, too, has its no-nos[3], and professional men can't
allow their clients to make such cracks. Klaussen drew the
line[4]. Thus I found myself after Gerda's death in the
hands of her energetic but unbalanced brother, Hansl. He
decided, on sufficient grounds, that I was an incompetent,
and as he is a believer in fast action, he took dramatic
measures and soon placed me in my present position.
Some position! Two brothers in flight, one to the south,
the other northward and faced with extradition. No
bonding company will set bounty hunters on me. I'm not
worth it to them. And even though Hansl had promised
that I would be safe in Canada, he didn't bother to check
the law himself. One of his student clerks did it for him,
and since she was a smart, sexy girl it didn't seem
necessary to review her conclusions.

Knowledgeable sympathizers when they ask who repre-
sents me are impressed when I tell them. They say,
"Hansl Genauer? Real smart fellow. You ought to do all
right."

Hansl dresses very sharply, in Hong Kong suits and
shirts.

---

1. **felony:** *crime, forfait.*
2. **sue** [suː]: *poursuivre en justice ; intenter une action en justice contre ;*
**sue for damages:** *poursuivre quelqu'un en dommages-intérêts ;* **sue**
**somebody for libel:** *intenter un procès en diffamation à quelqu'un ;* **sue for**
**divorce:** *entamer une procédure de divorce.*
3. **it's a no-no:** *c'est absolument interdit.*
4. **draw (drew, drawn):** *dessiner, tracer ;* (fig.) **I draw the line at**
**scrubbing floors:** *je n'irai pas jusqu'à frotter les parquets ;* **I draw the line**
**at murder:** *je me refuse au meurtre (pour soi)* ou *je ne tolère pas le*

On ne pouvait pas m'inculper pour les crimes commis par Philip, mais vu qu'il avait fait de moi son associé numéro un, j'ai été poursuivi par ses créanciers. J'ai engagé Mr Klaussen, mais me le suis aliéné par cette remarque faite dans le salon de son club où je parlais d'électrocuter les gens dans la salle à manger. La plaisanterie était raide, je vous l'accorde, quoique guère plus raide que ce que les gens pensent souvent, mais le nihilisme a lui aussi ses interdits et de «vrais» professionnels ne peuvent pas laisser leurs clients sortir ce genre d'énormité. Klaussen avait dit basta. C'est ainsi qu'à la mort de Gerda je me suis retrouvé entre les mains de son frère Hansl, énergique mais désaxé. Il m'a déclaré, non sans raison, incompétent, et comme c'est un partisan de la rapidité d'action, il a pris des mesures spectaculaires pour me mettre rapidement dans la situation où je me trouve à présent. Et quelle situation! Deux frères en cavale, l'un vers le sud, l'autre vers le nord et menacé d'extradition. Aucune société de crédit ne lancera des chasseurs de prime à mes trousses. Je n'en vaux pas la peine. Bien que Hansl m'ait promis que je ne serais pas inquiété au Canada, il n'a pas pris la peine de vérifier lui-même la loi. C'est une de ses stagiaires qui l'a fait pour lui et comme c'était une jeune femme intelligente et sexy, il n'a pas jugé nécessaire de revoir ses conclusions.

Des sympathisants bien informés qui me demandent par qui je suis représenté sont impressionnés par ma réponse et me disent: «Hansl Genauer? Un type très fort. Vous devriez bien vous en tirer.»

Hansl s'habille de manière voyante en complets et chemises de Hong Kong.

---

*meurtre (pour les autres);* **we must draw the line somewhere:** *il faut se fixer une limite; il y a des limites à tout;* **it's hard to know where to draw the line:** *il n'est pas facile de savoir où fixer les limites.*

A slender[1] man, he carries[2] himself like a concert violinist and has a manner that, as a manner, is fully convincing. For his sister's sake ("She had a wonderful life with you, she said to the last"), he was, or intended to be, my protector. I was a poor old guy, bereaved, incompetent, accidentally prosperous, foolishly trusting, thoroughly swindled. "Your brother fucked[3] you but good. He and his wife."

"She was a party[4] to it?"

"Try giving it a little thought. Has she answered any of your letters?"

"No."

Not a single one, Miss Rose.

"Let me tell you how I reconstruct it, Harry," said Hansl. "Philip wanted to impress his wife. He was scared of her. Out of[5] terror, he wanted to make her rich. She told him she was all the family he needed. To prove that he believed her, he had to sacrifice his old flesh and blood to the new flesh and blood. Like, 'I give you the life of your dreams, all you have to do is cut your brother's throat.' He did his part, he piled up dough[6], dough, and more dough— I don't suppose he liked you anyway—and he put all the loot[7] in her name. So that when he died, which was *never* going to happen..."

Cleverness is Hansl's instruments; he plays it madly, bowing it with elegance as if he were laying out the structure of a sonata, phrase by phrase, for his backward brother-in-law.

---

1. **slender:** *svelte, mince;* **tall and slender:** *élancé;* **a slender majority:** *une faible majorité.*

2. **carry oneself:** *se tenir, se comporter, se conduire;* **she carries herself very well:** *elle se tient très droite;* **he carries himself like a soldier:** *il a le port d'un militaire;* **he carries himself with dignity:** *il a un maintien fort digne* ou, *il se comporte avec dignité.*

3. **fuck:** *baiser.*

4. **party:** *partie;* **all parties concerned:** *tous les intéressés;* **be party to a**

Il est mince, il a le port d'un violoniste de concert et un style qui, à sa manière, emporte l'adhésion. En souvenir de sa sœur (« Elle a été très heureuse avec toi, c'est ce qu'elle a dit jusqu'au bout. ») il était, ou souhaitait être, mon protecteur. J'étais un pauvre type veuf, incompétent, devenu riche par pur hasard, aveuglément confiant, et totalement pigeonné. « Ton frère t'a eu jusqu'à la garde. Lui et sa femme.

— Elle était dans le coup?

— Réfléchis un peu. A-t-elle répondu à une seule de tes lettres?

— Non »

Pas une seule, Miss Rose.

« Voilà comment je reconstitue les faits, Harry », a dit Hansl. « Philip voulait épater sa femme. Il avait peur d'elle. Par pure terreur il voulait l'enrichir. Elle lui disait qu'en dehors d'elle il n'avait besoin de personne. Pour lui prouver qu'il la croyait il lui fallait sacrifier son vieux sang et sa vieille chair, à une chair et un sang neufs. Quelque chose comme "Avec moi c'est le paradis, tu n'as plus qu'à trancher la gorge de ton frère". Il a fait ce qu'il avait à faire, en amassant du fric, du fric et encore du fric (entre nous, je me dis qu'il ne vous aimait pas du tout) et il a placé tout le magot à son nom. Pour qu'à sa mort, qui n'arriverait bien sûr jamais.... »

L'astuce est l'instrument de Hansl; il en joue à l'excès, la tortillant avec élégance comme pour exposer la structure d'une sonate, phrase par phrase à son arriéré de beau-frère.

---

suit: *être en cause;* **become a party to a contract:** *signer un contrat;* **third party:** *tierce personne;* (fig.) **I will not be a party to any dishonesty:** *je ne me ferai le complice d'aucune malhonnêteté.*

5. **out of:** *(cause, motif) par;* **out of curiosity:** *par curiosité.*

6. **dough** [dəʊ]: *fric, pognon.*

7. **loot:** *butin, fric.*

What did I need with his fiddling? Isn't there anybody, dear God, on *my* side? My brother picked me up by the trustful affections as one would lift up a rabbit by the ears. Hansl, now in charge[1] of the case, analyzed the betrayal for me, down to[2] the finest fibers of its brotherly bonds, and this demonstrated that he was completely on my side—right? He examined the books of the partnership, which I had never bothered[3] to do, pointing out Philip's misdeeds. "You see? He was leasing land from his wife, the nominal owner, for use by the wrecking company, and every year that pig paid himself a rent of ninety-eight thousand dollars. There went your profits. More deals of the same kind all over these balance sheets. While you were planning summers in Corsica."

"I wasn't cut out for business. I see that."

Your dear brother was a full-time con artist. He might have started a service called Dial-a-Fraud[4]. But then you also provoke people. When Klaussen handed over your files to me, he told me what offensive, wicked things you said. Why he decided he couldn't represent you anymore."

"But he didn't return the unused part of the fat retainer I gave him."

"*I'll* be looking out for you now. Gerda's gone, and that leaves me to see that things don't get worse—the one adult of us three. My clients who are the greatest readers are always in the biggest trouble.

---

1. **charge:** *responsabilité, contrôle;* **in charge of:** *à la tête de, commander, diriger;* **who is in charge here?:** *qui est le responsable, ici?;* **look, I'm in charge here!:** *c'est moi qui commande, ici!*

2. **down (to):** *jusqu'à;* **from 1700 down to the present:** *de 1700 jusqu'à nos jours;* **from the biggest down to the smallest:** *du plus grand au plus petit;* **from the king down to the poorest beggar:** *depuis le roi jusqu'au plus pauvre des mendiants;* **we are down to our last £5:** *il ne nous reste plus que cinq livres.*

3. **bother:** *se donner la peine de;* **please don't bother to get up!:** *ne vous donnez pas la peine de vous lever!;* **you needn't bother to come:** *ce n'est*

A quoi me servaient ses virtuosités ? Seigneur, il n'y a donc personne de mon côté ? Mon frère m'avait pris par les bons sentiments et la confiance comme on soulève un lapin par les oreilles. Hansl qui s'était chargé de l'affaire, fit pour moi l'exégèse de cette trahison, en analysant la fibre la plus fine des liens fraternels et a ainsi prouvé qu'il était de mon côté, non ? Il a examiné les comptes de l'association, ce que je n'avais jamais pris la peine de faire, en m'indiquant tous les méfaits de Philip. « Vous voyez ? Il louait à sa femme, qui en était la propriétaire en titre, un terrain à l'usage de la compagnie de casse de voitures et chaque année ce salaud se versait à lui-même un loyer de quatre-vingt-dix-huit mille dollars. Voilà où passaient tes bénéfices. Il y a d'autres coups de ce style dans les registres. Et pendant ce temps-là tu te voyais l'été en Corse.

— Je n'ai jamais été doué pour les affaires, c'est certain.

— Ton cher frère était un filou de première. Il aurait pu lancer un service appelé « Bonjour l'arnaque ». Il faut dire que tu en rajoutes. Quand Klaussen m'a repassé ton dossier il m'a raconté les propos agressifs que tu avais tenus. Pourquoi il avait décidé de ne plus te représenter.

— Cela dit il ne m'a jamais renvoyé le reliquat de la coquette provision que je lui avais versée.

— Maintenant c'est moi qui m'occupe de toi. Gerda n'est plus là et c'est à moi qu'il revient de veiller à ce que la situation ne s'aggrave pas, moi qui suis le seul adulte des trois. Parmi mes clients ceux qui lisent le plus sont toujours ceux qui ont le plus d'ennuis.

---

*pas la peine de venir* ; **don't bother about me**: *ne vous tracassez pas pour moi* ; **I'll do it—please don't bother**: *je vais le faire-- non, ce n'est pas la peine*, ou *ne vous donnez pas cette peine*.

4. **Dial-a-Fraud**: expression calquée ironiquement sur les nombreux services téléphoniques qui existent aux États-Unis, tels que "Dial-a-prayer, Dial-a-Poem", etc. En France l'équivalent serait sur Minitel : « 36-15 code Arnaque ».

What they call culture, if you ask me, causes mostly confusion[1] and stunts[2] their development. I wonder if you'll ever understand why you let your brother do you in the way he did."

Philip's bad world borrowed me to live in. I had, however, approached him in the expectation of benefits, Miss Rose. I wasn't blameless. And if he and his people—accountants, managers, his wife—forced me to feel what they felt, colonized me with their realities, even with their daily moods, saw to[3] it that I should suffer everything they had to suffer, it was after all *my* idea. I tried to make use of *them*.

I never again saw my brother's wife, his children, nor the park they lived in, nor the pit bulldogs.

"That woman is a legal genius," said Hansl.

Hansl said to me, "You'd better transfer what's left, your trust account, to my bank, where I can look after[4] it. I'm on good terms with the officers over there. The guys are efficient, and no monkey business[5]. You'll be taken care of[6]."

I had been taken care of before, Miss Rose. Walish was dead right about "the life of feeling" and the people who lead it. Feelings are dreamlike, and dreaming is usually done in bed. Evidently I was forever looking for a safe place to lie down.

---

1. **confusion:** *désordre, trouble;* **he was in a state of confusion:** *la confusion régnait dans son esprit; il avait l'esprit troublé;* **the books lay about in confusion:** *les livres étaient en désordre, pêle-mêle.*

2. **stunt:** *retarder, arrêter; retarder* (la croissance ou le développement d'une personne ou d'une plante); **stunted:** *rabougri, chétif.*

3. **see (saw, seen) to:** *s'occuper de, veiller à;* **I'll see to the car:** *je m'occuperai de la voiture;* **see to it that the door is closed:** *veillez à ce que la porte soit fermée.*

4. **look after:** *s'occuper de, soigner;* **she doesn't look after herself very well:** *elle ne se soigne pas assez, elle néglige sa santé;* **look after one's own interests:** *protéger ses propres intérêts.*

Si tu veux mon avis, ce qu'on appelle la culture ça embrouille tout et ça empêche d'évoluer. Je me demande si tu comprendras un jour pourquoi tu as laissé ton frère te rouler de la sorte. »

Le monde corrompu de Philip m'avait intégré. Mais si je m'étais adressé à lui c'était dans l'espoir de réaliser des bénéfices, Miss Rose. Je n'étais pas sans tache. Et si lui et ses sbires (comptables, cadres, épouse) m'avaient obligé à me plier à leur point de vue, m'avaient imposé leur vision des choses jusqu'à leurs humeurs et avaient veillé à ce que j'endure ce qu'ils avaient eu à endurer. Au fond j'étais à l'origine de tout : c'est moi qui avais essayé de me servir d'eux.

Je n'ai plus revu la femme de mon frère, ni ses enfants, ni le parc où ils vivaient, ni même les bouledogues de combat.

« Cette femme est un génie de la procédure », affirmait Hansl.

Et Hansl de me dire : « Autant vaut que tu transfères ce qui reste de ton portefeuille à ma banque où je pourrai m'en occuper. Je m'entends bien avec les employés de la boîte. Ce sont des types efficaces et qui ne font pas d'embrouille. On veillera sur tes intérêts. »

On avait déjà veillé sur mes intérêts, Miss Rose. Walish avait fichtrement raison quand il parlait de « la vie des sentiments » et des gens qui la mènent. Les sentiments s'apparentent aux rêves, et c'est généralement au lit qu'on rêve. A l'évidence je n'ai jamais cessé de chercher un endroit tranquille où m'étendre.

---

5. **monkey business** ou **monkey tricks** : *quelque chose de louche, combine ; no monkey business now!* : *pas de blagues !*

6. **take (took, taken) care of** : *prendre soin de, s'occuper de.*
Ici le narrateur joue sur les deux sens de « s'occuper de », le premier étant positif, et le deuxième négatif comme lorsque l'on dit d'un ton menaçant : « Je vais m'occuper de toi ».

Hansl offered to make secure arrangements for me so that
I wouldn't have to wear myself out[1] with finance and
litigation, which were too stressful and labyrinthine and
disruptive; so I accepted his proposal and we met with an
officer of his bank. Actually the bank looked like a fine
old institution, with Oriental rugs, heavy carved[2] furniture, nineteenth-century paintings, and dozens of square
acres of financial atmosphere above us. Hansl and the
vice-president who was going to take care of me began
with small talk[3] about the commodity[4] market, the capers
over at City Hall, the prospects for the Chicago Bears[5],
intimacies with a couple of girls in a Rush Street bar. I
saw that Hansl badly needed the points he was getting
for bringing in my account. He wasn't doing well. Though
nobody was supposed to say so, I was soon aware of it.
Many forms[6] were put before me, which I signed. Then
two final cards were laid down just as my signing
momentum seemed irreversible. But I applied the brake. I
asked the vice-president what these were for and he said,
"If you're busy, or out of town, these will give Mr.
Genauer the right to trade for you—buy or sell stocks for
your account."

I slipped the cards into my pocket, saying that I'd take
them home with me and mail them in. We passed to the
next item of business.

Hansl made a scene in the street, pulling me away from
the great gates of the bank and down a narrow Loop alley.

---

1. **wear (wore, worn) out:** *user, épuiser.*

2. **carve:** *sculpter, ciseler, découper* (cuisine); **carve one's initials on:**
*graver ses initiales sur;* **carve one's way through something:** *se frayer un
chemin à travers.*

3. **small talk:** *papotage, menus propos;* **he's got plenty of small talk:** *il
a de la conversation.*

4. **commodity:** *produit de base, matière première, denrée;* **staple
commodities:** *produits de base;* **household commodities:** *articles de
ménage;* **commodity-producing countries:** *pays de production primaire.*

Hansl s'offrait à me garantir des placements sûrs pour m'éviter toute tracasserie financière ou tout litige trop stressants, trop compliqués et trop perturbants ; j'ai donc accepté sa proposition et nous avons rencontré un cadre de sa banque. A vrai dire la banque avait tout d'une institution vénérable, avec ses tapis d'Orient, ses lourds meubles sculptés, ses toiles du dix-neuvième siècle, le tout surplombé par des douzaines de mètres carrés d'atmosphère financière. Hansl et le vice-président qui allait s'occuper de mes affaires ont commencé à parler à bâtons rompus du marché des matières premières, des coups fumants qu'on pouvait réaliser avec la municipalité, des perspectives d'avenir des Chicago Bears, des charmes de deux filles rencontrées dans un bar de Rush Street. Je voyais bien que Hansl avait terriblement besoin des avantages que lui rapporterait l'ouverture de mon compte. Sa situation n'était pas florissante. Bien que personne ne fût censé en parler, je n'ai pas tardé à m'en rendre compte. On m'a présenté des tas de formulaires, que j'ai signés. Puis pour finir on m'a présenté deux imprimés au moment même où mon élan de signataire semblait irréversible. Mais là, j'ai actionné le frein. J'ai demandé au vice-président à quoi correspondaient ces cartes, et il m'a répondu : « Si vous êtes occupé, ou en déplacement, elles donneront à Mr. Genauer une procuration pour négocier à votre place, acheter ou vendre des actions pour votre compte. »

J'ai glissé les cartes dans ma poche en disant que je les posterais de chez moi. Et nous sommes passés au point suivant.    Dans la rue Hansl m'a fait une scène, après m'avoir attiré à l'écart du grand portail de la banque, dans une ruelle étroite du Loop.

---

5. **the Chicago Bears:** célèbre équipe de football américain.
6. **from:** *formulaire, formule ;* **telegraph form:** *formule de télégramme.*

Behind the kitchen of a hamburger joint he let me have it. He said, "You humiliated me."

I said, "We didn't discuss a power of attorney[1] beforehand. You took me by surprise, completely. Why did you spring[2] it on me like that?"

"You're accusing me of trying to pull a fast[3] one? If you weren't Gerda's husband I'd tell you to beat[4] it. You undermined me with a business associate. You weren't like this with your own brother, and I'm closer to you by affection than he was by blood, you nitwit[5]. I wouldn't have traded your securities without notifying you."

He was tearful with rage.

"For God's sake, let's move away from this kitchen ventilator," I said. "I'm disgusted with these fumes."

He shouted, "You're out of it! Out!"

"And you're *in* it."

"Where the hell else is there to be?"

Miss Rose, you have understood us, I am sure of it. We were talking about the vortex. A nicer word for it is the French one, *le tourbillon*, or whirlwind. I was not out of it, it was only my project to *get* out. It's been a case of disorientation, my dear. I know that there's a right state for each of us. And as long as I'm not in the right state, the state of vision I was meant or destined to be in, I must assume responsibility for the unhappiness others suffer because of my disorientation.

---

1. attorney: *mandataire, représentant;* power of attorney: *procuration, pouvoir.*

2. spring (sprang, sprung): *faire jouer* (piège, serrure); spring a surprise on: *surprendre quelqu'un;* spring a question on somebody: e question à quelqu'un à brûle-pourpoint; spring a piece of news on somebody: *annoncer une nouvelle à quelqu'un de but en blanc;* he sprang it on me: *il m'a pris de court,* ou, *au dépourvu.*

Derrière la cuisine d'un comptoir de hamburgers, il m'a tout sorti. « Tu m'as humilié », m'a-t-il dit.

Et moi : « Il n'avait jamais été question de procuration entre nous. Tu m'as pris complètement par surprise. Pourquoi m'as-tu pris de court de la sorte ?

— En somme tu m'accuses d'avoir essayé de t'entourlouper ? Si tu n'étais pas le mari de Gerda, je te dirais d'aller te faire voir ailleurs. Tu m'as discrédité aux yeux d'un partenaire. Avec ton propre frère tu n'aurais pas agi comme ça, et affectivement je suis plus proche de toi qu'il ne l'était par le sang, imbécile. Jamais je n'aurais touché à tes valeurs sans t'en informer. »

Il en pleurait presque de rage.

« Je t'en prie, éloignons-nous de ce ventilateur de cuisine. Ces odeurs me dégoûtent. »

Il s'est mis à crier : « Tu es complètement en dehors du coup, complètement !

— Et toi tu es en plein dedans.

— Et où veux-tu donc que je sois ? »

Miss Rose vous avez compris, j'en suis certain. Nous parlions du vortex. Le français a un mot plus joli pour le désigner, le *tourbillon*. Je n'étais pas hors du coup, je projetais seulement d'en sortir. C'était une question de désorientation, ma chère. Je sais que chacun de nous a un état idéal. Et tant que je n'ai pas atteint cet état idéal, l'état de lucidité auquel je suis promis ou destiné, c'est moi qui dois porter la responsabilité du malheur causé aux autres par ma désorientation.

---

3. **fast**: *rapide ;* **he is a fast thinker**: *il a l'esprit rapide ;* **he's a fast talker**: *c'est un hâbleur ;* **pull a fast one on somebody**: *rouler quelqu'un.*

4. **beat (beat, beaten)**: *battre, frapper ;* **beat a retreat**: *battre en retraite ;* **beat it!**: *fous le camp, file !*

5. **nitwit**: *imbécile, nigaud.*

Until this ends there can only be errors. To put[1] it another way, my dreams of orientation or true vision taunt me by suggesting that the world in which I—together with others—live my life is a fabrication[2], an amusement park that, however, does not amuse. It resembles, if you are following, my brother's private park, which was supposed to prove by external signs that he made his way into the very center of the real. Philip had prepared the setting, paid for by embezzlement[3], but he had nothing to set in it. He was forced to flee, pursued by bounty hunters who snatched him in Chapultepec, and so forth. At his weight, at that altitude, in the smog[4] of Mexico City, to jog was suicidal.

Now Hansl explained himself, for when I said to him, "Those securities can't be traded anyway. Don't you see? The plaintiffs[5] have legally taken a list of all my holdings," he was ready for me. "Bonds, mostly," he said. "That's just where I can outfox them. They copied that list two weeks ago, and now it's in their lawyers' file[6] and they won't check it for months to come. They think they've got you, but here's what we do: we sell those old bonds off and buy new ones to replace them. Whe change all the numbers. All it costs you is brokerage fees. Then, when the time comes, they find out that what they've got sewed up is bonds you no longer own. How are they going to trace the new numbers? And by then I'll have you out of the country."

---

1. **put (put, put):** *dire, exprimer;* **can you put it another way?:** *pouvez-vous vous exprimer autrement?;* **to put it bluntly:** *pour parler franc;* **as Shakespeare puts it:** *comme le dit Shakespeare;* **I don't quite know how to put it:** *je ne sais pas trop comment le dire;* **how shall I put it:** *comment dirais-je?*

2. **fabrication:** *invention;* **it's pure fabrication:** *c'est de l'invention pure et simple.*

3. **embezzlement:** *détournement de fonds.*

4. **smog:** *brouillard dense mêlé de fumée.*

Tant que cela durera, il n'y aura que des erreurs. Autrement dit, mes rêves d'orientation ou de vision lucide me taraudent en suggérant que le monde dans lequel je vis (ainsi que d'autres) n'est qu'une invention, un parc d'attraction qui, pourtant, n'a rien de divertissant. Si vous voyez ce que je veux dire, il ressemble au parc privé de mon frère, qui était censé donner toutes les preuves extérieures de son accession au cœur même du réel. Philip avait planté le décor, payé à coups d'escroqueries, mais il n'avait rien à mettre dedans. Il a été forcé de fuir avec à ses trousses des chasseurs de prime qui l'avaient attrapé à Chapultepec et ainsi de suite. Avec son poids, à cette altitude, dans le brouillard de la ville de Mexico, courir était suicidaire.

Ce fut au tour de Hansl de s'expliquer, car lorsque je lui ai dit : « De toute façon ces valeurs ne sont pas négociables, tu ne vois donc pas ? Les plaignants ont légalement obtenu la liste de tous mes avoirs », sa réponse était prête. « Ce sont des obligations, pour la plupart, et c'est précisément là que je peux être plus malin qu'eux. Ils ont établi cette liste il y a quinze jours, elle est maintenant dans le dossier de leurs avocats et ils n'iront pas la vérifier d'ici des mois. Ils croient te tenir, mais voilà ce que nous allons faire : nous revendons ces vieilles obligations et nous en achetons d'autres à la place. Nous changeons tous les numéros. Tout cela ne te coûtera que les frais de transaction. Puis, le moment venu, ils s'aperçoivent qu'ils ont dans leur poche des obligations qui ne t'appartiennent plus. Comment pourraient-ils se procurer les nouveaux numéros ? D'ailleurs, d'ici là je t'aurai fait sortir du pays. »

---

Il est vrai que la ville de Mexico a la réputation d'être très polluée, en particulier par les gaz d'échappement de voitures.

5. **plaintiff:** *demandeur, plaignant.*

6. **file:** *dossier, chemise, classeur ;* **have we a file on her?:** *est-ce que nous avons un dossier sur elle ? ;* **put a document on the file:** *joindre une pièce au dossier ;* (fig.) **close the file on a question:** *classer une affaire.*

Here the skin of my head became intolerably tight[1], which meant even deeper error, greater horror anticipated. And, at the same time, temptation. People had kicked the hell out of me with, as yet, no reprisals. My thought was: It's time *I* made a bold[2] move. We were in the narrow alley between two huge downtown institutions (the hamburger joint was crammed[3] in tight). An armored Brink's truck could hardly have squeezed[4] between the close colossal black walls.

"You mean I substitute new bonds for the old, and I can sell from abroad if I want to?"

Seeing that I was beginning to appreciate the exquisite sweetness of his scheme, Hansl gave a terrific smile and said, "And you will. That's the dough you'll live on."

"That's a dizzy[5] idea," I said.

"Maybe it is, but do you want to spend the rest of your life battling in the courts? Why not leave the country and live abroad quietly on what's left of your assets? Pick a place where the dollar is strong and spend the rest of your life in musical studies or what you goddamn well please. Gerda, God bless her, is gone. What's to keep you?"

"Nobody but my old mother."

"Ninety-four years old? And a vegetable? You can put your textbook copyright in her name and the income will take care of her.

---

1. **tight:** *tendu, serré;* **as tight as a drum:** *tendu comme un tambour;* **my shoes are too tight:** *mes chaussures me serrent.*

2. **bold:** *hardi, audacieux;* **a bold step:** *une démarche osée;* **a bold stroke:** *un coup d'audace.*

3. **cram:** *bourrer* (**with,** *de*); **shop crammed with good things:** *magasin qui regorge de bonnes choses;* **drawer crammed with letters:** *tiroir bourré de lettres;* **cram somebody with food:** *bourrer, gaver de nourriture;* (fig.) **he has his head crammed with odd ideas:** *il a la tête farcie d'idées bizarres.*

4. **squeeze:** **he managed to squeeze into the bus:** *il a réussi à se glisser dans le bus;* **can you squeeze under the fence?:** *est-ce que tu peux te glisser sous la barrière?*

C'est là que j'ai senti la peau de mon crâne se crisper, à la perspective d'une faute encore plus grande et de l'horreur sans nom qui m'attendait.. Et en même temps j'étais tenté. Jusque-là, j'avais avalé des couleuvres sans me rebiffer. Et je me disais : il est temps de me réveiller. Nous étions dans la ruelle étroite coincée entre deux énormes bâtiments administratifs (le comptoir de hamburgers était plein à craquer). Un camion blindé de chez Brink aurait eu du mal à se frayer un passage entre les deux gigantesques murs noirs.

« Tu veux dire que je remplace les vieilles obligations par de nouvelles, que je pourrai au besoin vendre de l'étranger ? »

Voyant que je commençais à apprécier l'alléchante subtilité de son stratagème, Hansl m'a décoché un sourire radieux et a dit : « C'est bien cela, et c'est sur ce fric-là que tu vivras.

— C'est une idée qui me donne le tournis, ai-je répondu.

— Peut-être bien, mais est-ce que tu veux passer le restant de tes jours à te battre devant les tribunaux ? Pourquoi ne pas quitter le pays et vivre tranquillement à l'étranger sur ce qui te reste de ton capital ? Choisis un endroit où le dollar est fort et tu consacreras le restant de tes jours à étudier la musique ou n'importe quoi selon ton bon plaisir. Gerda, Dieu ait son âme, n'est plus là. Qu'est-ce qui te retient ?

— Personne, sauf ma vieille mère.

— Quatre-vingt-quatorze ans ? Et grabataire de surcroît ? Tu n'as qu'à mettre à son nom les droits de ton bouquin et les rentrées assureront sa subsistance.

---

5. **dizzy:** *pris de vertige, d'étourdissement ;* **it makes me dizzy:** *cela me donne le vertige ;* **it makes one dizzy to think of it:** *c'est à donner le vertige (rien que d'y penser).*

So our next step is to check out[1] some international law. There's a sensational chick[2] in my office. She was on the *Yale Law Journal*. They don't come any smarter. She'll find you a country. I'll have her do a report on Canada. What about British Columbia, where old Canadians retire?"

"Whom do I know there? Whom will I talk to? And what if the creditors keep after me?" "You haven't got so much dough left. There isn't all that much in it for them. They'll forget you."

I told Hansl I'd consider his proposal. I had to go and visit Mother in the nursing home.

The home was decorated with the intention of making everything seem normal. Her room was much like any hospital room, with plastic ferns[3] and fireproof[4] drapes[5]. The chairs, resembling wrought-iron[6] garden furniture, were also synthetic and light. I had trouble[7] with the ferns. I disliked having to touch them to see if they were real. It was a reflection[8] on my relation to reality that I couldn't tell at a glance[9]. But then Mother didn't know me, either, which was a more complex matter than the ferns.

I preferred to come at mealtimes, for she had to be fed. To feed her was infinitely meaningful for me.

---

1. **check out:** (U.S.) *vérifier, contrôler;* **check out a copy against the original:** *vérifier une copie en se référant à l'original;* **is it there?--hold on, I'll check out:** *ça y est? —attends, je vais vérifier.*

2. **chick:** (U.S.) *pépée, poulette.*

3. **fern:** *fougère.*

4. **fireproof:** *ignifugé;* **fireproof dish:** *plat allant au feu;* **fireproof door:** *porte ignifugée* ou *à revêtement ignifuge.*

5. **drapes:** (Brit.) *tentures;* (U.S.) *rideaux.*

6. **wrought-iron** [rɔːtˈaɪən]: *fer forgé,* **wrought-iron:** *en fer forgé.*

7. **trouble:** *mal, peine;* **he had trouble in tying his shoe-lace:** *il a eu du mal à attacher son lacet;* **did you have any trouble in getting here?:** *est-ce que vous avez eu des ennuis en venant?*

8. **reflection:** *critique* (**on,** *de*); **this is a reflection on your motives:** *cela*

Donc il ne nous reste plus qu'à potasser le droit international. Il y a une pépée sensationnelle au bureau. Elle travaillait au *Yale Law Journal*. On ne fait pas plus intelligent. Elle te trouvera un pays. Je vais lui demander de me préparer un rapport sur le Canada. Et que dirais-tu de la Colombie britannique, où les vieux Canadiens prennent leur retraite ?

— Qui est-ce que je connais là-bas ? A qui vais-je parler ? Et si les créanciers continuent à me harceler là-bas ?

— Il ne te reste pas tellement de fric. Tu n'es pas si intéressant que cela pour eux. Ils t'oublieront. »

J'ai dit à Hansl que j'allais étudier sa proposition. Mais il fallait que je rende visite à ma mère dans sa maison de repos.

L'établissement était décoré de manière que tout parût ordinaire. Sa chambre ressemblait à n'importe quelle chambre d'hôpital avec des fougères en plastique et des rideaux ignifugés. Les chaises, qui ressemblaient à des meubles de jardin en fer forgé étaient également synthétiques et légères. Quant aux fougères, je ne pouvais pas m'y faire. J'étais gêné d'avoir à les toucher pour voir si elles étaient vraies. Le fait que je ne puisse pas le dire d'un simple coup d'œil en disait long sur mes rapports avec la réalité. Mais d'autre part ma mère ne me reconnaissait pas non plus, ce qui posait encore plus de problèmes que les fougères.

Je préférais venir au moment des repas, car il fallait la nourrir. La faire manger était très important pour moi.

---

*fait douter de vos motifs ;* **this is no reflection on:** *cela ne porte pas atteinte à.*

9. **glance:** *regard, coup d'œil ;* **at a glance:** *d'un coup d'œil ;* **at first glance:** *à première vue ;* **without a backward glance:** *sans se retourner ;* (fig.) *sans plus de cérémonies.*

I took over[1] from the orderly. I had long given up telling her, "This is Harry." Nor did I expect to establish rapport[2] by feeding her. I used to feel that I had inherited something of her rich crazy nature and love of life, but it now was useless to think such thoughts. The tray was brought and the orderly tied her bib[3]. She willingly swallowed the cream of carrot soup. When I encouraged her, she nodded. Recognition, nil[4]. Two faces from ancient Kiev, similar bumps[5] on the forehead. Dressed in her hospital gown, she wore a thread of lipstick on her mouth. The chapped[6] skin of her cheeks gave her color also. By no means silent, she spoke of her family, but I was not mentioned.

"How many children have you got?" I said.

"Three: two daughters and a son, my son Philip."

All three were dead. Maybe she was already in communion with them. There was little enough of reality remaining in this life; perhaps they had made connections in another. In the census[7] of the living, I wasn't counted.

"My son Philip is a clever businessman."

"Oh, I know."

She stared[8], but did not ask how I knew. My nod seemed to tell her that I was a fellow with plenty of contacts, and that was enough for her.

"Philip is very rich," she said.

"Is he?"

---

1. **take (took, taken) over:** *prendre le pouvoir;* **take over from somebody:** *prendre la relève* ou *le relais de quelqu'un.*

2. **rapport** [ræ'pɔ:]: *rapport* **(with,** *avec);* **in rapport with:** *en harmonie avec.*

3. **bib:** *bavoir, bavette;* (fig.) **in her best bib and tucker:** *sur son trente et un.*

4. **nil:** *néant, zéro.*

5. **bump:** *bosse.*

6. **chap:** *se gercer, se crevasser;* **chap-stick:** *pommade pour les lèvres.*

Je prenais la place de l'infirmière. Depuis longtemps j'avais renoncé à lui dire : « C'est Harry ». Je n'espérais pas non plus établir un contact en lui donnant à manger. Autrefois je me disais que j'avais hérité de sa riche nature fantasque et de son amour de la vie, mais il était désormais inutile d'avoir ce genre de pensées. On apportait le plateau et l'infirmière lui attachait son bavoir. Elle avalait gentiment son velouté de carottes. Lorsque je l'encourageais, elle hochait la tête. Quant à me reconnaître, zéro. Deux visages de la Kiev d'autrefois avec les mêmes bosselures au front. Vêtue de sa robe de chambre d'hôpital elle portait un trait de rouge à lèvres. La peau gercée de ses joues lui donnait aussi un peu de couleur. Nullement silencieuse, elle parlait de sa famille, mais je n'étais jamais mentionné.

« Combien d'enfants as-tu ? lui demandais-je.

— Trois : deux filles et un garçon, mon fils, Philip. »

Ils étaient morts tous les trois. Peut-être était-elle déjà en communication avec eux. Il lui restait peu de contact avec la réalité dans cette vie ; peut-être avaient-ils établi des liens dans une autre. Dans ce recensement des vivants je n'apparaissais pas.

« Mon fils Philip est un homme d'affaires plein de talent.

— Oh oui, je sais. »

Elle me dévisagea, mais sans me demander comment je le savais. Mon acquiescement semblait lui dire que j'étais un type avec beaucoup de relations et cela lui suffisait.

« Philip est très riche, ajoutait-elle.

— Ah, bon ?

---

7. **census:** *recensement ;* **take a census of the population:** *faire le recensement de la population ;* (Brit.) **census enumerator,** (U.S.) **census taker:** *agent recenseur.*

8. **stare: stare at somebody:** *dévisager, regarder fixement ;* **stare somebody in the face:** *regarder quelqu'un dans le blanc des yeux.*

"A millionaire, and a wonderful son. He always used to give me money. I put it into Postal Saving. Have you got children?"

"No, I haven't."

"My daughters come to see me. But best of all is my son. He pays all my bills."

"Do you have friends in this place?"

"Nobody. And I don't like it. I hurt all the time, especially my hips and legs. I have so much misery[1] that there are days when I think I should jump from the window."

"But you won't do that, will you?"

"Well, I think: What would Philip and the girls do with a mother a cripple?"

I let the spoon slip into the soup and uttered a high laugh. It was so abrupt and piercing that it roused[2] her to examine me.

Our kitchen on Independence Boulevard had once been filled with such cockatoo cries, mostly feminine. In the old days the Shawmut women would sit in the kitchen while giant meals were cooked, tubs of stuffed cabbage, slabs[3] of brisket. Pineapple cakes glazed[4] with brown sugar came out of the oven. There were no low voices there. In that cage of birds[5] you couldn't make yourself heard if you didn't shriek[6], too, and I had learned as a kid to shriek with the rest, like one of those operatic woman-birds. That was what Mother now heard from me, the sound of one of her daughters.

---

1. **misery**: *tristesse, douleur;* **a life of misery**: *une vie de misère;* **make somebody's life a misery**: *mener la vie dure à quelqu'un; gâcher la vie de quelqu'un;* **put an animal out of his misery**: *achever un animal.*

2. **rouse**: *éveiller, susciter, provoquer;* **rouse somebody to action**: *inciter, pousser quelqu'un à agir.*

3. **slab**: *bloc, pièce, carré.*

4. **glaze**: *vérifier, vernisser, glacer* (en cuisine).

— Il est milliardaire et c'est un fils merveilleux. Il m'a toujours donné de l'argent. Je le plaçais à la Caisse d'épargne. Vous avez des enfants?

— Non

— Mes filles viennent me voir. Mais le meilleur de tous, c'est mon fils. Il paie toutes mes factures.

— Tu as des amis ici?

— Personne. Et je ne suis pas bien ici. J'ai tout le temps mal, surtout aux hanches et aux jambes. Je suis tellement malheureuse qu'il y a des jours où j'ai envie de me jeter par la fenêtre.

— Mais tu ne vas pas le faire?

— Alors je me dis: qu'est-ce que Philip et les filles feraient d'une mère paralytique?»

J'ai lâché la cuiller dans la soupe et suis parti d'un grand rire, tellement brutal et perçant qu'il l'a poussée à me regarder avec attention.

Notre cuisine d'Independence Boulevard avait été remplie, autrefois, de cris de cacatoès, essentiellement féminins. Au bon vieux temps, les femmes Shawmut restaient dans la cuisine où se préparaient des repas géants, des lessiveuses de chou farci, des blocs de poitrine fumée. Des gâteaux à l'ananas luisants de sucre roux sortaient du four. Il n'était pas question de parler à voix basse. Dans cette volière on ne pouvait se faire entendre que si on hurlait et tout petit j'avais appris à hurler avec les autres, à la manière de ces femmes-oiseaux de l'opéra. C'était cela que Mère entendait par ma bouche, la voix de l'une de ses filles.

---

5. **cage of birds:** cette cuisine transformée en volière, Shawmut semble l'évoquer avec une certaine nostalgie, comme un paradis perdu peuplé d'oiseaux criards mais colorés. C'est comme si sa carrière de musicien avait peut-être trouvé son origine dans ce lieu d'intimité familiale, en réaction contre la cacophonie.

6. **shriek:** *hurler, crier* (cri perçant); **shriek with laughter:** *rire à gorge déployée.*

But I had no bouffant[1] hairdo, I was bald and wore a
mustache, and there was no eyeliner on my lids. While
she stared at me I dried her face with the napkin and
continued to feed her.

"Don't jump, Mother, you'll hurt yourself."

But everyone here called her Mother; there was nothing
personal about it.

She asked me to switch on the TV set so that she could
watch *Dallas*[2].

I said it wasn't time yet, and I entertained her by
singing snatches of the *Stabat Mater*. I sang, *"Eja mater,
fons amo-o-ris."* Pergolesi's sacred chamber music (different from his formal masses for the Neapolitan church)
was not to her taste. Of course I loved my mother, and she
had once loved me. I well remember having my hair
washed with a bulky bar of castile soap and how pained
she was when I cried from the soap in my eyes. When she
dressed me in a pongee[3] suit (short pants of Chinese silk)
to send me off[4] to a surprise party, she kissed me
ecstatically. These were events that might have occurred
just before the time of the Boxer Rebellion[5] or in the back
streets of Siena six centuries ago. Bathing, combing,
dressing, kissing—these now are remote antiquities. There
was, as I grew older, no way to sustain them.

When I was in college (they sent me to study electrical
engineering but I broke away into music) I used to enjoy
saying,

---

1. **bouffant:** (coiffure) *gonflante*.
2. **Dallas:** série télévisée américaine qui rassemble tous les clichés du
genre. Le contraste entre les désirs de la mère et ceux du fils sont
objectivés par leurs intérêts culturels divergents. Passer sans transition
de *Dallas* à Pergolèse est assez saisissant.
3. **pongee:** *pongée, taffetas léger de soie ou de schappe* (déchets de
soie).
4. **send (sent, sent) off:** *envoyer;* **I sent him off to think it over:** *je l'ai*

Mais je n'avais pas de coiffure bouffante, j'étais chauve, portais une moustache, et je n'avais pas de maquillage autour des yeux. Tandis qu'elle me dévisageait, j'essuyais son visage avec la serviette en continuant à lui donner à manger.

« Ne saute pas, maman, tu te ferais mal. »

Mais ici, tout le monde l'appelait Maman, il n'y avait rien de personnel là-dedans.

Elle me demanda d'allumer la télévision pour regarder *Dallas*.

Je lui ai dit que ce n'était pas encore l'heure et je lui ai chanté des extraits du *Stabat Mater* pour la divertir. J'ai chanté : « *Eja mater, fons amo-o-ris* ». La musique de chambre sacrée de Pergolèse (différente de ses messes solennelles pour l'église de Naples) n'était pas à son goût. Bien sûr j'aimais ma mère et elle m'avait aimé, autrefois. Je me souviens très bien quand elle me lavait la tête avec un gros morceau de savon de Marseille et combien elle était peinée que je pleure lorsque le savon me piquait les yeux. Quand elle m'habillait d'un costume de pongée (un pantalon court de soie chinoise), avant de m'envoyer à une surprise-partie, elle m'embrassait passionnément. De tels événements auraient pu se produire juste avant l'époque de la Révolte des Boxers, ou dans les faubourgs de Sienne six siècles plus tôt. Bain, coups de peigne, habillage, baisers, comptent désormais parmi les antiquités lointaines. A mesure que j'ai vieilli il n'a pas été possible de les maintenir.

Quand j'étais étudiant (on m'avait envoyé étudier l'électrotechnique mais j'ai bifurqué vers la musique), je me plaisais à répéter,

---

*envoyé méditer là-dessus* ; **she sent the child off to the grocer's:** *elle a envoyé l'enfant chez l'épicier.*

5. **the Boxer Rebellion:** « *la Révolte des Boxers* » ; les membres d'une secte chinoise massacrèrent les missions étrangères à Pékin en 1900.

when students joked about their families, that because I was born just before the Sabbath[1], my mother was too busy in the kitchen to spare the time and my aunt to give birth to me.

I kissed the old girl—she felt lighter to me than wickerwork[2]. But I wondered what I had done to earn this oblivion, and why fat-assed Philip the evildoer should have been her favorite, the true son. Well, he didn't lie to her about *Dallas*, or try for his own sake to resuscitate her emotions, to appeal to her maternal memory with Christian music (fourteenth-century Latin of J. da Todi). My mother, two-thirds of her erased[3], and my brother—who knew where his wife had buried him?—had both been true to the present American world and its liveliest material interests. Philip therefore spoke to her understanding. I did not. By waving my long arms, conducting Mozart's *Great Mass* or Handel's *Solomon*, I wafted[4] myself away into the sublime. So for many years I had not made sense, had talked strangely to my mother. What had she to remember me by? Half a century ago I had refused to enter into *her* kitchen performance. She had belonged to the universal regiment of Stanislavski[5] mothers. During the twenties and thirties those women were going strong in thousands of kitchens across the civilized world from Salonika to San Diego.

---

1. **Shabbat:** *sabbat*, repos que les Juifs pratiquants doivent observer le samedi, jour consacré au culte.

2. **wicker:** *osier, vannerie*.

3. **two-thirds of her erased:** la précision est ici d'une cruauté douloureuse, puisqu'il n'est pas inclus dans le tiers restant.

4. **waft:** *flotter, ondoyer*.

5. **Stanislavski** (1863-1938): acteur et metteur en scène de théâtre russe. Fondateur avec V.N. Dantchenko du Théâtre d'art de Moscou (1898) auquel il devait joindre un studio expérimental. Pédagogue et réformateur il s'attacha à l'étude méthodique des phénomènes psychiques qui accompagnent le jeu de l'acteur.

orsque les autres étudiants faisaient de l'humour sur leur
amille, que du fait que j'étais né la veille du Sabbat, ma
nère était trop occupée à la cuisine pour prendre le temps
l'accoucher et qu'elle avait laissé ma tante accoucher à sa
place.

J'ai embrassé la pauvre vieille, qui me semblait plus
égère qu'un mannequin d'osier. Mais je me suis demandé
ce que j'avais bien pu faire pour mériter cet oubli, et ce
qui avait fait de ce gros plein de soupe de Philip, ce
aligaud, son fils préféré, son seul fils. Soit, lui ne lui avait
pas menti à propos de *Dallas* et il n'avait pas non plus
essayé de faire revivre de vieilles émotions pour se faire
plaisir, ni de faire appel à sa mémoire maternelle avec de
a musique chrétienne (en latin du quatorzième siècle de J.
la Todi.) Ma mère, oblitérée aux deux tiers et mon frère
(qui sait où sa femme l'avait enterré ?) avaient tous les
deux été de plain-pied dans le monde américain contem-
porain et ses intérêts matériels les plus manifestes. Philip
parlait donc son langage. Moi, pas. En agitant mes longs
bras quand je dirigeais la *Grand-Messe* de Mozart ou le
*Salomon* de Haendel, je m'échappais vers le sublime. Et
ainsi pendant de nombreuses années ce que je disais ne
signifiait rien pour ma mère, je lui tenais des propos
bizarres. Que pouvait-elle se rappeler de moi ? Un demi-
siècle auparavant j'avais refusé de participer au grand
numéro qu'elle dirigeait dans la cuisine. Elle avait fait
partie de la cohorte universelle des mères de Stanislavski.
Durant les années vingt et trente ces femmes avaient régné
sur des milliers de cuisines d'un bout à l'autre du monde
civilisé, de Salonique à San Diego.

---

En faisant ce rapprochement Shawmut prend un recul critique vis-à-
vis de cette mère qu'il considère comme un personnage de théâtre. C'est
la tactique qu'il emploie avec tous les sujets qui le dérangent comme
pour éviter d'affronter la douleur du rejet ou du deuil.

They had warned their daughters that the men they married would be rapists[1] to whom they must submit in duty. And when I told her that I was going to marry Gerda, Mother opened her purse and gave me three dollars, saying, "If you need it so bad, go to a whorehouse[2]." Nothing but[3] histrionics, of course.

"Realizing how we suffer," as Ginsberg wrote in "Kaddish[4]," I was wickedly tormented. I had come to make a decision about Ma, and it was possible that I was fiddling with the deck[5], stacking the cards, telling myself, Miss Rose, "It was always me that took care of this freaked-in-the-brain, afflicted, calamitous, shrill old mother, not Philip. Philip was too busy building himself up[6] into an imperial American. "Yes, that was how I put it, Miss Rose, and I went even further. The consummation[7] of Philip's upbuilding was to torpedo me. He got me under the waterline, a direct hit, and my fortunes exploded, a sacrifice to Tracy and his children. And now I'm supposed to be towed away for salvage.

I'll tell you the truth, Miss Rose, I was maddened by injustice. I think you'd have to agree not only that I'd been had but that I was singularly foolish, a burlesque figure. I could have modeled Simple Simon for the nursery-rhyme wallpaper of the little girl's room in Texas.

As I was brutally offensive to you without provocation, these disclosures, the record of my present state, may gratify you.

---

1. **rapist:** *violeur, auteur d'un viol.*

2. **whorehouse** [hɔ:haʊs]: *bordel.*

3. **but:** *sauf, excepté;* **no one but me could do it:** *je suis le seul à pouvoir le faire;* **they've all gone but me:** *ils sont tous partis sauf moi;* **there was nothing for it but to jump:** *il n'y avait plus qu'à sauter;* **the last house but one:** *l'avant-dernière maison.*

4. **"Kaddish":** long poème d'Allen Ginsberg dédié à sa mère Naomi. Dans le judaïsme, le *kaddish* est la prière des morts.

Elles avaient prévenu leurs filles que les hommes qu'elles épouseraient seraient des violeurs auxquels elles devraient se soumettre par devoir. Et quand je lui ai annoncé mon intention d'épouser Gerda, Maman a ouvert son porte-monnaie et m'a donné trois dollars en me disant : « Si cela te manque à ce point, va au bordel. » Pure comédie, bien entendu.

« En prenant conscience de notre souffrance », comme l'écrit Ginsberg dans ''Kaddish'', j'étais au supplice. J'étais venu pour prendre une décision au sujet de Maman, Miss Rose, et j'étais sans doute en train de fausser le jeu, de préparer les cartes en me disant : « C'est toujours moi qui me suis occupé de cette vieille mère zinzin, égrotante, calamiteuse et criarde, pas Philip. Philip était trop occupé à se construire un personnage d'impérialiste américain. » Oui, c'est ainsi que je le formulais, Miss Rose, et j'allais même plus loin. La réussite pleine et entière de Philip avait été mon torpillage. Il m'avait fait sombrer, il m'avait coulé et il avait dilapidé ma fortune, le tout en offrande à Tracy et ses enfants. Et maintenant il fallait me remorquer pour me retaper.

Pour être franc, Miss Rose, j'étais rendu fou furieux par cette injustice. Je crois que vous conviendrez que non seulement j'avais été piégé, mais qu'en plus j'avais perdu la face, un vrai bouffon. J'aurais pu servir de modèle au dessin de Simple Simon et sa comptine qui ornaient le papier peint dans la chambre de la petite fille au Texas.

Comme j'ai été d'une agressivité brutale avec vous sans motif, ces révélations, le compte rendu de mon état d'esprit vous seront peut-être un réconfort.

---

5. **deck**: (U.S.) deck of cards: *jeu de cartes.*
6. **build (built, built) up**: *se développer, s'accumuler ;* **build up one's strength**: *prendre des forces.*
7. **consummation**: *perfection, couronnement, apogée.*

Almost any elderly[1] person, chosen at random, can
provide such gratification to those he has offended. One
has only to see the list of true facts, the painful inventory.
Let me add, however, that while I, too, have reason to feel
vengeful, I haven't experienced a Dionysian intoxication[2]
of vengefulness. In fact I have had feelings of increased
calm and of enhanced[3] strength—my emotional development has been steady, not fitful.

The Texas partnership, what was left of it, was being
administered by my brother's lawyer, who answered all
my inquiries with computer printouts[4]. There were capital
gains, only on paper, but I was obliged to pay taxes on
them, too. The $300,000 remaining would be used up in
litigation, if I stayed put[5], and so I decided to follow
Hansl's plan even if it led to the *Götterdämmerung*[6] of my
remaining assets[7]. All the better for your innocence and
peace of mind if you don't understand these explanations.
Time to hit back, said Hansl. His crafty looks were a
study. That a man who was able to look so crafty
shouldn't really be a genius of intrigue was the most
unlikely[8] thing in the world. His smiling wrinkles of deep
cunning gave me confidence in Hansl. The bonds that the
plaintiffs (creditors) had recorded were secretly traded for
new ones. My tracks were covered, and I took off[9] for
Canada, a foreign country in which my own language, or
something approaching it, is spoken.

---

1. **elderly:** *assez âgé;* **he's getting elderly:** *il se fait vieux.*
2. **intoxication** (faux ami): *ivresse, griserie;* **in a state of intoxication:**
*en état d'ébriété.*
3. **enhance:** *mettre en valeur, rehausser, majorer.*
4. **printout:** *sortie sur imprimante.*
5. **stay put: stay still:** *se tenir tranquille.*
6. **Götterdämmerung:** le Crépuscule des Dieux, l'un des éléments de
la *Tétralogie* de Wagner. En tant que musicologue Shawmut émaille son
récit de références musicales.

ratiquement n'importe quel individu d'un certain âge, noisi au hasard, peut fournir ce genre de réconfort à ceux qu'il a offensés. Il suffit de voir la liste des faits réels, d'en tablir le pénible inventaire. Permettez-moi d'ajouter, cependant, que si moi aussi j'ai des raisons de vouloir me enger, je ne ressens pas l'ivresse d'une vengeance diony-aque. Au contraire j'éprouve une impression de calme randissant et une force accrue ; mon développement ffectif n'a pas été erratique, mais constant.

La société texane, du moins ce qu'il en restait, était entre es mains de l'avocat de mon frère qui répondait à toutes nes demandes de renseignements par des listings informa-iques. Il y avait des revenus de capital, sur le papier eulement, mais j'étais obligé de payer des impôts là-dessus ussi. Les trois cent mille dollars restants seraient utilisés our les frais de procédure, si je me tenais tranquille ; j'ai lonc décidé de suivre la proposition de Hansl, même si elle levait mener au *Götterdämmerung* de mes derniers deniers. Tant mieux pour votre innocence et votre tranquillité l'esprit si vous ne comprenez pas ces explications. Il était emps de riposter, disait Hansl. Son air roublard était très oien étudié. Il était impensable qu'un homme capable l'avoir l'air aussi rusé ne fût pas un fin stratège. Ses rides ouriantes pleines de rouerie m'inspiraient confiance. Les obligations que les plaignants (les créanciers) avaient enregistrées furent négociées contre de nouvelles. Ma piste était brouillée et je me suis envolé vers le Canada, pays étranger où se parle ma propre langue ou du moins quelque chose d'approchant.

---

7. **assets**: *biens, avoir, capital*: **assets and liabilities**: *actif et passif*; **their assets amount to £1M**: *ils ont un million de livres à leur actif.*

8. **unlikely**: *peu probable, peu plausible* ; **she is unlikely to come/it is unlikely that she will come**: *il est peu probable qu'elle vienne.*

9. **take (took, taken) off**: *partir pour, décoller.*

There I was to conclude my life in peace, and at a advantageous rate of exchange. I have developed a certai sympathy with Canada. It's no easy thing to share border with the U.S.A. Canada's chief entertainment—has no choice—is to watch (from a gorgeous setting) wha happens in our country. The disaster is that there is n other show. Night after night they sit in darkness an watch us on the lighted screen[1].

"Now that you've made your arrangements, I can tel you," said Hansl, "how proud I am that you're hittin back[2]. To go on taking punishment from those pricks would be a disgrace[4]."

Busy Hansl really was crackers, and even before I too off for Vancouver I began to see that. I told myself tha his private quirks didn't extend to his professional life But before I fled, he came up with[5] half a dozen unsettlin ideas of what I had to do for him. He was a little bitte because, he said, I hadn't let him make use of my cultura prestige. I was puzzled and asked for an example. He said that for one thing I had never offered to put him up fo membership in the University Club. I had had him to lunch there and it turned out that he was deeply impressed by the Ivy League[6], the dignity of the bar, the leather seats, and the big windows of the dining room, decorated with the seals of the great universities in stained glass. He had graduated from De Paul, in Chicago.

---

1. **the lighted screen:** cette vision pessimiste de l'influence des États-Unis sur ses pays limitrophes utilise la métaphore de l'écran de télévision pour montrer l'impact des images.

2. **hit (hit, hit):** *riposter;* **hit back at someone:** *répondre à quelqu'un;* **hit somebody back:** *rendre son coup à quelqu'un.*

3. **prick:** *sale con.*

4. **disgrace:** *honte, déshonneur,* **there is no disgrace in doing:** *il n'y a pas de honte à faire;* **bring disgrace on somebody:** *déshonorer quelqu'un.*

'est là que j'étais censé conclure ma vie en paix et à un
aux de change avantageux. Le Canada m'inspire une
ertaine sympathie. Ce n'est pas chose facile que de
artager une frontière avec les Etats-Unis. La distraction
rincipale du Canada (il n'a pas le choix) est d'observer
dans un cadre superbe) ce qui se passe chez nous. La
atastrophe est qu'il n'y a rien d'autre à voir. Tous les
oirs, assis dans le noir, ils nous observent sur l'écran
umineux.

« Maintenant que tu as pris tes dispositions, dit Hansl, je
eux te dire combien je suis fier que tu ripostes. Cela
urait été une honte de continuer à te laisser martyriser
ar ces salopards. »

En fait Hansl, toujours sur la brèche, était complète-
nent cinglé, ce dont je ne me suis pas rendu compte avant
non départ pour Vancouver. Je m'étais dit que ses lubies
ersonnelles ne débordaient pas sur sa vie professionnelle.
Mais avant que je prenne l'avion il m'a sorti une demi-
douzaine d'idées saugrenues sur ce que je devais faire pour
ui. Il était un peu amer, parce que, me disait-il, je ne
'avais pas fait profiter de mon prestige culturel. Interlo-
qué, je lui ai demandé un exemple. Il a déclaré que, déjà,
e n'avais jamais proposé de le parrainer pour le faire
admettre au club de l'Université. Je l'y avais invité à
déjeuner et il se trouve qu'il avait été très impressionné par
la distinction de l'Ivy League, par la dignité du bar, les
sièges en cuir et les grandes baies vitrées de la salle à
manger, aux vitraux ornés des armoiries des grandes
universités. Il sortait de l'Université De Paul à Chicago.

---

5. **come (came, come) up with:** *fournir (idée), proposer, suggérer,* **he
comes up with some good ideas:** *il sort de bonnes idées.*

6. **Ivy League:** dénomination regroupant les universités huppées de
la côte est des États-Unis, ainsi désignées à cause du lierre qui pousse
sur les bâtiments. Ce serait l'équivalent du style B.C.B.G. en France,
snobisme chic.

He had expected me to ask whether he'd like to join, but had been too selfish or too snobbish to do that. Since he was now saving me, the least I could do was to use my influence with the membership committee. I saw his point and nominated[1] him willingly, even with relish.

He next asked me to help him with one of his ladies. "They're Kenwood people, an old mail-order[2]-house fortune. The family is musical and artistic. Babette is an attractive widow. The first guy had the Big C[3], and to tell the truth I'm a little nervous of getting in behind him, but I can fight that. I don't think I'll catch[4] it, too. Now, Babette is impressed by you, she's heard you conduct and read some of your music criticism, watched you on Channel Eleven. Educated in Switzerland, knows languages, and this is a case where I can use your cultural clout[5]. What I suggest is that you take us to Les Nomades—private dining without crockery[6] noise. I gave her the best Italian food in town at the Roman Rooftop, but they not only bang the dishes there, they poisoned her with the sodium glutamate on the veal. So feed us at the Nomades. You can deduct the amount of the tab from my next bill. I always believed that the class you impressed people with you picked up from my sister. After all, you were a family of Russian peddlers[7] and your brother was a lousy felon. My sister not only loved you, she taught you some style.

---

1. **nominate:** *proposer, présenter;* he was nominated for the presidency: *il a été proposé comme candidat à la présidence;* **nominate an actor for an Oscar:** *proposer un acteur pour un Oscar.*

2. **mail-order:** *vente par correspondance;* we got it by mail-order: *nous l'avons acheté par correspondance;* **mail-order firm, mail-order house:** *maison de vente par correspondance.*

3. **the Big C:** manière familière de désigner *le cancer.*

4. **catch (caught, caught):** *attraper.* Comme si le cancer était contagieux !

5. **clout:** *influence, poids;* **he carries, he wields a lot of clout:** *il a le bras long.*

Il s'était attendu à ce que je lui demande s'il souhaitait devenir membre du club, mais j'avais été trop égoïste ou trop snob pour y penser. Puisque maintenant il me sauvait la vie, le moins que je puisse faire était d'user de mon influence auprès de la commission d'admission. J'en convins et proposai son nom bien volontiers, et même avec plaisir.

Ensuite il me demanda de l'aider pour une de ses conquêtes. « C'est une famille de Kenwood, une fortune bâtie sur une vieille société de vente par correspondance. On aime la musique et les arts dans la famille. Babette est une veuve séduisante. Son premier mari est mort d'un cancer et à vrai dire j'ai un peu la pétoche de lui succéder, mais je peux surmonter ça. Je ne crois pas que je vais l'attraper. Bon, tu impressionnes Babette : elle a entendu dire que tu étais chef d'orchestre, elle a lu certaines de tes critiques musicales, elle t'a vu sur la chaîne Onze. Elevée en Suisse, elle parle plusieurs langues, et, dans son cas, ton prestige culturel peut être un atout précieux. Si tu veux mon avis, tu pourrais nous inviter aux Nomades, un dîner tranquille sans bruit de vaisselle. Je lui ai fait déguster la meilleure cuisine italienne de Chicago à la Terrasse Romaine, mais non seulement ils font un boucan terrible avec les assiettes et les plats, mais en plus ils l'ont à moitié empoisonnée avec le glutamate de sodium qu'ils mettent sur le veau. Alors emmène-nous aux Nomades. Tu n'auras qu'à déduire l'addition de ma prochaine note d'honoraires. J'ai toujours pensé que la distinction avec laquelle tu épates les gens, c'est de ma sœur que tu la tiens. Au fond vous n'étiez qu'une famille de forains russes et ton frère un escroc miteux. Ma sœur ne s'est pas contentée de t'aimer elle t'a appris les bonnes manières.

---

6. **crockery**: *poterie, faïence, vaisselle.*
7. **peddler**: *colporteur, revendeur.*

Someday it'll be recognized that if that goddamn Roosevelt hadn't shut the doors on Jewish refugees from Germany, this country wouldn't be in such trouble today. We could have had ten Kissingers, and nobody will ever know how much scientific talent went up in smoke at the camps."

Well, at Les Nomades I did it again, Miss Rose. On the eve[1] of my flight I was understandably in a state[2]. Considered as a receptacle, I was tilted[3] to the pouring[4] point. The young widow he had designs on was attractive in ways that you had to come to terms with. It was fascinating to me that anybody with a Hapsburg lip could speak so rapidly, and I would have said that she was a little uncomfortably tall. Gerda, on whom my taste was formed, was a short, delicious woman. However, there was no reason to make comparisons.

When there are musical questions I always try earnestly to answer them. People have told me that I am comically woodenheaded in this respect, a straight man. Babette had studied music, her people were patrons[5] of the Lyric Opera, but after she had asked for my opinion on the production of Monteverdi's[6] *Coronation of Poppaea*, she took over, answering all her own questions. Maybe her recent loss had made her nervously talkative. I am always glad to let somebody else carry the conversation, but this Babette, in spite of her big underlip, was too much for me.

---

1. eve: *veille;* on the eve of something/of doing: *à la veille de faire;* Christmas eve: *la veille de Noël.*

2. state: *état;* he was in an odd state of mind: *il était d'une humeur étrange;* what a state you're in!: *vous êtes dans un bel état!;* he got into a terrible state about it: *ça l'a mis dans tous ses états.*

3. tilt: *pencher, incliner;* tilt one's hat over one's eyes: *rabattre son chapeau sur les yeux;* tilt one's chair back: *se balancer sur sa chaise.*

4. pour: *verser;* she poured him a cup of tea: *elle lui a servi une tasse de thé;* shall I pour the tea?: *je sers le thé?;* it is pouring (with rain), it's pouring buckets: *il pleut à verse, à flots, à torrents.*

Un jour il sera prouvé que si ce foutu Roosevelt n'avait pas fermé ses portes aux réfugiés juifs d'Allemagne, ce pays ne serait pas dans un tel pétrin aujourd'hui. On aurait pu avoir dix Kissinger et on ne saura jamais combien de génies scientifiques sont partis en fumée dans les camps. »

Eh bien, Miss Rose, aux Nomades, j'ai récidivé. A la veille de mon départ j'étais dans un état de nervosité compréhensible. Je me sentais pareil à un vase, prêt à déborder. Le charme de la jeune veuve sur laquelle il avait des vues ne sautait pas aux yeux. J'étais fasciné de voir qu'un être à la bouche habsbourgeoise pût parler avec un tel débit, et je dirais bien qu'elle était d'une taille un peu encombrante. Gerda sur qui mon goût s'était formé était une femme menue et délicieuse. Il n'y avait toutefois aucune raison de faire des comparaisons.

Quand on me pose des questions sur la musique, j'essaie toujours d'y répondre avec sérieux. On m'a déjà dit que j'étais d'une raideur assez comique à cet égard, l'image même de la rigidité. Babette avait étudié la musique, sa famille était mécène de l'Opéra Lyrique, mais après m'avoir demandé ce que je pensais de la mise en scène du *Couronnement de Poppée* de Monteverdi, elle a enchaîné en répondant elle-même à toutes ses questions. Son deuil récent l'avait peut-être rendue bavarde par nervosité. D'habitude je ne déteste pas laisser quelqu'un d'autre mener la conversation, mais cette Babette, malgré sa lèvre inférieure charnue, était trop pour moi.

---

5. **patron:** *protecteur ;* **patron of the arts:** *mécène.*

6. **Monteverdi** (1567-1643) : compositeur italien. Son génie de l'expression dramatique se reconnaît dans *Le Combat de Tancrède et de Clorinde* (1624), et surtout *Le Couronnement de Poppée* (1642), où la variété des personnages et des sentiments, la richesse d'éléments théâtraux, le mélange du tragique et du bouffon annoncent le mélodrame de l'opéra moderne.

A relentless[1] talker, she repeated for half an hour what
she had heard from influential relatives about the politics
surrounding cable-TV franchises in Chicago. She followed
this up with a long conversation on films. I seldom go to
the movies. My wife had no taste for them. Hansl, too,
was lost in all this discussion about directors[2], actors, new
developments in the treatment of the relation between the
sexes, the progress of social and political ideas in the
evolution of the medium. I had nothing at all to say. I
thought about death, and also about the best topics[3] for
reflection appropriate to my age, the on the whole
agreeable openness of things toward the end of the line,
the outskirts[4] of the City of Life. I didn't too much mind
Babette's chatter[5], I admired her taste in clothing, the
curved white and plum[6] stripes of her enchanting blouse
from Bergdorf's. She was well set up. Conceivably her shoulders were too heavy, proportional to the
Hapsburg lip. It wouldn't matter to Hansl; he was
thinking about Brains wedded to Money[7].

I hoped I wouldn't have a stroke in Canada. There
would be no one to look after me, neither a discreet, gentle
Gerda nor a gabby[8] Babette.

I wasn't aware of the approach of one of my seizures,
but when we were at the half-open door of the checkroom
and Hansl was telling the attendant that the lady's coat
was a three-quarter-length sable wrap, Babette said, "I
realize now that I monopolized the conversation, I talked
and talked all evening. I'm so sorry..."

---

1. **relentless:** *implacable, impitoyable.*
2. **director:** *metteur en scène, réalisateur.*
3. **topic:** *sujet de discussion, thème.*
4. **outskirts:** *faubourg, banlieue, approche, orée, lisière, bord.*
5. **chatter:** *bavardage, jacassement;* **chatterbox:** *moulin à paroles;* **be a
chatterbox:** *avoir la langue bien pendue.*
6. **plum:** *prune.*

Véritable moulin à paroles, elle a répété pendant une demi-heure ce qu'elle avait entendu dire par des parents influents, sur les magouilles entourant les franchises de la télévision câblée à Chicago. Elle a poursuivi avec une longue conversation sur le cinéma. J'y vais rarement. Ma femme ne l'appréciait guère. Hansl aussi était perdu dans tout ce fatras de metteurs en scène, d'acteurs, d'attitudes nouvelles dans les rapports hommes-femmes et l'évolution des idées socio-politiques dans ce moyen d'expression en pleine expansion. Je n'avais absolument rien à dire. Je pensais à la mort, ainsi qu'aux sujets de réflexion les plus appropriés à mon âge, à cette ouverture au monde somme toute agréable, que l'on ressent à la fin du voyage, aux confins de la Cité de la Vie. Le babil de Babette ne me dérangeait pas trop : j'ai admiré son goût vestimentaire, les sinuosités rayées blanc et prune de son ravissant chemisier de chez Bergdof. Elle était bien balancée. Sans doute ses épaules étaient-elles un peu carrées par rapport à la lèvre habsbourgeoise. Hansl ne s'en souciait guère : il songeait à l'alliance de l'Intellect et de l'Argent.

J'espérais ne pas avoir d'attaque au Canada. Il n'y aurait personne pour s'occuper de moi, pas de discrète, de douce Gerda, ni de volubile Babette.

Je n'avais pas conscience de l'imminence d'une « crise », mais dans l'entrebâillement de la porte du vestiaire, au moment où Hansl disait au garçon que le manteau de la dame était un trois-quarts en zibeline, Babette m'a dit : « Je me rends compte maintenant que j'ai monopolisé la conversation, j'ai parlé, parlé toute la soirée. Je suis vraiment désolée...

---

7. **Brains wedded to Money :** les majuscules indiquent l'ironie du narrateur qui ridiculise le projet grandiose de son ami, dont il nous a assez montré la médiocrité.

8. **gab :** *bagout ;* **have the gift of the gab :** *avoir du bagout.*

"That's all right," I told her. "You didn't say a thing."

You, Miss Rose, are in the best position to judge the effects of such a remark.

Hansl next day said to me, "You just can't be trusted, Harry, you're a born betrayer. I was feeling sorry for you, having to sell your car and furniture and books, and about your brother who shafted you, and your old mother, and my poor sister passing, but you have no gratitude or consideration in you. You insult everybody."

"I didn't realize that I was going to hurt the lady's feelings."

"I could have married the woman. I had it wrapped up[1]. But I was an idiot. I had to bring *you* into it. And now, let me tell you, you've made one more enemy."

"Who, Babette[2]?"

Hansl did not choose to answer. He preferred to lay a heavy, ambiguous silence on me. His eyes, narrowing and dilating with his discovery of my enormity, sent daft[3] waves toward me. The message of those waves was that the foundations of his good will had been wiped out[4]. In all the world, I had had only Hansl to turn[5] to. Everybody else was estranged. And now I couldn't count on him, either. It was not a happy development[6] for me, Miss Rose. I can't say that it didn't bother me, although I could no longer believe in my brother-in-law's dependability.

---

1. **wrap up:** *envelopper, emballer; conclure;* **he hopes to wrap up his business there by Friday evening:** *il espère régler ce qu'il a à y faire d'ici vendredi soir;* **let's get all this wrapped up:** *finissons-en avec tout ça;* **he thought he had everything wrapped up:** *il pensait avoir tout arrangé;* (U.S.: fig.) **wrap up the evening's news:** *résumer les informations de la soirée.*

2. **"Who, Babette?":** de nouveau en affectant de ne pas comprendre que c'est celui qui parle qui est devenu son ennemi Shawmut aggrave l'insulte.

3. **daft:** *idiot, dingue, stupide.*

4. **wipe out:** *effacer, laver, anéantir;* **wipe somebody out:** *régler son compte à quelqu'un, anéantir quelqu'un.*

— Ce n'est pas grave ai-je répondu. Vous n'avez absolument rien dit. »

Miss Rose, c'est vous qui êtes le mieux placée pour juger des effets d'une telle remarque.

Le lendemain Hansl m'a dit : « On ne peut absolument pas compter sur toi, Harry, tu es un traître-né. Cela m'a fait de la peine de te voir vendre ta voiture, tes meubles et tes livres et que tu te sois fait plumer par ton frère et puis ta vieille mère et puis ma pauvre sœur décédée, mais tu n'as aucune gratitude ni aucun sens du respect. Tu insultes tout le monde.

— Je ne me rendais pas compte que j'allais froisser cette dame.

— J'aurais pu l'épouser. C'était dans la poche. Mais j'ai été idiot. Quelle idée de te mêler à tout cela. Maintenant, j'aime autant te dire que tu t'es fait un ennemi de plus.

— Qui, Babette ? »

Hansl a préféré ne pas répondre et laisser un lourd silence ambigu peser sur moi. Ses yeux tour à tour rétrécis et dilatés d'avoir découvert ma monstruosité envoyaient des ondes affolées dans ma direction. Ces ondes disaient que les fondements mêmes de ses bonnes dispositions à mon encontre venaient de voler en éclats. Hansl avait été la seule personne au monde vers laquelle j'avais pu me tourner. Je m'étais aliéné tous les autres. Et maintenant je ne pouvais plus compter sur lui non plus. La conjoncture était mauvaise pour moi, Miss Rose. Je ne peux pas dire que cela m'était égal, même si j'avais perdu toute confiance dans le sérieux de mon beau-frère.

---

5. **turn:** *se tourner (to, vers)* ; **he turned to me for advice:** *il s'est adressé à moi pour me demander conseil* ; **where can I turn for money?:** *où pourrais-je trouver de l'argent ?* ; **he turned to politics:** *il s'est tourné vers la politique* ; **he turned to drink:** *il s'est mis à boire.*

6. **development:** *fait nouveau* ; **await developments:** *attendre la suite des événements* ; **an unexpected, a surprise development:** *un rebondissement.*

By the standards of stability at the strong core[1] of
American business society, Hansl himself was a freak[2].
Quite apart from his disjunctive habits of mind, he was
disqualified by the violinist's figure he cut, the noble
hands and the manicured filbert[3] fingernails, his eyes,
which were like the eyes you glimpse in the heated purple
corners of the small-mammal house that reproduces the
gloom of nocturnal tropics. Would any Aramco official
have become his client? Hansl had no reasonable plans
but only crafty[4] fantasies, restless schemes[5]. They puffed
out like a lizard's throat and then collapsed like bubble
gum.

As for insults, I never intentionally insulted anyone. I
sometimes think that I don't have to say a word for
people to be insulted by me, that my existence itself
insults them. I come to this conclusion unwillingly, for
God knows that I consider myself a man of normal social
instincts and am not conscious of any will to offend. In
various ways I have been trying to say this to you, using
words like[6] seizure, rapture, demonic possession, frenzy,
*Fatum*, divine madness, or even solar storm—on a micro-
cosmic scale. The better people are, the less they take
offense as this gift, or curse, and I have a hunch that you
will judge me less harshly than Walish. He, however, is
right in one respect. You did nothing to offend me.

---

1. **core:** *cœur, trognon, noyau;* **the earth's core:** *le noyau terrestre;*
(fig.) **he is rotten to the core:** *il est pourri jusqu'à l'os;* **English to the core:**
*Anglais jusqu'à la moelle* (des os).

2. **freak:** *phénomène, monstre, anomalie.*

3. **filbert:** *aveline* (fruit oblong de l'avelinier, variété de noisette
allongée).

4. **crafty:** *malin, rusé, astucieux;* **a crafty little gadget:** *un petit truc
astucieux;* **that was a crafty move, a crafty thing to do:** *c'était un coup
très astucieux.*

5. **scheme** [ski:m]: *plan, projet, complot, machination;* **it's a scheme to
get him out of the way:** *c'est un complot pour l'éliminer.*

D'après les critères de stabilité dominants au cœur même du monde des affaires américain, Hansl était un canard boiteux. Sans parler de ses aberrations mentales, il se disqualifiait par sa silhouette de violoniste, ses mains nobles aux ongles manucurés en amande, ses yeux semblables à ceux que l'on peut apercevoir dans les recoins surchauffés et cramoisis des vivariums où l'on recrée l'obscurité des nuits tropicales. Aurait-on trouvé un seul cadre d'Aramco pour devenir son client? Hansl n'avait aucun projet raisonnable, il n'avait que des lubies fantasques, il préparait des coups sans suite, qui enflaient comme une gorge de lézard pour éclater comme des bulles de savon.

Quant aux insultes, je n'ai jamais insulté personne intentionnellement. Je me dis parfois que je n'ai pas besoin de prononcer un seul mot pour insulter les gens et que ma seule existence est une insulte pour eux. C'est à contre-cœur que j'en arrive à cette conclusion car Dieu sait que je me considère comme un homme doué d'instincts sociaux normaux et que je n'ai pas conscience d'un désir quelconque d'offenser autrui. J'ai tenté de vous le faire comprendre de différentes façons, en employant des mots comme crise, transe, possession démoniaque, frénésie, *Fatum*, folie divine, ou même tempête solaire (sur une échelle microcosmique). Meilleurs sont les gens moins ils s'offusquent de ce don, ou de cette malédiction et il m'est avis que votre jugement sera moins sévère que celui de Walish. Toutefois, il a raison sur un point. Vous n'avez rien fait pour m'outrager.

---

6. **words like:** cette énumération récapitule tous les termes employés par Shawmut pour décrire l'état second dans lequel il se trouve lorsqu'il devient insultant et perd le sens des convenances sociales. Tous ces mots renvoient à un état imposé par une sorte de fatalité biologique ou métaphysique comme pour ôter à sa conscience toute part de responsabilité. Il s'agit toujours de se faire pardonner par Miss Rose.

You were the meekest[1], the only one of those I wounded
whom I had no reason whatsoever to wound. That's what
grieves[2] me most of all. But there is still more. The writing
of this letter has been the occasion of important discover-
ies about myself, so I am even more greatly in your debt,
for I see that you have returned me good for the evil I did
you. I opened my mouth to make a coarse[3] joke at your
expense and thirty-five years later the result is a communion.

But to return to what I literally am: a basically
unimportant old party, ailing[4], cut off from all friendships,
scheduled[5] for extradition, and with a future of which the
dimmest view is justified (shall I have an extra bed put in
my mother's room and plead illness and incompet-
ency?).

Wandering about Vancouver this winter, I have considered whether to edit an anthology of sharp sayings.
Make my fate pay off. But I am too demoralized to do it. I
can't pull myself together. Instead, fragments of things
read or remembered come to me persistently while I go
back and forth between my house and the supermarket. I
shop to entertain myself, but Canadian supermarkets
unsettle me. They aren't organized the way ours are. They
carry fewer brands. Items like lettuce and bananas are
priced out of sight while luxuries like frozen salmon are
comparatively cheap. But how would I cope with a big
frozen salmon? I couldn't fit it into my oven, and how,
with arthritic hands, could I saw it into chunks?

---

1. **meek:** *doux, humble ;* **meek and mild:** *doux comme un agneau.*

2. **grieve:** *peiner, chagriner ;* **it grieves us to see:** *nous sommes peinés de
voir ;* **we are grieved to learn that:** *nous avons la douleur d'apprendre
que.*

3. **coarse:** *rude, grossier ;* **coarse cloth:** *drap grossier ;* **coarse linen:**
*grosse toile ;* **coarse salt:** *gros sel ; grossier, vulgaire, indécent, cru.*

4. **ailing:** *en mauvaise santé ;* **she is always ailing:** *elle est de santé
fragile ;* **an ailing company:** *une compagnie qui périclite.*

Vous étiez la douceur même, la seule personne parmi mes victimes que je n'avais absolument aucune raison de blesser. Voilà ce qui me cause le plus de peine. Mais ce n'est pas tout. La rédaction de cette lettre a été l'occasion d'importantes découvertes sur moi-même, et je ne vous en suis que d'autant plus redevable, voyant que, au mal que je vous ai fait, vous avez répondu par le bien. J'ai ouvert la bouche pour proférer une mauvaise plaisanterie à vos dépens et trente-cinq ans plus tard tout cela finit en communion.

Mais revenons-en à ma situation réelle : je ne suis au fond qu'un vieillard sans importance, souffreteux, coupé de ses amis, promis à l'extradition, et dont l'avenir ne laisse présager que le pire (et si je faisais ajouter un lit dans la chambre de ma mère en plaidant la maladie et l'incompétence ?).

En déambulant dans Vancouver cet hiver, j'ai envisagé de publier une anthologie des bons mots. Pour rentabiliser mon destin. Mais je suis trop abattu pour le faire. Je n'arrive pas à me concentrer. Au contraire, des fragments de phrases lues ou entendues me reviennent sans arrêt à l'esprit dans mes allées et venues entre chez moi et le supermarché. Je fais des courses pour me distraire, mais les supermarchés canadiens me déroutent. Ils ne sont pas organisés comme les nôtres. Ils ont moins de choix de marques. Les salades ou les bananes sont hors de prix, alors que le saumon congelé est relativement bon marché. Mais que pourrais-je bien faire de tout un saumon congelé ? Il ne rentrerait même pas dans mon four et avec mes mains d'arthritique il me serait impossible de le débiter en tranches.

---

5. **schedule:** *établir le programme, l'horaire de ;* **his scheduled speech:** *le discours qu'il doit faire ;* **his scheduled departure:** *son départ prévu ;* **at the scheduled time:** *à l'heure prévue.*

Persistent fragments, inspired epigrams, or spontaneous expressions of ill will come and go. Clemenceau saying about Poincaré that he was a hydrocephalic in patent[1]-leather boots. Or Churchill answering a question about the queen of Tonga as she passes in a barouche during the coronation of Elizabeth II: "Is that small gentleman in the admiral's uniform the queen's consort?" "I believe he is her lunch."

Disraeli on his deathbed, informed that Queen Victoria has come to see him and is in the anteroom, says to his man-servant, "Her Majesty only wants to carry a message to dear Albert."

Such items might be delicious if they were not so persistent and accompanied by a despairing sense that I am no longer in control.

"You look pale and exhausted, Professor X."

"I've been exchanging ideas with Professor Y, and I feel absolutely drained[2]."

Worse than this is the nervous word game I am unable to stop playing.

"She is the woman who put the 'dish' into 'fiendish[3].'"

"He is the man who put the 'rat' into 'rational.'"

"The 'fruit' in 'fruitless.'"

"The 'con' in 'icon.'"

Recreations of a crumbling mind, Miss Rose. Symptoms perhaps of high blood pressure, or minor tokens of private resistance to the giant public hand of the law (that hand will be withdrawn only when I am dead).

---

1. **patent** ['peɪtənt] **-leather:** *cuir verni;* patent (leather) shoes: *souliers vernis ou en cuir verni.*

2. **drain:** *drainer, assécher;* (fig.) **drain somebody of strength:** *épuiser quelqu'un;* **drain a country of resources:** *saigner un pays.*

3. **fiendish** [fi:ndɪʃ]: *diabolique, abominable;* **take a fiendish delight in doing:** *prendre un plaisir diabolique à faire;* **I had a fiendish time getting him to agree:** *j'ai eu un mal de chien à obtenir son accord.*

Des bribes répétées, des épigrammes inspirées ou des formules spontanées de malveillance passent et repassent dans ma tête. Clemenceau disant de Poincaré que c'était un « hydrocéphale en souliers vernis ». Ou Churchill qui à une question sur la reine de Tonga défilant dans un cabriolet pendant le couronnement d'Elizabeth II : « Et ce petit monsieur en uniforme d'amiral, c'est le prince consort ? », répond : « C'est plutôt son déjeuner, je crois. »

Disraeli sur son lit de mort, apprenant que la reine Victoria, venue le voir, attend dans l'antichambre, déclare à son domestique : « Sa Majesté veut simplement me faire porter un message à son cher Albert. »

Il y aurait là de quoi se régaler si ces phrases ne me hantaient pas et n'étaient accompagnées du sentiment désespéré que je ne contrôle plus ma pensée.

« Vous semblez pâle et épuisé, Professeur X.

— J'ai échangé des idées avec le Professeur Y et je me sens complètement vidé. »

Plus terribles encore sont ces jeux de mots auxquels je ne peux m'empêcher de me livrer fébrilement.

« C'est la femme qui a mis la ''mie'' dans ''ennemie''. (haine-mie).

— C'est l'homme qui a mis le ''rat'' dans le ''rationnel''.

— Le cul dans inculte.

— Le con dans concept. »

Ce sont là, Miss Rose, divertissements d'un esprit en pleine décrépitude. Peut-être des signes d'hypertension ou les indices ténus d'une résistance individuelle à la main géante de la justice collective (cette main ne se retirera qu'à ma mort).

---

Le jeu consiste non pas à décomposer les mots en unités de sens (comme fiendish qui vient de "fiend" auquel s'adjoint le suffixe dépréciatif "ish") mais à reconstituer d'autres mots pour redonner un sens inusité et fantaisiste à ces découpages.

No wonder, therefore, that I spend so much time with old Mrs. Gracewell. In her ticktock Meissen parlor with its uncomfortable chairs I am at home. Forty years a widow and holding curious views, she is happy in my company. Few visitors want to hear about the Divine Spirit, but I am seriously prepared to ponder[1] the mysterious and intriguing descriptions she gives. The Divine Spirit, she tells me, has withdrawn in our time from the outer, visible world. You can see what it once wrought, you are surrounded by its created forms. But although natural processes continue, Divinity has absented itself. The wrought work is brightly divine but Divinity is not now active within it. The world's grandeur is fading. And this is our human setting, devoid of God, she says with great earnestness. But in this deserted beauty man himself still lives as a God-pervaded being. It will be up to him—to us—to bring back the light that has gone from these molded likenesses, if we are not prevented by the forces of darkness. Intellect, worshipped by all, brings us as far as natural science, and this science, although very great, is incomplete. Redemption from *mere* nature is the work of feeling and of the awakened eye of the Spirit. The body, she says, is subject to the forces of gravity. But the soul is ruled by levity, pure.

I listen to this and have no mischievous impulses. I shall miss the old girl. After much monkey business, dear Miss Rose, I am ready to listen to words of ultimate[2] seriousness. There isn't much time left. The federal marshal, any day now, will be setting out from Seattle[3].

---

1. **ponder:** *considérer, méditer* (**over, on,** *sur*).

2. **ultimate:** *suprême;* **the ultimate insult:** *l'insulte suprême,* **the ultimate in generosity:** *le summum de la générosité.*

3. **Seattle:** ville et port du Nord-Ouest des États-Unis, le plus grand centre urbain de l'État de Washington.

Après cet exposé des thèses gnostiques auquel le narrateur ne semble croire qu'à demi, l'arrivée imminente des autorités judiciaires marque

Pas étonnant, dans ces conditions, que je passe tant de temps avec la vieille Mrs Gracewell. Je me sens chez moi dans sa bonbonnière aux fauteuils inconfortables. Veuve depuis quarante ans, et pleine d'idées bizarres, elle se plaît en ma compagnie. Rares sont les visiteurs qui sont disposés à entendre parler de l'Esprit Divin, mais je suis sérieusement prêt à méditer sur les révélations mystérieuses et captivantes dont elle me fait part. Elle m'apprend que l'Esprit Divin s'est, à notre époque, retiré du monde extérieur et visible. On voit ce qu'il a forgé, nous sommes entourés de ses créations. Mais si les processus naturels se poursuivent, la Divinité s'est retirée. Toute la création brille de l'Esprit Divin, mais la Divinité a cessé d'y être active. La grandeur du monde s'estompe peu à peu. Et tel est le lot de l'humanité, privée de Dieu, dit-elle avec beaucoup de gravité. Mais au milieu de cette beauté désertée, l'homme lui-même vit encore comme un être habité de Dieu. Il lui appartiendra — il nous appartiendra — de restaurer la lumière perdue de ces êtres construits à son image, si les forces des ténèbres ne nous en empêchent pas. L'intellect, vénéré de tous, nous donne accès à la science de la nature, mais cette science, si vaste soit-elle, est incomplète. C'est par l'entremise de la sensibilité et de cet œil éveillé de l'Esprit que l'homme sera arraché à la simple nature. Le corps, ajoute-t-elle, est soumis à la force de gravité. Mais l'âme est guidée par l'apesanteur pure.

J'écoute ces propos qui ne m'inspirent aucune malveillance. Elle va me manquer, cette brave vieille. Après pas mal de balivernes, Miss Rose, je suis prêt à écouter des paroles empreintes d'une infinie gravité. Il ne me reste plus guère de temps. L'officier de police judiciaire va quitter Seattle d'un jour à l'autre.

---

un retour brutal à une réalité que Shawmut semble s'être efforcé de fuir tout au long de sa vie.

# A Silver Dish

## *Le Plat en argent*

What do you do about death—in this case, the death of an old father? If you're a modern person, sixty years of age, and a man who's been around[1], like Woody Selbst, what do you do? Take this matter of mourning, and take it against a contemporary background. How, against a contemporary background, do you mourn an octogenarian father, nearly blind, his heart enlarged, his lungs filling with fluid, who creeps, stumbles, gives off the odors, the moldiness[2] or gassiness, of old men. I *mean!* As Woody put it, be realistic. Think what times these are. The papers daily give it to you—the Lufthansa pilot in Aden is described by the hostages on his knees, begging the Palestinian terrorists not to execute him, but they shoot him through the head. Later they themselves are killed. And still others shoot others, or shoot themselves. That's what you read in the press, see on the tube[3], mention at dinner. We know now what goes daily through the whole of the human community, like a global death-peristalsis.

Woody, a businessman in South Chicago, was not an ignorant person. He knew more such phrases[4] than you would expect a tile[5] contractor (offices, lobbies, lavatories) to know. The kind of knowledge he had was not the kind for which you get academic[6] degrees. Although Woody had studied for two years in a seminary, preparing to be a minister. Two years of college during the Depression[7] was more than most high-school graduates could afford. After that, in his own vital, picturesque, original way

---

1. **around:** he's been around: *il a pas mal roulé sa bosse; il n'est pas né de la dernière pluie;* it's been around for more than twenty years: *ça existe depuis plus de vingt ans.*

2. **mouldy,** (U.S.) moldy: *moisi;* go mouldy: *moisir;* smell mouldy: *sentir le moisi.*

3. **tube:** *la télé.*

4. **phrase:** *expression;* as the phrase is/goes: *comme on dit, selon l'expression consacrée;* that's exactly the phrase I am looking for: *voilà exactement l'expression que je cherche.*

Qu'est-ce qu'on peut faire face à la mort ? — en l'occurrence, la mort d'un vieux père ? Qu'est-ce qu'on fait si, comme Woody Selbst, on a soixante ans, qu'on est moderne et qu'on a vu du pays ? Prenez cette question du deuil et replacez-la dans l'actualité. Dans le contexte actuel, comment peut-on être en deuil d'un père octogé-naire, presque aveugle avec un cœur énorme et les poumons remplis de liquide, qui se traîne, trébuche, et dégage des odeurs fétides et moisies de vieillard. Enfin, rendez-vous compte ! Comme le disait Woody, soyez réalistes. Pensez à l'époque dans laquelle nous vivons. Il y en a tous les jours plein les journaux : à Aden le pilote de la Lufthansa que les otages décrivent à genoux, suppliant les terroristes palestiniens de ne pas l'exécuter, avant qu'ils lui tirent une balle dans la tête. Plus tard c'est eux qui se font tuer. Et puis il y en a encore des tas d'autres qui tuent ou qui meurent. Voilà ce qu'on lit dans la presse, ce qu'on voit à la télévision, de quoi on parle dans les dîners. On sait maintenant ce qui se passe tous les jours dans la communauté humaine, comme une contraction péristalti-que mortelle à l'échelle du globe.

Woody, homme d'affaires dans le quartier sud de Chicago, n'était pas un ignorant. Il avait à son actif un vocabulaire qu'on ne se serait pas attendu à trouver chez un entrepreneur en carrelage (bureaux, entrées, sanitaires). Il savait le genre de choses qui ne vous donnent pas le moindre diplôme. Et pourtant Woody avait passé deux ans dans un séminaire pour devenir pasteur. Deux ans d'université pendant la grande Dépression, ce n'était pas à la portée de tous les bacheliers. Après la fac, avec l'ardeur, le pittoresque et l'originalité qui le caractérisaient

---

5. **tile:** *tuile, carreau.*
6. **academic:** *universitaire, scolaire.*
7. **the Depression:** les années trente, période de récession économique grave qui a suivi le Krach boursier de Wall Street en 1929.

(Morris, his old man, was also, in his days of nature, vital and picturesque), Woody had read up[1] on many subjects, subscribed to[2] *Science* and other magazines that gave real information, and had taken night courses at De Paul and Northwestern in ecology, criminology, existentialism. Also he had traveled extensively in Japan, Mexico, and Africa, and there was an African experience that was especially relevant to mourning. It was this: on a launch[3] near the Murchison Falls in Uganda, he had seen a buffalo calf[4] seized by a crocodile from the bank of the White Nile. There were giraffes along the tropical river, and hippopotamuses, and baboons, and flamingos and other brilliant birds crossing the bright air in the heat of the morning, when the calf, stepping into the river to drink, was grabbed by the hoof[5] and dragged down. The parent buffaloes couldn't figure it out[6]. Under the water the calf still threshed[7], fought, churned[8] the mud. Woody, the robust traveler, took this in as he sailed by, and to him it looked as if the parent cattle were asking each other dumbly what had happened. He chose to assume that there was pain in this, he read brute grief into it. On the White Nile, Woody had the impression that he had gone back to the pre-Adamite past, and he brought reflections on this impression home to South Chicago. He brought also a bundle of hashish from Kampala. In this he took a chance with the customs inspectors, banking perhaps on his broad build, frank face, high color.

---

1. **read (read, read) up**: *étudier, bûcher, potasser.*

2. **subscribe (to)**: *souscrire à, s'abonner à ; souscrire à une idée ;* I don't subscribe to the idea of helping him: *je ne suis pas partisan de l'aider.*

3. **launch**: *chaloupe.*

4. **calf** [ka:f] pl. **calves** [kɒ:vz]: *petit de l'animal : veau, éléphanteau, faon, baleineau, buffletin.*

5. **hoof**, pl. **hooves**: *sabot* (d'animal).

6. **figure it out**: *arriver à comprendre, résoudre ;* I can't figure that fellow out at all: *je n'arrive pas du tout à comprendre ce type ;* I can't

(Morris, son père, avait, lui ausi, été ardent et pittoresque à son heure), Woody avait beaucoup lu sur des tas de sujets, il s'était abonné au magazine *Science* et à d'autres revues bien informées, il avait suivi des cours du soir à De Paul et à l'Université de Northwestern en écologie, criminologie et existentialisme. Il avait aussi beaucoup voyagé au Japon, au Mexique et en Afrique ; il avait, en Afrique, assisté à une scène en rapport avec le deuil. Voilà ce qui s'était passé : en chaloupe près des chutes Murchison en Ouganda, il avait vu un bufflon se faire prendre par un crocodile sur la rive du Nil Blanc. Le long de ce fleuve tropical, il y avait des girafes, des hippopotames, des babouins, des flamants roses et d'autres oiseaux éclatants traversant l'air brillant dans la chaleur matinale, quand le bufflon, faisant un pas dans la rivière pour boire, s'était fait prendre par le sabot avant d'être entraîné au fond. Les parents buffles n'en revenaient pas. Sous l'eau le petit animal continuait à se débattre, et à lutter en fouettant la boue. Woody, ce voyageur aguerri avait vu la scène depuis le bateau, et il avait eu l'impression que les parents du petit bufflon s'interrogeaient sans comprendre en se demandant l'un à l'autre ce qui s'était passé. Il choisit de voir de la douleur dans leur attitude, il y vit l'expression d'un chagrin brut. Sur le Nil Blanc, Woody avait eu le sentiment de retourner à un passé préadamique et il rapporta avec lui dans la partie sud de Chicago les réflexions nées de cette impression. Il avait aussi rapporté un paquet de haschisch de Kampala. Ce faisant il avait pris un risque avec les douaniers, misant sans doute sur sa forte charpente, son visage franc et son teint rubicond.

---

**figure out how much money we need:** *je n'arrive pas (bien) à calculer la somme qu'il nous faut ;* **I can't figure it out:** *ça me dépasse.*

7. **thresh:** *battre* (le grain).

8. **churn:** *baratter, battre, fouetter.*

He didn't look like a wrongdoer, a bad guy; he looked like
a good guy. But he liked taking chances. Risk was a
wonderful stimulus. He threw down his trenchcoat on the
customs counter. If the inspectors searched[1] the pockets,
he was prepared to say that the coat wasn't his. But he
got away with it[2], and the Thanksgiving[3] turkey was
stuffed with hashish. This was much enjoyed. That was
practically the last feast at which Pop, who also relished
risk or defiance, was present. The hashish Woody had
tried to raise in his backyard from the Africa seeds didn't
take. But behind his warehouse, where the Lincoln
Continental was parked, he kept a patch of marijuana.
There was no harm at all in Woody, but he didn't like
being entirely within the law. It was simply a question of
self-respect.

After that Thanksgiving, Pop gradually sank as if he
had a slow leak. This went on for some years. In and out
of the hospital, he dwindled, his mind wandered, he
couldn't even concentrate enough to complain, except in
exceptional moments on the Sundays Woody regularly
devoted to him. Morris, an amateur who once was taken
seriously by Willie Hoppe, the great pro himself, couldn't
execute the simplest billiard shots anymore. He could only
conceive shots; he began to theorize about impossible
three-cushion combinations. Halina, the Polish woman
with whom Morris had lived for over forty years as man
and wife, was too old herself now to run to the hospital.

---

1. **search:** *fouiller, perquisitionner;* they searched the woods for the
child: *ils ont passé les bois au peigne fin à la recherche de l'enfant;* we
have searched the library for it: *nous l'avons cherché partout dans la
bibliothèque.*

2. **get (got, got) away with it:** (fig.) *s'en tirer à bon compte;* you'll
never get away with that: *on ne te laissera pas passer ça!;* he'd get away
with murder: *il tuerait père et mère qu'on lui pardonnerait.*

3. **Thanksgiving:** fête nationale américaine, célébrée le quatrième
jeudi de novembre ; jour d'action de grâces traditionnellement accom-

Il n'avait pas la tête d'un délinquant ou d'un voyou; il avait l'air d'un brave garçon. Mais il aimait prendre des risques. Le risque était un stimulant épatant. Il jeta son pardessus sur le comptoir de la douane. Si les inspecteurs fouillaient les poches il était prêt à dire que le manteau n'était pas à lui. Mais il s'en était tiré, et la dinde de Thanksgiving avait été farcie au haschisch. Cela avait été un vrai succès. C'était pratiquement le dernier repas de fête auquel ait assisté Pop, lui aussi grand amateur de risque et de provocation. Le haschisch que Woody avait essayé de faire pousser dans son jardin avec les graines rapportées d'Afrique n'avait jamais levé, mais derrière son entrepôt, là où il garait sa Lincoln Continental il avait un carré de marijuana. Woody n'était pas un mauvais bougre, mais il n'aimait pas rester tout à fait dans la légalité. C'était tout bonnement une question d'amour-propre.

Après ce Thanksgiving mémorable, Pop avait commencé à décliner comme s'il se vidait lentement. Le processus avait duré quelques années. D'hôpital en hôpital, il s'éteignait, son esprit battait la campagne, et il ne pouvait même pas se concentrer suffisamment pour se plaindre, sauf à des moments exceptionnels le dimanche, jour que Woody lui consacrait régulièrement.

Morris joueur de billard amateur qui autrefois en imposait à Willie Hoppe, le grand professionnel en personne, était désormais incapable d'exécuter le moindre coup. Il se contentait de les imaginer, et se mit à élaborer des théories sur d'impossibles combinaisons à trois détentes. Halina, la compagne polonaise de Morris depuis plus de quarante ans était elle-même trop âgée pour courir à l'hôpital.

---

pagné d'un repas de dinde, patates douces et tarte à la citrouille. Cette fête commémore la bonne récolte des Pèlerins en 1621.

So Woody had to do it. There was Woody's mother, too—a Christian convert[1]—needing care; she was over eighty and frequently hospitalized. Everybody had diabetes and pleurisy and arthritis and cataracts and cardiac pacemakers. And everybody had lived by the body, but the body was giving out[2].

There were Woody's two sisters as well, unmarried, in their fifties, very Christian, very straight, still living with Mama in an entirely Christian bungalow. Woody, who took full responsibility for them all, occasionally had to put one of the girls (they had become sick girls) in a mental institution. Nothing severe. The sisters were wonderful women, both of them gorgeous once, but neither of the poor things was playing with a full deck[3]. And all the factions had to be kept separate—Mama, the Christian convert; the fundamentalist sisters; Pop, who read the Yiddish paper as long as he could still see print[4]; Halina, a good Catholic. Woody, the seminary forty years behind him, described himself as an agnostic. Pop had no more religion than you could find in the Yiddish paper, but he made Woody promise to bury him among Jews, and that was where he lay now, in the Hawaiian shirt Woody had bought for him at the tilers' convention in Honolulu. Woody would allow no[5] undertaker's assistant to dress him,

---

1. **convert:** *converti(e)*; **become a convert to:** *se convertir à.*

2. **give (gave, given) out:** *s'épuiser, être à bout, tomber en panne*; **my strength is giving out:** *je suis à bout de forces, je n'en peux plus*; **my patience gave out:** *j'ai perdu patience, la patience m'a manqué*; **my watch is giving out:** *ma montre est en train de rendre l'âme.*

3. **deck (of cards):** *jeu de cartes*. Cette expression imagée signifie mot à mot qu'elles n'ont pas toutes les cartes en main, ce qui veut dire qu'il leur manque quelques cases, ou que quelques plombs ont sauté.

4. **print:** *caractères, texte imprimé*; **in small/large print:** *en petits/gros caractères*; **read the small/fine print before you sign:** *lisez toutes les clauses avant de signer.*

5. **Woody would allow no:** **would** avec une négation exprime le refus

C'est donc Woody qui y allait. Il y avait aussi la mère de Woody, convertie au christianisme, qui avait besoin qu'on s'occupe d'elle. A plus de quatre-vingts ans elle était souvent hospitalisée. Tout le monde avait du diabète, des pleurésies, de l'arthrite, des cataractes, et des pacemakers. Tout le monde avait vécu dans le respect du corps, mais le corps les trahissait tous.

Il y avait également les deux sœurs de Woody, célibataires, la cinquantaine, très chrétiennes, très droites, vivant toujours avec maman dans un pavillon cent pour cent chrétien. Woody, qui les avait toutes prises en charge, devait de temps à autre placer l'une des filles dans une institution psychiatrique (c'étaient des filles qui tombaient malades). Mais rien de grave. Les sœurs étaient des femmes formidables, des beautés dans leur jeunesse, mais les deux malheureuses avaient chacune quelques plombs de sautés. De plus il fallait essayer de maintenir une distance entre ces deux dogmes — la mère, chrétienne convertie, les sœurs fondamentalistes, Pop qui avait continué à lire le journal yiddish tant qu'il pouvait encore voir les caractères d'imprimerie, et enfin Halina, qui était une bonne catholique. Quant à Woody, avec un passé de séminariste vieux de quarante ans, il se déclarait agnostique. La religion de Pop se limitait à ce qu'on pouvait trouver dans le journal yiddish, mais il avait fait promettre à Woody de l'enterrer parmi les Juifs et c'est là qu'il reposait désormais, vêtu de la chemise hawaïenne que Woody lui avait rapportée du Congrès de carreleurs à Honolulu. Woody n'avait pas voulu laisser les employés des pompes funèbres l'habiller,

---

obstiné. Ce détail est à l'image du lien affectif très fort qui unit le père Pop et son fils Woody. Le deuil du père est l'occasion de ce récit qui va retracer les relations compliquées du père avec son fils depuis l'origine. La religion sert de toile de fond et dans l'épisode du plat en argent proprement dit elle joue un rôle important.

but came to the parlor and buttoned the stiff[1] into the shirt himself, and the old man went down looking like Ben-Gurion[2] in a simple wooden coffin, sure to rot fast. That was how Woody wanted it all. At the graveside, he had taken off and folded his jacket, rolled up[3] his sleeves on thick freckled[4] biceps, waved back the little tractor standing by, and shoveled[5] the dirt himself. His big face, broad at the bottom, narrowed upward like a Dutch house. And, his small good lower teeth taking hold of the upper lip in his exertion, he performed the final duty of a son. He was very fit, so it must have been emotion, not the shoveling, that made him redden so. After the funeral, he went home with Halina and her son, a decent Polack like his mother, and talented, too—Mitosh played the organ at hockey and basketball games in the Stadium, which took a smart man because it was a rabble[6]-rousing kind of occupation—and they had some drinks and comforted the old girl. Halina was true blue, always one hundred percent for Morris.

Then for the rest of the week Woody was busy, had jobs to run, office responsibilities, family responsibilities. He lived alone; as did his wife; as did his mistress: everybody in a separate establishment. Since his wife, after fifteen years of separation, had not learned to take care of herself, Woody did her shopping on Fridays, filled her freezer. He had to take her this week to buy shoes.

---

1. **stiff:** *macchabée.*
2. **Ben Gourion** (1886-1973): homme politique israélien. À la suite des pogroms il s'établit en Palestine (1906). Porte-parole du sionisme, il travailla dès 1917 à l'union des diverses tendances socialistes. Fondateur du Parti social démocrate. Proclame l'État d'Israël en mai 1948. Premier ministre de 1948 à 1953 et de 1955 à 1963.
3. **roll up:** *rouler;* **roll up one's sleeves:** *retrousser ses manches.*
4. **freckled:** *couvert de taches de rousseur, de son.*
5. **shovel:** *pelleter, enlever à la pelle;* **shovel earth into a pile:** *pelleter la terre pour faire un tas;* (fig.) **he shovelled the food into his mouth:** *il*

il était venu dans la salle mortuaire et avait lui-même mis
la chemise au macchabée. Le vieil homme qui ressemblait
à Ben Gourion avait été porté en terre dans un simple
cercueil de bois, et il était certain que sa décomposition
serait rapide. C'est ainsi que Woody avait voulu que les
choses se passent. Devant la tombe il avait enlevé sa veste,
l'avait pliée, avait retroussé ses manches découvrant ses
gros biceps tachés de son, renvoyé le petit tracteur qui se
tenait là et il avait lui-même pelleté la terre. Son large
visage évasé vers le bas se rétrécissait vers le haut comme
une maison hollandaise. C'est en se mordant, sous l'effort,
la lèvre supérieure avec ses petites dents du bas encore
bonnes qu'il avait accompli son devoir filial. Il était en très
bonne forme physique, c'est donc l'émotion plus que
l'action qui l'avait fait rougir à ce point. Après l'enterrement, il était rentré chez lui avec Halina et son fils, brave
Polack comme sa mère, et en plus bourré de talent.
(Mitosh jouait de l'orgue au stade pour les matchs de
hockey et de basket-ball, ce qui n'était pas rien, car c'était
le genre d'emploi à déclencher des bagarres). Ils avaient
bu quelques verres et consolé cette bonne vieille Halina.
Halina était loyale à cent pour cent ; elle avait toujours été
à fond derrière Morris.

Puis tout le reste de la semaine, Woody avait été occupé
par du boulot à finir, des obligations professionnelles et des
responsabilités familiales. Il vivait seul ; sa femme et sa
maîtresse aussi ; chacun chez soi. Comme sa femme était
toujours, au bout de quinze ans de séparation, incapable
de se débrouiller toute seule, Woody lui faisait ses courses
le vendredi, et remplissait son congélateur. Cette semaine
il devait l'emmener s'acheter des chaussures.

---

*enfournait la nourriture dans sa bouche.*
  6. **rabble**: *cohue, foule* ; **the rabble**: *la populace* ; **rabble-rouser**:
*fomentateur de troubles, agitateur* ; **rabble-rousing**: *incitation à la
violence ; qui incite à la violence.*

Also, Friday night he always spent with Helen—Helen was his wife de facto. Saturday he did his big weekly shopping. Saturday night he devoted to Mom and his sisters. So he was too busy to attend to[1] his own feelings except, intermittently, to note to himself, "First Thursday in the grave." "First Friday, and fine weather." "First Saturday; he's got to be getting used to it." Under his breath he occasionally said, "Oh, Pop."

But it was Sunday that hit[2] him, when the bells rang all over South Chicago—the Urkainian, Roman Catholic, Greek, Russian, African Methodist churches, sounding off one after another. Woody had his offices in his warehouse, and there had built an apartment for himself, very spacious and convenient, in the top story[3]. Because he left every Sunday morning at seven to spend the day with Pop, he had forgotten by how many churches Selbst Tile Company was surrounded. He was still in bed when he heard the bells, and all at once[4] he knew how heartbroken[5] he was. This sudden big heartache[6] in a man of sixty, a practical, physical, healthy-minded, and experienced man, was deeply unpleasant. When he had an unpleasant condition[7], he believed in taking something for it. So he thought: What shall I take? There were plenty of remedies available. His cellar[8] was stocked with cases of Scotch whisky, Polish vodka, Armagnac, Moselle, Burgundy.

---

1. **attend to:** *faire attention à; s'occuper de;* **attend to a customer:** *s'occuper d'un client;* **are you being attended to?:** *est-ce qu'on s'occupe de vous?*

2. **hit (hit, hit):** *frapper.*

3. **storey:** (U.S. **story**): *étage.*

4. **at once:** *tout de suite, immédiatement;* **all at once:** *tout à coup, tout d'un coup.*

5. **heartbroken:** *navré, au cœur brisé;* **she was heartbroken about it:** *elle en a eu un immense chagrin.*

6. **heartache** ['hɒ:teɪk]: *chagrin, douleur.*

Le vendredi soir, il le passait toujours avec Hélène ; Hélène, c'était sa femme de facto. Le samedi il faisait son grand marché pour la semaine. Le samedi soir était consacré à sa mère et à ses sœurs. Il était donc trop pris pour se préoccuper de ses propres sentiments, si ce n'est, par intermittence, quand il se disait : « Premier jeudi sous terre. » « Premier vendredi, et il fait beau. » « Premier samedi ; il doit bien s'y habituer. » A mi-voix il murmurait parfois : « Oh, Pop. »

Mais c'est le dimanche qu'il avait reçu un choc quand les cloches s'étaient mises à sonner dans tout le quartier sud de Chicago — des cloches ukrainiennes, catholiques, grecques, russes, méthodistes africaines carillonnant les unes après les autres. Woody avait ses bureaux dans son entrepôt et il s'y était aménagé un appartement privé, très spacieux et très fonctionnel au dernier étage. Avant, comme il partait tous les dimanches matin à sept heures pour passer la journée avec Pop, il avait oublié que l'entreprise Selbst-Carrelages était entourée de tant d'églises. Il était encore au lit quand il avait entendu les cloches et avait découvert brutalement à quel point il avait du chagrin. Cet énorme chagrin tombant d'un bloc sur un homme de soixante ans, les pieds sur terre, sain de corps et d'esprit, et plein d'expérience, c'était très dur à supporter. Quant il se sentait patraque il croyait aux vertus d'un petit remontant. Aussi se dit-il : « Qu'est-ce que je vais pouvoir prendre pour me soigner ? » Il avait des tas de remèdes à portée de la main. Sa cave regorgeait de caisses de whisky écossais, de vodka polonaise, d'armagnac, de vins de Moselle et de Bourgogne.

---

7. **condition:** *état, condition ;* **in condition:** *en forme, en bonne condition physique ;* **she was not in a condition/any condition to go out:** *elle n'était pas en état de sortir.*

8. **cellar:** *cave, cellier ;* **he keeps an excellent cellar:** *il a une excellente cave.*

There were also freezers with steaks and with game[1] and with Alaskan king[2] crab. He bought with a broad hand— by the crate[3] and by the dozen. But in the end, when he got out of bed, he took nothing but a cup of coffee. While the kettle was heating, he put on his Japanese judo-style suit and sat down to reflect.

Woody was moved when things were *honest.* Bearing beams were honest, undisguised concrete pillars inside high-rise[4] apartments were honest. It was bad to cover up anything. He hated faking[5]. Stone was honest. Metal was honest. These Sunday bells were very straight. They broke loose, they wagged[6] and rocked, and the vibrations and the banging did something for him—cleansed[7] his insides, purified his blood. A bell was a one-way throat, had only one thing to tell you and simply told it. He listened.

He had had some connections with bells and churches. He was after all something of a Christian. Born a Jew, he was a Jew facially, with a hint of Iroquois or Cherokee, but his mother had been converted more than fifty years ago by her brother-in-law, the Reverend Doctor Kovner. Kovner, a rabbinical student who had left the Hebrew Union College in Cincinnati to become a minister and establish a mission, had given Woody a partly Christian upbringing[8]. Now, Pop was on the outs with these fundamentalists. He said that the Jews came to the mission to get coffee, bacon, canned pineapple, day-old bread, and dairy products.

---

1. **game:** *gibier;* **big/small game:** *gros/menu gibier.*
2. **king:** *grand, géant;* **king-size bed:** *grand lit* (de 1,80 m de large); **king-size(d) cigarettes:** *cigarettes longues;* **I've got a king-size(d) headache:** *j'ai un mal de crâne à tout casser.*
3. **crate:** *cageot, caisse.*
4. **high-rise block, hig-rise flats:** *tour.*
5. **fake:** *faire un faux, maquiller, falsifier;* **fake illness:** *faire semblant d'être malade, simuler la maladie.*
6. **wag:** *agiter, remuer, frétiller;* (fig.) **his tongue never stops wagging:**

Il avait aussi des congélateurs remplis de steaks, de gibier et de crabe géant d'Alaska. Il achetait en grand, par caisses ou par douzaines. Mais finalement, en se levant il n'avait rien pris qu'un café. Pendant que la bouilloire chauffait il avait enfilé son espèce de tenue de judoka japonais et s'était assis pour réfléchir.

Woody était sensible à ce qui est franc. Des poutres de soutènement, c'est franc, des poteaux en béton apparents dans les appartements des tours, c'est franc. Il n'aimait pas les camouflages. Il détestait le faux-semblant. La pierre, c'est franc, le métal aussi. Ces cloches dominicales étaient sans détour. Elles se lançaient, elles se balançaient à toute volée, et ces vibrations, ce martèlement lui faisaient du bien : il en était lavé jusqu'aux entrailles, son sang était purifié. Une cloche, c'était une gorge à sens unique, elle n'avait qu'une seule chose à vous dire et elle vous le disait tout simplement. Il écouta.

Ni les cloches ni les églises ne lui étaient totalement étrangères. Après tout, c'était une espèce de chrétien. Né juif, il avait le visage d'un juif, avec un faux air d'Iroquois ou de Cherokee, mais il y avait plus de cinquante ans que sa mère avait été convertie par son beau-frère, le Révérend Kovner. Kovner, étudiant à l'école rabbinique, ayant quitté l'Université hébraïque de Cincinnati pour devenir pasteur et établir une mission, avait donné à Woody une part d'éducation chrétienne. Mais Pop était brouillé avec ces fondamentalistes. Il disait que les Juifs fréquentaient la mission pour avoir du café, du bacon, de l'ananas en boîte, du pain de la veille et des laitages.

---

*il a la langue bien pendue ;* **the news set tongues wagging:** *la nouvelle a fait jaser.*

7. **cleanse** [klenz]: *nettoyer, curer, purifier ;* **cleanse the blood:** *épurer le sang.*

8. **upbringing:** *éducation ;* **he owed his success to his upbringing:** *il devait son succès à son éducation.*

And if they had to listen to sermons, that was okay—this
was the Depression and you couldn't be too particular[1]—
but he knew they sold the bacon.

The Gospels said it plainly: "Salvation is from the
Jews."

Backing the Reverend Doctor were wealthy fundamentalists, mainly Swedes, eager to speed up the Second
Coming by converting all Jews. The foremost[2] of Kovner's
backers was Mrs. Skoglund, who had inherited a large
dairy business from her late husband. Woody was under
her special protection.

Woody was fourteen years of age when Pop took off[3]
with Halina, who worked in his shop, leaving his difficult
Christian wife and his converted son and his small
daughters. He came to Woody in the backyard one spring
day and said, "From now on you're the man of the
house." Woody was practicing with a golf club, knocking
off[4] the heads of dandelions[5]. Pop came into the yard in
his good suit, which was too hot for the weather, and
when he took off his fedora[6] the skin of his head was
marked with a deep ring and the sweat was sprinkled
over his scalp—more drops than hairs. He said, "I'm
going to move out." Pop was anxious, but he was set to
go—determined. "It's no use. I can't live a life like this."
Envisioning the life Pop simply *had* to live, his free life,
Woody was able to picture him in the billiard parlor,

---

1. **particular**: *pointilleux, difficile, exigeant;* **she is particular about
whom she talks to:** *elle ne parle pas à n'importe qui;* **he is particular about
his food:** *il est difficile pour la nourriture;* **which do you want?—** **I am not
particular:** *lequel voulez-vous?— Cela m'est égal,* ou, *je n'ai pas de
préférence.*
2. **foremost**: *principal, le plus en vue, le plus en avant;* **first and
foremost:** *tout d'abord, en tout premier lieu.*
3. **take (took, taken) off**: *partir; décoller, s'envoler* (avion).
4. **knock off**: *faire tomber;* **I'll knock your block off:** *je vais te casser la
gueule.*

Si en prime on leur faisait écouter des sermons, ce n'était pas grave, c'était la grande Dépression, et on ne pouvait pas trop en demander, mais en fait il savait qu'ils revendaient le bacon.

Les Evangiles le disaient clairement : « Le salut vient des Juifs. »

Le Révérend Docteur Kovner avait, pour le soutenir, des fondamentalistes fortunés, suédois pour la plupart, désireux d'accélérer le deuxième avènement du Christ en convertissant tous les Juifs. Le plus ardent soutien de Kovner était Mrs Skoglund qui, à la mort de son mari, avait hérité d'une grande entreprise laitière. Woody était tout particulièrement placé sous sa protection.

Woody avait quatorze ans quand Pop avait filé avec Halina, une employée de son magasin, laissant derrière lui sa femme chrétienne acariâtre, son fils converti et ses deux petites filles. Un beau jour de printemps il s'était approché de Woody dans le jardin et lui avait dit : « A partir de maintenant c'est toi l'homme de la maison. » Woody s'entraînait avec un club de golf, à décapiter les pissenlits. Pop était venu dans le jardin, vêtu de son plus beau costume, trop chaud pour la saison, et quand il avait ôté son chapeau mou, un sillon creusait la peau de son crâne, et des gouttes de sueur perlaient sur son cuir chevelu ; il y avait plus de gouttes que de cheveux. Il déclara : « Je vais quitter la maison. » Pop était inquiet mais il était déterminé à partir, c'était clair. « Ce n'est pas la peine d'insister, je ne peux plus vivre comme ça. » Woody se mit à imaginer la vie qu'il voulait absolument mener, une fois libre, et il voyait Pop fréquenter le club de billard,

---

5. **dandelion**: *pissenlit* (dent de lion, à cause de la découpe des feuilles).
6. **fedora**: *chapeau mou, feutre mou.*

under the El[1] tracks in a crap game, or playing poker at Brown and Koppel's upstairs. "You're going to be the man of the house," said Pop. "It's okay. I put you all on welfare. I just got back from Wabansia Avenue, from the relief[2] station." Hence[3] the suit and the hat. "They're sending out a caseworker[4]." Then he said, "You got to lend me money[5] to buy gasoline—the caddie money you saved."

Understanding that Pop couldn't get away without his help, Woody turned over[6] to him all he had earned at the Sunset Ridge Country Club in Winnetka. Pop felt that the valuable life lesson he was transmitting was worth far more than these dollars, and whenever he was conning his boy a sort of high-priest expression came down over his bent nose, his ruddy face. The children, who got their finest ideas at the movies, called him Richard Dix. Later, when the comic strip came out, they said he was Dick Tracy[7].

As Woody now saw it, under the tumbling bells, he had bankrolled[8] his own desertion. Ha ha! He found this delightful; and especially Pop's attitude of "That'll teach you to trust your father." Fort this was a demonstration on behalf of real life and free instincts, against religion and hypocrisy. But mainly it was aimed against being a fool, the disgrace of foolishness. Pop had it in for the Reverend Doctor Kovner, not because he was an apostate (Pop couldn't have cared less),

---

1. **the El:** *le métro aérien* (Elevated) de Chicago.

2. **relief:** *aide, assistance;* (U.S.) *aides sociales;* get relief, be on relief: *bénéficier de l'aide sociale.*

3. **hence:** *d'où, de là.*

4. **casework:** *étude de cas sociaux individuels;* caseworker: équivalent d'*assistante sociale.*

5. **lend me money:** l'absence de scrupules du père, qui demande à son fils mineur de lui donner son argent de poche pour mieux abandonner sa famille, en dit long sur son sens des responsabilités familiales !

jouer au 421 sous le métro aérien, ou au poker chez Brown
et Koppel dans la salle du premier étage. Pop avait dit :
« Tu vas être l'homme de la maison. — Pas de problème.
Je vous ai tous inscrits à la sécurité sociale. Je reviens
justement du bureau d'entraide, avenue Wabansia. » D'où
le costume et le chapeau. « Ils vous envoient une assistante
sociale. » Puis il avait ajouté : « Il faut que tu me prêtes de
l'argent pour acheter de l'essence — l'argent que tu as mis
de côté au golf. »

Voyant que Pop ne pouvait pas s'en sortir sans son aide,
Woody versa à son père tout ce qu'il avait gagné au
country club Sunset Ridge de Winnetka. Pop était
convaincu que l'irremplaçable leçon de vie qu'il transmet-
tait ainsi valait beaucoup mieux que ces quelques dollars,
et à chaque fois qu'il escroquait son fils son nez busqué et
son visage rubicond prenaient un air sacerdotal.

Les enfants qui tiraient toutes leurs bonnes idées du
cinéma l'appelaient Richard Dix. Par la suite quand la
bande dessinée avait paru ils avaient dit que Dick Tracy
c'était lui.

Aujourd'hui, dans ce tintamarre de cloches, Woody
voyait les choses différemment : il avait financé lui-même
son propre abandon. Ha ! Ha ! elle était bien bonne ; et
surtout l'attitude de Pop du style « Ça t'apprendra à faire
confiance à ton père » car c'était un plaidoyer exemplaire
pour la vie vraie et la libération des instincts, contre la
religion et l'hypocrisie. Mais c'était surtout un pied de nez
aux imbéciles, au scandale de l'imbécillité. Pop en avait
après le Révérend Kovner, non pas parce qu'il était
apostat (ce qui était le cadet de ses soucis),

---

6. **turn over**: *livrer* (**to**, *à*).

7. **Dick Tracy**: héros de bandes dessinées américaines des années
trente.

8. **bankroll**: *financer*.

not because the mission was a racket[1] (he admitted that
the Reverend Doctor was personally honest), but because
Doctor Kovner behaved foolishly, spoke like a fool, and
acted like a fiddler. He tossed his hair like a Paganini[2]
(this was Woody's addition; Pop had never even heard of
Paganini). Proof that he was not a spiritual leader was
that he converted Jewish women by stealing their hearts.
"He works up[3] all those broads[4]," said Pop. "He doesn't
even know it himself, I swear he doesn't know how he
gets them."

From the other side, Kovner often warned Woody, "Your
father is a dangerous person. Of course, you love him; you
should love him and forgive him, Voodrow, but you are
old enough to understand he is leading a life of wice."

It was all petty stuff: Pop's sinning was on a boy level
and therefore made a big impression on a boy. And on
Mother. Are wives children, or what? Mother often said, "I
hope you put that brute in your prayers. Look what he
has done to us. But only pray for him, don't see him." But
he saw him all the time. Woodrow was leading a double
life, sacred and profane. He accepted Jesus Christ as his
personal redeemer. Aunt Rebecca took advantage of this.
She made him work. He had to work under Aunt Rebecca.
He filled in for the janitor at the mission and settlement
house. In winter, he had to feed the coal furnace, and on
some nights he slept near the furnace room, on the pool
table.

---

1. **racket**: *escroquerie, racket;* **the stolen car racket:** *le trafic de
voitures volées;* **that firm is on to quite a racket:** *cette compagnie a trouvé
une jolie combine;* **he's in on the racket:** *il est dans le coup;* **what's your
racket?:** *Qu'est-ce que vous faites dans la vie?*

2. **Paganini**: violoniste italien (1782-1840). Enfant prodige il se
produisit très tôt en public. Doué d'un étonnant génie d'interprète, il
déchaîna l'enthousiasme de ses contemporains par le caractère réelle-
ment démoniaque de son jeu, et a contribué à l'évolution de l'art du
violon par de nombreuses innovations techniques.

ni parce que la mission faisait du trafic (il reconnaissait
que le Révérend Kovner était, personnellement, un
homme honnête) mais parce que le Docteur Kovner était
ridicule, parlait comme un imbécile, et se comportait
comme un violoneux. Il rejetait sa chevelure en arrière
comme Paganini (ça, c'est Woody qui l'ajoutait, car Pop
n'avait seulement jamais entendu parler de Paganini). La
preuve même que ce n'était pas un guide spirituel, c'est
qu'il convertissait les Juives en les séduisant. « Il les excite,
toutes ces gonzesses, disait Pop, il ne s'en rend même pas
compte, je parie qu'il ne sait même pas comment il les
emballe. »

De son côté Kovner avait souvent mis Woody en garde :
« Ton père est dangereux. Bien sûr tu l'aimes, c'est bien de
l'aimer et de lui pardonner, Woodrow, mais tu es assez
grand pour comprendre qu'il *fit* dans le *fice*. »

Tout cela volait assez bas : les péchés de Pop étaient
dignes d'un gosse, et faisaient ainsi forte impression sur un
jeune garçon. Sur Maman aussi. C'était à croire que les
épouses étaient comme des enfants. Ma mère disait
souvent : « J'espère que vous priez pour cette brute.
Regardez ce qu'il nous a fait mais contentez-vous de prier,
ne le voyez pas. » Mais il le voyait sans arrêt. Woodrow
menait une double vie, la sacrée et la profane. Il acceptait
Jésus Christ comme son sauveur personnel. Tante Rebecca
profitait de la situation. Elle le fit travailler. Il fallait qu'il
travaille sous les ordres de tante Rebecca. Il remplaça le
gardien à la maison de la mission et de la colonie. En hiver
il devait alimenter la chaudière à charbon, et certaines
nuits il dormait près de la chaufferie sur la table de
billard.

---

3. **work up**: he worked the crowd up into a fury: *il a déchaîné la fureur
de la foule*; work up an appetite: *s'ouvrir l'appétit*.
   4. **broad**: *nana, putain*.

He also picked[1] the lock of the storeroom. He took canned pineapple and cut bacon from the flitch with his pocket-knife. He crammed himself with uncooked bacon. He had a big frame[2] to fill out.

Only now, sipping Melitta coffee, he asked himself: Had he been so hungry? No, he loved being reckless[3]. He was fighting Aunt Rebecca Kovner when he took out his knife and got on a box to reach the bacon. She didn't know, she couldn't prove that Woody, such a frank, strong, positive boy, who looked you in the eye, so direct, was a thief also. But he was also a thief. Whenever she looked at him, he knew that she was seeing his father. In the curve of his nose, the movements of his eyes, the thickness of his body, in his healthy face, she saw that wicked savage Morris.

Morris, you see, had been a street boy in Liverpool— Woody's mother and her sister were British by birth. Morris's Polish family, on their way to America, abandoned him in Liverpool because he had an eye infection and they would all have been sent back from Ellis Island[4]. They stopped awhile in England, but his eyes kept running and they ditched him. They slipped away, and he had to make out alone in Liverpool at the age of twelve. Mother came of better people. Pop, who slept in the cellar of her house, fell in love with her. At sixteen, scabbing during a seamen's strike, he shoveled his way across the Atlantic and jumped ship in Brooklyn.

---

1. **pick: pick a lock:** *crocheter une serrure ;* **pick pockets:** *pratiquer le vol à la tire ;* **I've had my pocket picked:** *on m'a fait les poches.*
2. **frame:** *charpente, carcasse, châssis, ossature ;* **her frame was shaken with sobs:** *toute sa personne était secouée de sanglots ;* **his large frame:** *son grand corps ;* **frame of mind:** *humeur, disposition.*
3. **reckless:** *insouciant, imprudent, téméraire, casse-cou ;* **a reckless driver:** *automobiliste imprudent.*
4. **Ellis Island:** petite île située à 1 km de Liberty Island au large de Manhattan, qui abrite actuellement les anciens services d'immigration.

Il crochetait la serrure de la réserve pour prendre de l'ananas en boîte, et se coupait des tranches de bacon dans la flèche, avec son couteau de poche. Il s'empiffrait de bacon cru : il avait une grande carcasse à nourrir.

Aujourd'hui il se demandait, en sirotant son café Melitta, s'il avait été si affamé que cela. Non, sûrement pas, mais, en fait ce qui lui plaisait c'était le côté casse-cou de l'affaire. Il se révoltait contre la tante Rebecca Kovner chaque fois qu'il prenait son couteau et qu'il grimpait sur une caisse pour attraper le bacon. Elle ne savait pas, elle ne pouvait pas prouver que Woody, ce garçon si franc, si solide, si coopératif, si direct et qui vous regardait bien droit dans les yeux était aussi un voleur. Et pourtant c'était vrai. A chaque fois qu'elle le regardait il savait qu'à travers lui elle voyait son père. Dans son nez busqué, ses mouvements d'yeux, sa corpulence, son visage sain, elle voyait l'affreux Morris.

C'est que Morris, voyez-vous, avait été un gamin des rues à Liverpool — la mère de Woody et sa sœur étaient britanniques de naissance. En partance pour l'Amérique, la famille de Morris d'origine polonaise, l'avait abandonné à Liverpool parce qu'il avait une infection oculaire, et qu'à Ellis Island ils auraient tous été refoulés. Ils avaient fait escale en Angleterre, mais comme ses yeux continuaient de couler, ils l'avaient largué. Ils avaient filé et il avait fallu qu'il se débrouille tout seul à Liverpool à l'âge de douze ans. Maman venait d'un milieu plus reluisant. Pop, qui dormait dans la cave de leur maison était tombé amoureux d'elle. A seize ans, profitant d'une grève de marins pour se faire embaucher, il avait traversé l'Atlantique en pelletant du charbon et à Brooklyn il avait déserté le navire.

---

Avant d'atteindre New York, les nouveaux arrivants devaient obligatoirement transiter par Ellis Island. De 1892 à 1954 16 millions de personnes séjournèrent sur l'île.

He became an American, and America never knew it. He voted without papers, he drove without a license, he paid no taxes, he cut every corner. Horses, cards, billiards, and women were his lifelong[1] interests, in ascending order. Did he love anyone (he was so busy)? Yes, he loved Halina. He loved his son. To this day, Mother believed that he had loved her most and always wanted to come back. This gave her a chance to act the queen, with her plump[2] wrists and faded Queen Victoria face. "The girls are instructed never to admit him," she said. The Empress of India speaking.

Bell-battered[3] Woodrow's soul was whirling this Sunday morning, indoors and out, to the past, back to his upper corner of the warehouse, laid out with such originality—the bells coming and going, metal on naked metal, until the bell circle expanded over the whole of steel-making, oil-refining, power-producing mid-autumn South Chicago, and all its Croatians, Ukrainians, Greeks, Poles[4], and respectable blacks heading for their churches to hear Mass or to sing hymns.

Woody himself had been a good hymn singer. He still knew the hymns. He had testified[5], too. He was often sent by Aunt Rebecca to get up and tell a churchful of Scandihoovians that he, a Jewish lad, accepted Jesus Christ. For this she paid him fifty cents.

---

1. **lifelong:** *de toute une vie*; **a lifelong friend:** *un ami de toujours*; **it is a lifelong task:** *c'est le travail de toute une vie*.

2. **plump:** *grassouillet, empâté, dodu, potelé*.

3. **batter:** *battre, frappé*; **ship battered by the waves:** *navire battu par les vagues*; **town battered by bombing**; *ville ravagée par les bombardements*.

4. **Croatians, Ukranians, Greeks, Poles:** Chicago a recueilli des vagues d'immigrés venus surtout d'Europe de l'Est, et qui ont conservé leurs traditions religieuses. D'où le caractère cosmopolite de la ville.

5. **testify:** *témoigner, faire une déclaration sous serment*; **as he will testify:** *comme il en fera foi*; **testify against/for** *déposer contre/en faveur de*; **testify to:** *attester quelque chose*.

Il était devenu américain sans que l'Amérique n'en sache rien. Il avait voté sans papiers, conduit sans permis, n'avait jamais payé d'impôts, avait adopté le système D. Toute sa vie les chevaux, les cartes, le billard, et les femmes avaient été par ordre croissant ses seuls intérêts. Avait-il aimé quelqu'un ? Oui, Halina, il l'aimait. Il aimait aussi son fils. Mère croyait encore que c'était elle qu'il aimait le plus et qu'il n'aspirait qu'à revenir. Ce qui lui donnait la possibilité de prendre de grands airs, avec ses poignets dodus, et son visage fané de reine Victoria. « Les filles ont reçu l'ordre de ne jamais le laisser entrer », disait-elle. L'impératrice des Indes avait parlé.

L'âme de Woodrow, secouée par le bruit des cloches, tournoyait en ce dimanche matin à la fois dedans et dehors, s'éloignant vers le passé, pour revenir dans son pigeonnier en haut de l'entrepôt, arrangé avec tant d'originalité — les cloches allaient et venaient, métal contre métal brut, jusqu'à former un cercle sonore qui englobait en cette mi-automne toute la partie sud de Chicago, avec sa métallurgie, ses raffineries de pétrole, ses centrales électriques, avec tous les Croatiens, les Ukrainiens, les Grecs, les Polonais, et les Noirs respectables qui se dirigeaient vers leur église pour entendre la messe ou chanter des cantiques.

Woody lui-même avait été un bon chanteur de cantiques. Il s'en souvenait encore. Et puis, il avait même fait profession de foi. La tante Rebecca lui avait souvent demandé de se lever pour dire devant une assemblée de Scandinaves que lui, jeune Juif, avait accepté Jésus Christ. Elle le payait cinquante cents à chaque fois.

---

Ce genre de pratique où Woody vient donner la preuve de sa conversion au christianisme devant une assemblée de fidèles fait partie des modestes compromissions qu'il doit accepter afin d'être assuré de sa subsistance. Il en donnera plus tard les détails.

She made the disbursement. She was the book-keeper,
fiscal chief, general manager of the mission. The Reverend Doctor didn't know a thing about the operation.
What the Doctor supplied[1] was the fervor. He was
genuine, a wonderful preacher. And what about Woody
himself? He also had fervor. He was drawn to the
Reverend Doctor. The Reverend Doctor taught him to lift
up his eyes, gave him his higher life. Apart from this
higher life, the rest was Chicago—the ways of Chicago,
which came so natural that nobody thought to question
them. So, for instance, in 1933 (what ancient, ancient
times!), at the Century of Progress World's Fair[2], when
Woody was a coolie and pulled a rickshaw, wearing a
peaked straw hat and trotting with powerful, thick legs,
while the brawny[3] red farmers—his boozing[4] passengers—
were laughing their heads off[5] and pestered him for
whores, he, although a freshman at the seminary, saw
nothing wrong, when girls asked him to steer a little
business their way, in making dates and accepting tips
from both sides. He necked in Grant Park with a powerful
girl who had to go home quickly to nurse her baby.
Smelling of milk, she rode beside him on the streetcar to
the West Side, squeezing his rickshaw puller's thigh and
wetting her blouse. This was the Roosevelt Road car.
Then, in the apartment where she lived with her mother,
he couldn't remember that there were any husbands
around.

---

1. **supply:** *fournir, procurer,* **sheep supply wool:** *les moutons donnent de
la laine;* **we supply the tools for the job:** *nous fournissons les outils
nécessaires pour faire le travail.*

2. **the Century of Progress World's Fair:** en 1933 29 millions de
personnes (battant le record de l'exposition colombienne de 1883
commémorant la découverte de l'Amérique), visitèrent la seconde
exposition universelle pour le centenaire de la ville.

3. **brawny:** *vigoureux, fort, musculeux, costaud.*

4. **booze:** v. *biberonner, lever le coude;* n. *boisson alcoolisée:* **I'm**

C'est elle qui déboursait l'argent. Elle tenait les registres de
la mission, s'occupait des impôts et de la gestion générale.
Le Révérend Docteur n'était pas du tout au courant de ces
transactions. Lui, c'est la ferveur qu'il fournissait. C'était
un merveilleux prédicateur, un prédicateur authentique.
Et Woody dans tout celà ? Lui aussi avait de la ferveur. Il
était attiré par le Révérend Docteur. Le Révérend lui
avait appris à lever les yeux, et permis d'accéder à une vie
supérieure. En dehors de cette vie supérieure, il n'y avait
que Chicago — les manières d'être de Chicago, qui
venaient si naturellement que personne ne songeait à les
remettre en cause. Ainsi par exemple en 1933 (comme cela
paraissait lointain !) à l'exposition internationale du Siècle
du Progrès, où Woody était coolie et tirait un pousse-
pousse, avec un chapeau de paille pointu sur la tête,
trottant sur ses jambes puissantes et musclées, tandis que
les fermiers costauds et rougeauds, (ses passagers éméchés)
se bidonnaient et le harcelaient pour qu'il leur trouve des
putains, lui, malgré sa qualité de novice au séminaire, ne
voyait pas d'objection à arranger des rendez-vous avec les
filles qui lui demandaient de rabattre quelques clients de
leur côté, et à accepter des pourboires de part et d'autre. Il
avait flirté à Grant Park avec une fille musclée qui avait
dû rentrer précipitamment chez elle pour allaiter son bébé.
Elle sentait le lait, assise à côté de lui dans le tramway qui
menait au West Side, tout en broyant sa cuisse de tireur de
pousse-pousse et en mouillant son corsage. C'était le
tramway de la rue Roosevelt. Puis dans l'appartement où
elle vivait avec sa mère, il ne se souvenait pas d'avoir vu de
maris dans les parages.

---

going to buy some booze: *je vais acheter à boire ;* go on the booze:
*picoler ;* he's on the booze right now: *il picole pas mal ces temps-ci ;* he's
off the booze: *il ne boit plus.*

5. laugh off: laugh one's head off: *rire comme un fou.*

What he did remember was the strong milk odor. Without inconsistency[1], next morning he did New Testament Greek: The light shineth in darkness—*to fos en te skotia fainei*—and the darkness comprehended it not.

And all the while he trotted between the shafts[2] on the fairgrounds he had one idea, nothing to do with these horny[3] giants having a big time in the city: that the goal, the project, the purpose was (and he couldn't explain why he thought so; all evidence was against it)—God's idea was that this world should be a love world, that it should eventually[4] recover and be entirely a world of love. He wouldn't have said this to a soul, for he could see himself how stupid it was—personal and stupid. Nevertheless, there it was at the center of his feelings. And at the same time, Aunt Rebecca was right when she said to him, strictly private, close to his ear even, "You're a little crook[5], like your father."

There was some evidence for this, or what stood for evidence to an impatient person like Rebecca. Woody matured quickly—he had to—but how could you expect a boy of seventeen, he wondered, to interpret the viewpoint, the feelings, of a middle-aged woman, and one whose breast had been removed? Morris told him that this happened only to neglected women, and was a sign[6]. Morris said that if titties were not fondled[7] and kissed, they got cancer in protest. It was a cry of the flesh.

---

1. **inconsistency:** *inconséquence, illogisme.* Depuis le début de cette nouvelle, Woody nous est présenté comme dénué de scrupules et partisan, comme son père, de cueillir les occasions lorsqu'elles se présentent.

2. **shaft:** *hampe, brancard, limon, manche.*

3. **horny:** *en rut, excité* (sexuellement).

4. **eventually** (faux ami): *finalement, en fin de compte, en définitive.* Les élucubrations métaphysiques de Woody paraissent d'autant plus incongrues qu'elles ne semblent fondées sur rien dans sa pratique.

5. **crook:** *escroc, filou.*

6. **was a sign:** Cette interprétation fantaisiste est peut-être une

Mais il se souvenait bien de la forte odeur de lait. Sans
incohérence, le lendemain matin il avait fait du grec de
l'Ancien Testament : La lumière brille dans les ténèbres —
*fos en te skotia fainei* — et les ténèbres ne la comprirent
pas.

Et tout le temps où il trottait sur le <u>champ de foire</u>,
entre les limons de son pousse-pousse, il n'avait qu'une
idée en tête, sans rapport avec ces colosses en rut qui se
payaient du bon temps à la ville : le but, le projet, le plan
était (et il lui était impossible d'expliquer sa pensée, vu que
tout portait à croire le contraire), l'idée de Dieu était que
ce bas monde devait être un monde d'amour, qu'il allait
finalement guérir et que l'amour allait triompher. Il
n'aurait pu se confier à personne, car il voyait bien tout
seul ce que cette idée avait d'idiot, de personnel et d'idiot.
Et pourtant, elle était au cœur de ses émotions. Et en
même temps, la tante Rebecca avait raison quand elle lui
disait, en confidence, et même au creux de l'oreille, « Tu
n'es qu'un petit voyou, comme ton père. »

Il y avait quelques preuves à l'appui de cette affirmation, ou du moins ce qui pouvait servir de preuve à une
personne aussi expéditive que Rebecca. Woody avait mûri
vite, comment faire autrement ?, mais comment vouliez-
vous qu'un garçon de dix-sept ans interprète le point de
vue, ou les sentiments d'une femme d'un certain âge, et de
plus d'une femme à qui on avait ôté un sein ? Morris lui
avait dit que cela n'arrivait qu'aux femmes délaissées et
que c'était un signe. Morris lui raconta que les nichons qui
n'étaient pas caressés et embrassés attrapaient le cancer en
signe de protestation. C'était un cri de la chair.

---

contribution à la connaissance en médecine psychosomatique ! On
verra à quel point ce genre de commentaire de la part du père a pu
influencer sinon traumatiser le fils et lui donner une vision effrayante
du corps féminin.

7. **fondle:** *caresser*.

And this had seemed true to Woody. When his imagination tried the theory on the Reverend Doctor, it worked
out—he couldn't see the Reverend Doctor behaving in tha
way to Aunt Rebecca's breasts! Morris's theory kep
Woody looking from bosoms[1] to husbands and from
husbands to bosoms. He still did that. It's an exception-
ally smart man who isn't marked forever by the sexua
theories he hears from his father, and Woody wasn't all
that smart. He knew this himself. Personally, he had gone
far out of his way[2] to do right by women in this regard
What nature demanded[3]. He and Pop were common, thick
men, but there's nobody too gross to have ideas of
delicacy.

The Reverend Doctor preached, Rebecca preached, rich
Mrs. Skoglund preached from Evanston[4], Mother
preached. Pop also was on a soapbox[5]. Everyone was
doing it. Up and down Division Street, under every lamp,
almost, speakers were giving out: anarchists, Socialists,
Stalinists, single-taxers, Zionists, Tolstoyans, vegetarians,
and fundamentalist Christian preachers—you name it[6]. A
beef, a hope, a way of life or salvation, a protest. How was
it that the accumulated gripes of all the ages took off so
when transplanted to America?

And that fine Swedish immigrant Aase (Osie, they
pronounced it), who had been the Skoglunds' cook and
married the eldest son, to become his rich, religious
widow—she supported the Reverend Doctor.

---

1. **bosom** ['buzəm]: *poitrine, sein.*
2. **way**: go out of one's way to do: *faire un effort particulier pour faire
quelque chose;* he went out of his way to help us: *il s'est mis en quatre
pour nous aider;* don't go out of your way to do it: *ne vous dérangez pas
pour le faire.*
3. **demand** (faux ami): *exiger, revendiquer, réclamer.*
4. **Evanston**: cité résidentielle (située à 19 km du centre de Chicago)
ainsi nommée d'après John Evans, fondateur en 1851 de la Northwestern University, au nord de la ville.

Et Woody avait trouvé cela plausible. Quand son imagination avait testé l'hypothèse sur le Révérend Docteur, cela avait marché ; il voyait mal le Révérend Docteur avoir ce genre d'attitude avec les seins de la tante Rebecca. Fort de la théorie de Morris, Woody avait passé son temps à aller de la poitrine au mari, et du mari à la poitrine. Il le faisait encore. Il faut vraiment avoir une intelligence exceptionnelle pour ne pas rester marqué à vie par les théories sexuelles d'un père, et Woody n'était pas très malin. Il en avait conscience. Quant à lui il s'était mis en quatre pour ne pas déchoir avec les femmes à cet égard. Pour répondre à l'appel de la nature. Pop et lui étaient des hommes ordinaires, assez rustauds, mais personne n'est grossier au point de ne pas avoir quelques notions de délicatesse.

Le Révérend Docteur prêchait, Rebecca prêchait, la riche Mrs. Skoglund prêchait depuis Evanston, Maman prêchait, et Pop lui aussi était juché sur une caisse à savon. Tout le monde s'y mettait. Du haut en bas de Division Street, presque sous chaque lampadaire, des orateurs donnaient de la voix : anarchistes, socialistes, staliniens, partisans de l'impôt unique, sionistes, admirateurs de Tolstoï, végétariens, et prédicateurs fondamentalistes chrétiens, il y en avait pour tous les goûts. Un bœuf, un espoir, un mode de vie ou de salut, une contestation. Comment se faisait-il que toute la grogne accumulée depuis la nuit des temps ait redémarré de plus belle une fois transplantée en Amérique ?

Et quant à cette belle immigrée suédoise, Aase (on prononçait Osie), qui avait été cuisinière chez les Skoglund puis avait épousé le fils aîné avant de devenir sa riche et pieuse veuve, elle soutenait le Révérend Docteur.

---

5. **soapbox:** *caisse à savon, tribune improvisée* (en plein air).
6. **you name it:** *tout ce que vous pouvez imaginer ;* **you name it, they have it:** *tout ce que vous pouvez imaginer, ils l'ont.*

In her time she must have been built like a chorus[1] gi
And women seem to have lost the secret of putting u
their hair in the high basketry fence[2] of braid she wor
Aase took Woody under her special protection and pai
his tuition[3] at the seminary. And Pop said... But on th
Sunday, at peace as soon as the bells stopped banging
this velvet[5] autumn day when the grass was finest an
thickest, silky green: before the first frost, and the blood i
your lungs is redder than summer air can make it an
smarts[6] with oxygen, as if the iron[7] in your system wa
hungry for it, and the chill was sticking it to you in ever
breath... Pop, six feet under, would never feel this blissfu
sting again. The last of the bells still had the bright ai
streaming with vibrations.

On weekends, the institutional vacancy of decades cam
back to the warehouse and crept under the door c
Woody's apartment. It felt as empty on Sundays a
churches were during the week. Before each business day
before the trucks and the crews got started, Woody jogge
five miles in his Adidas suit. Not on this day still reserve
for Pop, however. Although it was tempting to go out an
run off the grief. Being alone hit Woody hard thi
morning. He thought: Me and the world; the world an
me. Meaning that there always was some activity t
interpose, an errand or a visit, a picture to paint (he was a
creative amateur),

---

1. **chorus:** *chœur, troupe;* **chorus girl:** *girl.*
2. **fence:** *barrière, palissade, clôture.*
3. **tuition:** *cours;* **private tuition:** *cours particuliers;* **tuition fees:** *frai de scolarité.*
4. **bang:** *frapper violemment;* **bang one's fist on the table:** *taper d poing sur la table;* (fig.) **you're banging your head against a brick wal when you argue with him:** *autant cracher en l'air que d'essayer de discute avec lui;* **he banged the window shut:** *il a claqué la fenêtre.*
5. **velvet:** *velours;* (fig.) **be on velvet:** *jouer sur du velours;* **with a velve tread:** *à pas de velours.*

Au temps de sa splendeur elles avait dû avoir un corps de danseuse de revue. Et les femmes de maintenant semblent avoir perdu le secret de ces chignons tressés relevés comme des remparts de vannerie.

Aase avait pris Woody sous son aile protectrice et avait financé ses études au séminaire. Et Pop disait...

Mais en ce dimanche, la paix était revenue dès que les cloches eurent cessé de carillonner, en cette journée d'automne feutrée où l'herbe était des plus fines et des plus drues, d'un vert soyeux : avant les premiers givres, quand le sang dans vos poumons est plus rouge qu'il ne le sera en été et que l'oxygène le brûle comme s'il était happé par le fer de l'organisme et que le froid vous l'apportait à chaque inspiration.... Pop, à six pieds sous terre, ne ressentirait plus jamais ce picotement divin. La dernière cloche avait laissé l'air brillant encore tout parcouru de vibrations.

Pendant le week-end tout un passé de vide institutionnalisé envahissait l'entrepôt et s'infiltrait sous la porte de l'appartement de Woody. Le dimanche il régnait la même impression de vide que dans les églises pendant la semaine. Avant de commencer chaque jour ouvrable, avant la mise en route des camions et des équipes, Woody faisait environ sept kilomètres à pied en survêtement Adidas. Mais pas en ce jour consacré à Pop. Pourtant il aurait été tentant de sortir et d'aller courir pour évacuer le chagrin. Ce matin la solitude avait heurté Woody de plein fouet. Il se disait : moi et le monde, le monde et moi. Autrement dit il y avait toujours une activité à interposer, une course ou une visite à faire, un tableau à peindre (c'était un amateur inspiré),

---

6. **smart**: *faire mal, brûler ;* **my eyes were smarting**: *j'avais les yeux irrités ;* **the smoke made his throat smart**: *la fumée lui irritait la gorge.*

7. **iron**: *fer.*

a massage, a meal— a shield[1] between himself and that troublesome[2] solitude which used the world as its reservoir. But Pop! Last Tuesday, Woody had gotten into the hospital bed with Pop because he kept pulling out the intravenous needles. Nurses stuck them back, and then Woody astonished them all by climbing into bed to hold the struggling old guy in his arms. "Easy, Morris, Morris, go easy." But Pop still groped[3] feebly for the pipes.

When the tolling stopped, Woody didn't notice that a great lake of quiet had come over his kingdom, the Selbst Tile warehouse. What he heard and saw was an old red Chicago street-car, one of those trams the color of a stockyard steer[4]. Cars of this type went out before Pearl Harbor[5]—clumsy, big-bellied, with tough rattan seats and brass grips for the standing passengers. Those cars used to make four stops to the mile, and ran with a wallowing motion. They stank[6] of carbolic or ozone and throbbed when the air compressors were being charged. The conductor had his knotted signal cord to pull, and the motorman beat the foot gong with his mad heel.

Woody recognized himself on the Western Avenue line and riding through a blizzard with his father, both in sheepskins and with hands and faces raw, the snow blowing in from the rear platform when the doors opened and getting into the longitudinal cleats of the floor.

1. **shield:** *bouclier, écran de protection.*

2. **troublesome:** *fatigant, pénible, difficile à supporter;* **his back is troublesome:** *son dos le fait souffrir;* **how troublesome!:** *quel ennui!*

3. **grope:** *tâtonner, aller à l'aveuglette;* **grope for something:** *chercher quelque chose à tâtons;* **grope for words:** *chercher ses mots.*

4. **steer:** *bœuf, bouvillon* (castré). La comparaison est liée au lieu puisque l'une des premières industries de Chicago fut l'abattage du bétail pour la viande.

5. **Pearl Harbor:** site d'une base navale américaine aux îles Hawaii, près de Honolulu, bombardée par les Japonais le 7 décembre 1941. L'effet psychologique créé dans l'opinion américaine par l'attaque de

in massage ou un repas — un écran entre lui et cette
olitude pesante qui prenait le monde pour réservoir. Mais
?op ! Mardi dernier, à l'hôpital, Woody s'était mis dans le
it avec Pop qui n'arrêtait pas d'arracher ses aiguilles intraveineuses. Les infirmières les remettaient quand Woody
avait surpris tout le monde en grimpant dans le lit pour
tenir le vieil homme agité dans ses bras. « Du calme,
Morris, Morris, du calme. » Mais Pop continuait faiblement à tenter d'arracher les tuyaux.

Quand le bruit des cloches prit fin Woody ne remarqua
pas qu'un grand lac de quiétude avait envahi son
royaume, l'entrepôt de carrelages Selbst. Par contre il
entendit et vit un vieux bus rouge de Chicago, un de ces
bus de la couleur des bovillons des abattoirs. Ce type de
véhicules étaient déjà passés de mode avant Pearl Harbor
— lourds, ventripotents, avec des sièges robustes en rotin et
des poignées en laiton pour les passagers debout. Il y avait
quatre arrêts par mile, et le mouvement était ondulant. Ils
empestaient le phénol ou l'ozone et vrombissaient de
partout quand on rechargeait les compresseurs à air. Le
receveur tirait sur sa corde à nœuds et le chauffeur
actionnait le gong d'un talon rageur.

Woody se revit dans un bus de la ligne de Western
Avenue avec son père, en plein blizzard, portant tous les
deux des vestes en peau de mouton, le visage et les mains à
vif, la neige s'engouffrant par la plate-forme arrière chaque
fois qu'on ouvrait les portes, et se déposant dans les
rainures longitudinales du plancher.

---

Pearl Harbor permit à Roosevelt de faire entrer les États-Unis dans la
guerre.
    6. **stink (stank, stunk):** *puer, empester ;* **it stinks of fish:** *ça pue le poisson ;*
**it stinks in here:** *ça pue ici ;* (fig.) **it stinks of corruption:** *ça sent la
corruption à plein nez ;* **the whole business stinks:** *toute cette affaire est
ignoble ;* **they're stinking with money:** *ils sont bourrés de fric.*

There wasn't warmth enough inside to melt it. And Western Avenue was the longest car line in the world, the boosters[1] said, as if it was a thing to brag about[2]. Twenty-three miles long, made by a draftsman with a T square[3], lined[4] with factories, storage buildings, machine shops, used-car lots, trolley barns, gas stations, funeral parlors, six-flats, utility buildings, and junkyards, on and on from the prairies on the south to Evanston on the north. Woodrow and his father were going north to Evanston, to Howard Street, and then some, to see Mrs. Skoglund. At the end of the line they would still have about five blocks to hike[5]. The purpose of the trip? To raise money for Pop. Pop had talked[6] him into this. When they found out, Mother and Aunt Rebecca would be furious, and Woody was afraid, but he couldn't help it.

Morris had come and said, "Son, I'm in trouble. It's bad."

"What's bad, Pop?"

"Halina took money from her husband for me and has to put it back before old Bujak misses it. He could kill her."

"What did she do it for?"

"Son, you know how the bookies collect? They send a goon. They'll break my head open."

Pop! You know I can't take you to Mrs. Skoglund."

---

1. **booster:** *supporter actif* ou *enthousiaste*.
2. **brag (about):** *se vanter (de)*.
3. **T square:** *té, équerre en T*.
4. **line:** *s'aligner, faire la haie, border ;* **cheering crowds lined the route:** *une foule enthousiaste faisait la haie tout le long du parcours ;* **the road was lined with trees:** *la route était bordée d'arbres*.
5. **hike:** *aller, marcher à pied ;* **we spent our holidays hiking in France:** *nous avons passé nos vacances à excursionner à pied à travers la France*.
6. **talk somebody into doing something:** *persuader quelqu'un de faire quelque chose* (à force de paroles) ; **I managed to talk him out of doing it:**

ne faisait pas assez chaud à l'intérieur pour la faire
ondre. De plus Western Avenue était la ligne de tram la
lus longue du monde, disaient ses partisans, comme s'il y
vait là de quoi se vanter. Une longueur de trente-cinq
ilomètres, tracée par un architecte armé d'un té, bordée
'usines, d'entrepôts de stockage, d'ateliers d'usinage, de
hamps de vieux wagons, de dépôts de tramways, de
tations-service, de pompes funèbres, d'immeubles à six
ppartements, de bâtiments publics, et de décharges, à
erte de vue depuis les étendues de prairie au sud jusqu'à
Evanston au nord. Woody et son père se rendaient au nord
Evanston, à Howard Street, et un peu au-delà pour aller
oir Mrs Skoglund. Arrivés au bout de la ligne ils auraient
ncore environ cinq pâtés de maisons à longer. Le but de
e voyage ? Récolter de l'argent pour Pop. C'est Pop qui
vait réussi à convaincre Woody. Ce dernier avait peur car
l savait que sa mère et la tante Rebecca seraient furieuses
quand elles découvriraient le stratagème, mais il n'y
ouvait rien.

Morris était venu lui dire : « Fiston, j'ai des ennuis. C'est
grave.

— Qu'y a-t-il de grave, Pop ?

— Halina a volé de l'argent à son mari pour moi, et il
aut qu'elle le remette à sa place avant que le vieux Bujak
'en aperçoive. Il serait capable de la tuer.

— Pourquoi a-t-elle fait ça ?

— Fiston, tu sais comment les bookmakers s'y prennent
pour encaisser ? Ils envoient un tueur. Ils vont me fracasser
e crâne.

— Voyons, Pop ! Tu sais bien que je ne peux pas
'emmener chez Mrs Skoglund.

---

*je suis arrivé à le dissuader de le faire ;* she talked him into a better mood:
*elle l'a remis de meilleure humeur en lui parlant ;* he talked himself into
the job: *il a si bien parlé qu'on lui a offert le poste.*

"Why not? You're my kid, aren't you? The old broad
wants to adopt you, doesn't she? Shouldn't I get some
thing out of it for my trouble? What am I—outside? And
what about Halina? She puts her life on the line, but my
own kid says no."

"Oh, Bujak wouldn't hurt her."

"Woody, he'd beat her to death."

Bujak? Uniform in color with his dark-gray work
clothes, short in the legs, his whole strength in his tool-
and-die-maker's forearms and black fingers; and beat[1]-
looking—there was Bujak for you. But, according to Pop,
there was big, big violence in Bujak, a regular boiling
Bessemer[2] inside his narrow chest. Woody could never see
the violence in him. Bujak wanted no trouble. If anything,
maybe he was afraid that Morris and Halina would gang
up[3] on him and kill him, screaming. But Pop was no
desperado murderer. And Halina was a calm, serious
woman. Bujak kept his savings[4] in the cellar (banks were
going out of business). The worst they did was to take
some of his money, intending to put it back. As Woody
saw him, Bujak was trying to be sensible[5]. He accepted
his sorrow. He set minimum requirements[6] for Halina:
cook the meals, clean the house, show respect. But at
stealing Bujak might have drawn the line, for money was
different, money was vital substance. If they stole his
savings he might have had to take action, out of respect
for the substance, for himself—self-respect.

---

1. **beat:** *éreinté, claqué, crevé.*

2. **Bessemer:** ingénieur anglais (1813-1898). Auteur de nombreuses
inventions, on lui doit surtout la mise au point d'une méthode nouvelle
de production de l'acier au moyen d'un convertisseur qui porte son
nom (1855).

3. **gang up:** *se mettre à plusieurs* (to do, *pour faire*); **gang up on or
against somebody:** *se liguer contre, se mettre à plusieurs contre.*

4. **savings:** *économie, épargne;* **we must make savings:** *il faut faire des
économies;* **savings bank:** *caisse d'épargne;* **savings stamp:** *timbre-
épargne.*

— Pourquoi pas ? Tu es mon fils, non ? Cette vieille
peau veut t'adopter, non ? Je n'ai pas droit à quelque
chose pour la peine ? Je n'existe pas ou quoi ? Et Halina
alors ? Elle risque sa vie, et mon propre fils ne veut rien
faire.

— Oh, Bujak ne lui fera pas de mal.

— Mais, Woody, il est capable de la battre à mort.

— Bujak ? » Uniformément gris avec ses habits de
travailleur gris foncé, bas sur pattes, toute sa force
concentrée dans ses avant-bras de métallo, les doigts noirs,
et l'air abattu — voilà à quoi ressemblait Bujak. Mais
d'après Pop Bujak renfermait une violence terrible, il y
avait un vrai four de Bessemer dans son étroite poitrine.
Woody n'avait jamais vu ce qu'il avait de violent ; Bujak
ne cherchait pas la bagarre. Tout au plus craignait-il peut-
être que Morris et Halina ne se liguent contre lui pour le
tuer en hurlant. Mais Pop n'avait rien d'un desperado
meurtrier. Quant à Halina c'était une femme calme et
sérieuse. Bujak gardait ses économies dans la cave (les
banques commençaient à perdre des clients). Le pire qu'ils
aient pu faire, c'était de prendre de l'argent, avec
l'intention de le rapporter. Pour Woody, Bujak essayait
d'être raisonnable. Il acceptait son infortune. Il ne
demandait à Halina qu'un minimum : la cuisine, le
ménage, et du respect. Mais le vol, cela, Bujak ne l'aurait
peut-être pas toléré, parce que l'argent, c'était autre chose,
l'argent, c'était vital. Si on lui volait ses économies, il
aurait sans doute dû intervenir, par simple respect envers
cette chose, ou envers lui-même.

---

5. **sensible** (faux ami) : *sensé, raisonnable ;* **she's a sensible person :** *elle
a les pieds sur terre ;* **try to be sensible about it :** *sois raisonnable ;* **that was
sensible of you :** *c'était raisonnable de ta part, tu as fait preuve de bon
sens.*

6. **requirement :** *exigence, besoin ;* **meet somebody's requirements :**
*satisfaire les exigences, les besoins de quelqu'un ;* **there isn't enough to
meet the requirements :** *il n'y en a pas assez pour satisfaire la demande.*

But you couldn't be sure that Pop hadn't invented the bookie[1], the goon[2], the theft—the whole thing. He was capable of it, and you'd be a fool not to suspect him. Morris knew that Mother and Aunt Rebecca had told Mrs Skoglund how wicked he was. They had painted him for her in poster colors—purple for vice, black for his soul, red for Hell flames: a gambler, smoker, drinker, deserter, screwer[3] of women, and atheist. So Pop was determined to reach her. It was risky for everybody. The Reverend Doctor's operating costs[4] were met by Skoglund Dairies. The widow paid Woody's seminary tuition; she bought dresses for the little sisters.

Woody, now sixty, fleshy and big, like a figure for the victory of American materialism, sunk[5] in his lounge chair, the leather of its armrests[6] softer to his fingertips than a woman's skin, was puzzled[7] and, in his depths, disturbed by certain blots[8] within him, blots of light in his brain, a blot combining pain and amusement in his breast (how did *that* get there?). Intense thought puckered the skin between his eyes with a strain bordering on headache. Why had he let Pop have his way? Why did he agree to meet him that day, in the dim rear of the poolroom?

"But what will you tell Mrs. Skoglund?"

"The old broad? Don't worry, there's plenty to tell her, and it's all true.

---

1. **bookie:** *book, bookmaker.*

2. **goon:** *gangster; tueur à gages.*

3. **screw:** *baiser.*

4. **operating costs:** *coûts d'exploitation;* **operating cash:** *trésorerie d'exploitation.*

5. **sink (sank, sunk):** *s'affaisser, se tasser;* **sink to the ground:** *s'écrouler;* **sink to one's knees:** *tomber à genoux;* **he sank into a chair:** *il s'est laissé tomber, s'est effondré, s'est affaissé dans un fauteuil.*

6. **armrest:** *accoudoir.*

7. **puzzle:** *rendre ou laisser perplexe;* **I am puzzled to know why:** *je*

Mais on ne pouvait pas savoir si Pop n'avait pas inventé cette histoire de bookmaker, de tueur et de vol — tout le bintoin. Il en était bien capable. Bien bête celui qui ne le soupçonnerait pas. Morris connaissait la réputation que la mère et la tante Rebecca lui avaient faite auprès de Mrs. Skoglund. Elles lui en avaient fait un portrait haut en couleurs comme sur les affiches (du violet pour le vice, du noir pour l'âme, du rouge pour les flammes de l'Enfer) : joueur, fumeur, buveur, lâcheur, baiseur et athée. Pop s'était donc mis dans la tête d'attendrir Skoglund. C'était risqué pour tout le monde. Les coûts d'exploitation du Révérend Docteur étaient pris en charge par les Laiteries Skoglund. La veuve payait les études de Woody au séminaire, et elle achetait des robes pour ses petites sœurs.

Woody qui avait maintenant soixante ans, massif et corpulent comme une publicité à la gloire du matérialisme américain, enfoncé dans son fauteuil, dont les accoudoirs étaient recouverts d'un cuir plus doux au toucher que la peau d'une femme, était intrigué et au tréfonds de lui, gêné par des taches, des taches de lumière dans son cerveau, une tache dans la poitrine qui mêlait la douleur et la gaieté (comment y était-elle arrivée celle-là ?). L'intensité de ses pensées lui plissait la peau située entre les deux yeux et la tension frisait le mal au crâne. Pourquoi avait-il écouté Pop ? Pourquoi ce jour-là dans le fond obscur de la salle de billard avait-il accepté de le retrouver ?

« Mais qu'est-ce que tu diras à Mrs Skoglund ?

— La vioque ? T'inquiète pas. On a des tas de trucs à lui dire et rien que du vrai.

---

*n'arrive pas à comprendre pourquoi ;* **he was puzzled about what to say :** *il ne savait pas quoi dire.*

8. **blot :** *tache, pâté ;* (fig.) *tache, souillure ;* **a blot on his character :** *une tache à sa réputation ;* **be a blot on the landscape :** *déparer le paysage.*

Ain't I trying to save my little laundry-and-cleaning shop?
Isn't the bailiff[1] coming for the fixtures[2] next week?" And
Pop rehearsed his pitch[3] on the Western Avenue car. He
counted on Woody's health and his freshness. Such a
straightforward-looking body was perfect for a con[4].

Did they still have such winter storms in Chicago as
they used to have? Now they somehow seemed less fierce.
Blizzards used to come straight down from Ontario, from
the Arctic, and drop five feet of snow in an afternoon.
Then the rusty green platform cars, with revolving
brushes at both ends, came out of the barns to sweep the
tracks. Ten or twelve streetcars followed in slow proces-
sions, or waited, block after block[5].

There was a long delay at the gates of Riverview Park,
all the amusement[6] covered for the winter, boarded up—
the dragon's-back high-rides, the Bobs, the Chute, the Tilt-
a-Whirl, all the fun machinery put together by mechanics
and electricians, men like Bujak the tool-and-die-maker,
good with engines. The blizzard was having it all its own
way behind the gates, and you couldn't see far inside;
only a few bulbs burned behind the palings. When Woody
wiped the vapor from the glass, the wire mesh of the
window guards was stuffed solid at eye level with snow.
Looking higher, you saw mostly the streaked wind horiz-
ontally driving from the north.

---

1. **bailiff**: *huissier.*

2. **fixtures**: *installations;* the house was sold with fixtures and fittings;
(Brit.) £2000 for fixtures and fittings: *2000 livres de reprise;* (fig.) she's a
fixture: *elle fait partie du mobilier;* lighting fixture: *appareillage
électrique.*

3. **pitch**: *baratin publicitaire, boniment;* make a pitch for: *parler en
faveur de quelque chose,* ou, *faire des avances sexuelles.*

4. **con**: *escroquerie, frime;* it was all a big con: *tout ça c'était de la
frime, c'était une vaste escroquerie;* con artist: *arnaqueur;* con man:
*escroc;* con game: *escroquerie.*

5. **block**: *pâté de maisons;* take a stroll round the block: *faire un tour
dans le coin, faire le tour du pâté de maisons;* (U.S.) she lived three blocks

Est-ce que je ne suis pas en train de sauver ma laverie-
blanchisserie ? Est-ce que je n'ai pas un huissier qui va
venir saisir les appareils la semaine prochaine ? » Et Pop
répétait son boniment dans le bus de Western Avenue. Il
comptait sur la bonne mine et la fraîcheur de Woody. Un
corps si honnête d'allure était l'instrument idéal pour une
arnaque.

Y avait-il encore à Chicago des tempêtes de neige
comme autrefois ? Elles avaient l'air moins violentes
aujourd'hui. Jadis le blizzard descendait directement
d'Ontario, de l'Arctique et en une après-midi il vous
tombait un mètre cinquante de neige. Puis les camions
verts de l'entretien rouillés et équipés de brosses tournantes
à chaque bout sortaient des hangars pour balayer les voies.
Dix ou douze tramways suivaient lentement en procession,
ou restaient sur place de pâté de maisons en pâté de
maisons.

Il fallut attendre longtemps aux grilles du parc de
Riverview, où toutes les attractions étaient protégées pour
l'hiver, enfermées sous des planches : les montagnes russes
sur le dos du dragon, les bobsleighs, le grand toboggan, le
tourbillon, toutes les installations de foire assemblées par
les mécaniciens et les électriciens, des hommes comme
Bujak le métallo, qui s'y connaissaient en moteurs. De
l'autre côté des grilles le blizzard s'en donnait à cœur joie,
et on n'y voyait pas loin à l'intérieur ; seules quelques
ampoules brillaient derrière la palissade. Quand Woody
eut essuyé la buée sur la vitre il trouva, au niveau des
yeux, le grillage des pare-vitres recouvert d'une épaisse
couche de neige. En regardant plus haut on voyait surtout
le vent qui descendait du nord en stries horizontales.

---

**away:** *elle habitait trois rues plus loin.*

6. **amusement:** *distraction, jeu, amusement ;* **amusement arcade:** *galerie
de jeux ;* **amusement park:** *parc d'attractions.*

In the seat ahead, two black coal heavers, both in leather Lindbergh[1] flying helmets, sat with shovels between their legs, returning from a job. They smelled of sweat, burlap[2] sacking, and coal. Mostly dull with black dust, they also sparkled here and there.

There weren't many riders. People weren't leaving the house. This was a day to sit legs stuck out[3] beside the stove, mummified by both the outdoor and the indoor forces. Only a fellow with an angle, like Pop, would go and buck such weather. A storm like this was out of the compass[4], and you kept the human scale by having a scheme to raise fifty bucks. Fifty soldiers! Real money in 1933.

"That woman is crazy for you," said Pop.

"She's just a good woman, sweet to all of us."

"Who knows what she's got in mind. You're a husky kid. Not such a kid, either."

"She's a religious woman. She really has religion."

"Well, your mother isn't your only parent. She and Rebecca and Kovner aren't going to fill you up with their ideas. I know your mother wants to wipe me out of your life. Unless I take a hand, you won't even understand what life is. Because they don't know—those silly Christers."

"Yes, Pop."

"The girls I can't help. They're too young. I'm sorry about them, but I can't do anything. With you it's different."

---

1. **Lindbergh:** aviateur américain (1902-1974), il effectua le premier, seul sur son monoplan, "Spirit of Saint Louis", la traversée sans escale de l'Atlantique, d'Amérique en France. Il portait un bonnet d'aviateur en cuir attaché sous le menton par une lanière.

2. **burlap:** *toile d'emballage, toile à sac.*

3. **stick (stuck, stuck) out:** *avancer, faire saillie;* **his ears stick out:** *il a les oreilles décollées;* **I could see his legs sticking out from under the car:**

Sur la banquette avant il y avait deux charbonniers noirs, portant tous deux un bonnet d'aviateur en cuir, leur pelle entre les jambes, rentrant du travail. Ils sentaient la sueur, la toile de jute et le charbon. Le noir mat de la poussière de charbon qui les couvrait étincelait par endroits.

Il n'y avait pas beaucoup de passagers dans le tram. Les gens ne sortaient pas de chez eux. C'était un jour à rester assis à côté du poêle, les jambes allongées, momifié par des forces à la fois extérieures et intérieures. Il fallait être sur un coup comme Pop pour se coltiner un temps pareil. Une telle tempête sortait des normes mais on pouvait la réduire à des proportions plus humaines en pensant à la perspective de ramasser cinquante dollars. Cinquante sacs. En 1933 c'était quelque chose.

« La Skoglund est dingue de toi, dit Pop.

— C'est tout simplement une brave femme, qui est gentille avec nous tous.

— Qui sait ce qu'elle a derrière la tête ? Tu es un petit costaud. Pas si petit, d'ailleurs.

— Elle est croyante ; elle a vraiment la foi.

— En tout cas n'oublie pas que tu as aussi un père. Rebecca, Kovner et elle ne vont quand même pas te bourrer le crâne avec leurs idées. Je sais que ta mère veut m'effacer de ton existence. Si je ne prends pas les choses en main tu ne comprendras jamais rien à la vie. Parce qu'ils n'y connaissent rien, ces idiots de Chrétiens.

— Oui, Pop.

— Les filles, je ne peux pas les aider. Elles sont trop jeunes. Cela me navre, mais je n'y peux rien. Avec toi c'est différent. »

---

*je voyais ses jambes qui sortaient de dessous la voiture ;* (fig.) **it sticks out a mile:** *ça crève les yeux.*

4. **compass:** *boussole ;* (fig.) *étendue, portée, rayon ;* **within the compass of education:** *dans les limites de l'enseignement.*

He wanted me like himself, an American.

They were stalled[1] in the storm, while the cattle-colored car waited to have the trolley reset in the crazy wind, which boomed, tingled[2], blasted. At Howard Street they would have to walk straight into it, due north.

"You'll do the talking at first," said Pop.

Woody had the makings[3] of salesman, a pitchman. He was aware of this when he got to his feet in church to testify before fifty or sixty people. Even though Aunt Rebecca made it worth his while, he moved his own heart when he spoke up about his faith. But occasionally, without notice, his heart went away as he spoke religion and he couldn't find it anywhere. In its absence, sincere behavior got him through. He had to rely for delivery on his face, his voice—on behavior. Then his eyes came closer and closer together. And in this approach of eye to eye he felt the strain of hypocrisy. The twisting of his face threatened to betray him. It took everything he had to keep looking honest. So, since he couldn't bear the cynicism of it, he fell back on mischievousness. Mischief was where Pop came in. Pop passed straight through all those divided fields, gap after gap, and arrived at his side, bent-nosed and broad-faced. In regard to Pop, you thought of neither sincerity nor insincerity. Pop was like the man in the song: he wanted what he wanted when he wanted it.

---

1. **stall:** *caler* (voiture), *être en perte de vitesse, décrocher;* (fig.) **stall (for time):** *essayer de gagner du temps, atermoyer;* **he managed to stall until:** *il a réussi à trouver des faux-fuyants jusqu'à ce que;* **stop stalling!:** *cesse de te dérober!;* **stall (off):** *tenir à distance;* **I managed to stall him until:** *j'ai réussi à le tenir à distance jusqu'à ce que;* **try to stall him (off) for a while:** *essaie de gagner du temps.*

2. **tingle:** *picoter, fourmiller;* **her face was tingling:** *le visage lui picotait* ou *lui cuisait;* **her cheeks were tingling with cold:** *le froid lui brûlait les joues;* **my fingers are tingling:** *j'ai des picotements dans les doigts.*

Il voulait que je sois comme lui, un vrai Américain.

Ils avaient été bloqués par la tempête tandis que la voiture couleur de bétail attendait qu'on remette le trolley en marche dans ce vent déchaîné, qui tonnait, pinçait, soufflait en rafales. A Howard Street il n'y aurait pas moyen d'y couper, il faudrait piquer dedans plein nord.

« C'est toi qui parleras le premier », dit Pop.

Woody avait l'étoffe d'un commerçant, d'un camelot. Il s'en était rendu compte à l'église en se levant pour aller faire profession de foi devant cinquante ou soixante personnes. La tante Rebecca l'avait intéressé à l'affaire et pourtant il parvenait à s'émouvoir en déclarant sa foi. Mais parfois, sans crier gare, il ne ressentait plus rien pendant son discours et il ne savait pas où l'émotion s'en était allée. Le cœur étant absent, c'est grâce à une expression de sincérité qu'il pouvait s'en tirer. Pour son exposé il devait pouvoir compter sur son visage, sa voix, bref sur son attitude. Et puis il eut les deux yeux qui se rapprochaient de plus en plus l'un de l'autre, et dans ce mouvement de convergence il sentait la tension due à l'hypocrisie. Les contorsions de son visage menaçaient de le trahir. Il lui fallut rassembler toutes ses ressources pour garder son air honnête. Alors, ne pouvant supporter un tel cynisme, il se rabattit sur l'espièglerie. La malice, c'était le domaine de Pop. Pop traversait sans détour toutes ces plages d'ambiguïté, il sautait tous les obstacles, pour arriver près de lui, avec son nez busqué et son large visage. Avec Pop il n'était plus question de sincérité ou de manque de sincérité. Pop était comme le type de la chanson : il voulait ce qu'il voulait quand il le voulait.

---

3. **makings:** *éléments essentiels :* **we have the makings of a library:** *nous avons les éléments nécessaires pour constituer une bibliothèque ;* **he has the makings of a footballer:** *il a l'étoffe d'un joueur de football ;* **the situation has the makings of a civil war:** *cette situation laisse présager une guerre civile.*

Pop was physical[1]; Pop was digestive, circulatory, sexual. If Pop got serious, he talked to you about washing under the arms or in the crotch[2] or of drying between your toes or of cooking supper, of baked beans and fried onions, of draw poker or of a certain horse in the fifth race at Arlington. Pop was elemental. That was why he gave such relief[3] from religion and paradoxes, and things like that. Now, Mother *thought* she was spiritual, but Woody knew that she was kidding[4] herself. Oh, yes, in the British accent she never gave up she was always talking to God or about Him—please God, God willing, praise God. But she was a big substantial bread-and-butter[5] down-to-earth[6] woman, with down-to-earth duties like feeding the girls, protecting, refining, keeping pure the girls. And those two protected doves grew up so overweight, heavy in the hips and thighs, that their poor heads looked long and slim. And mad. Sweet but cuckoo—Paula cheerfully cuckoo, Joanna depressed and having episodes.

"I'll do my best by you, but you have to promise, Pop, not to get me in Dutch with Mrs. Skoglund."

"You worried because I speak bad English? Embarrassed? I have a mockie accent?"

"It's not that. Kovner has a heavy accent, and she doesn't mind."

---

1. **Pop was physical:** face aux aspirations métaphysiques du fils, le caractère terre à terre du père prend un relief particulièrement comique surtout grâce aux détails fournis ici sur son manque de sens de l'intimité.

2. **crotch:** *entrejambe;* **a kick in the crotch:** *un coup de pied dans l'entrejambe.*

3. **relief:** *soulagement;* **bring relief to:** *apporter* ou *procurer du soulagement;* **I felt great relief when:** *j'ai éprouvé un vif soulagement quand;* **to my relief:** *à mon grand soulagement;* **that's a relief!:** *ouf! je respire! j'aime mieux ça!*

4. **kid (somebody):** *faire marcher quelqu'un;* **no kidding!** *sans blague!;* **you can't kid me:** *tu ne me la feras pas, je ne marche pas;* **kid oneself:** *se faire des illusions;* **kid oneself that:** *s'imaginer que.*

Pop, c'était avant tout un corps : il donnait dans le digestif, le circulatoire, le sexuel. Dans ses moments de sérieux, Pop vous parlait de l'hygiène de l'aisselle ou de l'entrejambe, de la manière de se sécher entre les orteils, ou comment préparer le dîner, il parlait de haricots blancs et d'oignons frits, de poker ou encore de tel ou tel cheval dans la cinquième course d'Arlington. Pop avait la fibre très physique. C'est pour cela qu'il était tellement reposant à côté de la religion, des paradoxes et autres questions de ce genre. Maman, elle, se croyait tournée vers le spirituel, mais Woody savait qu'elle se faisait des illusions. Oui, d'accord, avec cet accent britannique qu'elle n'avait jamais abandonné, elle parlait sans arrêt à Dieu ou de Dieu — s'il te plaît, Dieu, si Dieu le veut, Dieu soit loué. Mais en fait c'était une grande femme bien plantée, solide, les pieds sur terre, avec des devoirs purement matériels comme donner à manger aux filles, les protéger, les élever dans le raffinement, préserver leur pureté. Et ces deux blanches colombes protégées étaient devenues si obèses, si lourdes de hanches et de cuisses, que leurs pauvres têtes avaient l'air longues et minces. Et folles. Gentilles mais dingues ; Paula dans le style doux-dingue, Joanna déprimée avec des crises.

« Je ferai de mon mieux pour t'aider, Pop, mais il faut que tu me promettes de ne pas m'attirer d'ennuis avec Mrs Skoglund.

— T'es inquiet parce que je parle mal anglais ? T'as honte ? Tu trouves que j'ai un accent ridicule ?

— Ce n'est pas ça. Kovner a un fort accent, et elle s'en fiche.

---

5. **bread-and-butter** (fig.) : *qui assure le nécessaire, sur qui l'on peut compter, solide ;* **bread-and-butter letter** : *lettre de château, lettre de remerciements (pour hospitalité reçue).*
   6. **down-to-earth** : *terre à terre, réaliste.*

"Who the hell are those freaks[1] to look down on[2] me?
You're practically a man and your dad has a right to
expect help from you. He's in a fix[3]. And you bring him to
her house because she's bighearted, and you haven't got
anybody else to go to."

"I got you, Pop."

The two coal trimmers stood up at Devon Avenue. One
of them wore a woman's coat. Men wore women's clothing
in those years, and women men's, when there was no
choice. The fur collar was spiky[4] with the wet, and
sprinkled with soot[5]. Heavy, they dragged[6] their shovels
and got off at the front. The slow car ground on, very
slow. It was after four when they reached the end of the
line, and somewhere between gray and black, with snow
spouting[7] and whirling[8] under the street lamps. In Howard Street, autos were stalled at all angles and abandoned. The sidewalks were blocked. Woody led the way
into Evanston, and Pop followed him up the middle of the
street in the furrows made earlier by trucks. For four
blocks they bucked the wind and then Woody broke
through the drifts to the snowbound mansion, where they
both had to push the wrought-iron gate because of the
drift behind it. Twenty rooms or more in this dignified
house and nobody in them but Mrs. Skoglund and her
servant Hjordis, also religious.

---

1. **freak:** *monstre, phénomène;* **freak of nature:** *accident de la nature;*
**freak of fortune:** *caprice de la fortune.*

2. **look down on somebody** (fig.) : *regarder quelqu'un de haut, mépriser,*
**look down on an offer:** *faire fi d'une offre;* **look down on an attitude:**
*mépriser une attitude.*

3. **fix:** *ennui, embêtement;* **be in/get into a fix:** *être, se mettre dans le*
*pétrin,* ou *dans de beaux draps;* **what a fix!:** *nous voilà dans de beaux*
*draps!*

4. **spiky:** *garni, hérissé de pointes; (cheveux) en épi.*

5. **soot:** *suie.*

6. **drag:** *traîner, tirer;* **drag one's feet:** *traîner les pieds, traîner*
(exprès); (fig.) *faire preuve de mauvaise volonté;* (fig.) **drag the truth**

— De quel droit elles me méprisent, ces tordues ? Tu es
resque un homme et c'est normal que ton père compte
ur toi. Il est dans le pétrin. Et tu l'amènes chez elle parce
u'elle est généreuse et que tu n'as personne d'autre chez
ui aller.

— J'ai pigé, Pop. »

Les deux charbonniers se levèrent à Devon Avenue.
L'un d'eux portait un manteau de femme. A cette époque-
à les hommes portaient des vêtements de femmes et les
emmes, des vêtements d'hommes, quand ils n'avaient pas
e choix. Le col de fourrure était tout hérissé d'humidité et
aupoudré de suie. D'un pas lourd ils descendirent par
'avant en traînant leur pelle. Le bus repartit plus
entement que jamais. Il était plus de quatre heures quand
ls arrivèrent au bout de la ligne, il faisait sombre à mi-
chemin entre le gris et le noir, les bourrasques de neige
ourbillonnant dans la lumière des réverbères. Rue
Howard des voitures étaient bloquées dans tous les sens et
abandonnées là. Les trottoirs étaient impraticables. Woody
entra dans Evanston suivi de Pop qui marchait au milieu
de la rue en suivant les sillons tracés plus tôt par les
camions. Ils luttèrent contre le vent sur la longueur de
quatre pâtés de maisons, puis Woody franchissant les
congères, arriva à la demeure enfouie sous la neige, et ils
durent se mettre à deux pour pousser le portail en fer forgé
à cause d'une congère. Cette noble maison avait vingt
pièces au moins et personne d'autre à l'intérieur que
Mrs Skoglund et sa bonne, elle aussi dévote.

---

from someone: *arracher la vérité à quelqu'un ;* (U.S.) **drag ass:** *glander,*
*traînasser.*

7. **spout:** *jaillir, sortir en jet.*

8. **whirl:** *tourbillonner, tournoyer ;* **they whirled past us in the dance:** *ils*
*sont passés près de nous en tourbillonnant pendant la danse ;* **the leaves**
**whirled down:** *les feuilles tombaient en tourbillonnant ;* **my head is**
**whirling (round):** *la tête me tourne.*

As Woody and Pop waited, brushing the slush[1] from their sheepskin collars and Pop wiping his big eyebrows with the ends of his scarf, sweating and freezing, the chains began to rattle[2] and Hjordis uncovered the air holes of the glass storm door[3] by turning a wooden bar Woody called her "monk-faced." You no longer see women like that, who put no female touch on the face. She came plain[4], as God made her. She said, "Who is it and what do you want?"

"It's Woodrow Selbst. Hjordis? It's Woody."

"You're not expected."

"No, but we're here."

"What do you want?"

"We came to see Mrs. Skoglund."

"What for do you want to see her?"

"Just tell her we're here."

"I have to tell her what you came for, without calling up[5] first."

"Why don't you say it's Woody with his father, and we wouldn't come in a snowstorm like this if it wasn't important."

The understandable caution[6] of women who live alone. Respectable old-time women, too. There was no such respectability now in those Evanston houses, with their big verandas and deep yards and with a servant like Hjordis, who carried at her belt keys to the pantry and to every closet and every dresser drawer and every padlocked bin in the cellar.

---

1. **slush:** *neige fondante* ou *fondue ; gadoue.*
2. **rattle:** *faire du bruit ; s'entrechoquer, faire un bruit de ferraille ;* **rattle at the door:** *cogner à la porte.*
3. **storm door:** *double porte* (à l'extérieur).
4. **plain:** *simple, uni ;* **plain living:** *mode de vie tout simple* ou *sans luxe ;* **plain cooking:** *cuisine bourgeoise ;* **I'm a plain man:** *je ne suis pas un homme compliqué ;* **they used to be called plain Smith:** *dans le temps ils s'appelaient Smith tout court ;* **plain paper:** *papier uni.*

Tandis que Woody et Pop attendaient en secouant la [f]ace fondue de leur col de mouton et que Pop, suant et [sou]flé, essuyait ses sourcils touffus avec les extrémités de son [fou]lard on entendit les chaînes grincer et Hjordis ouvrir les [tr]ous d'aération de la double porte vitrée en manœuvrant [u]ne barre de bois. Woody la surnommait « face de [m]oine ». On n'en voit plus, des femmes comme ça, qui [n']ajoutent rien de féminin à leur visage. Elle se présentait [t]elle quelle, comme Dieu l'avait faite. Elle dit : « Qui est là [e]t qu'est-ce que vous voulez ?

— C'est Woodrow Selbst. Hjordis ? C'est Woody.

— Vous n'êtes pas attendus.

— Non, mais on est là.

— Qu'est-ce que vous voulez ?

— On est venus voir Mrs Skoglund.

— Qu'est-ce que vous lui voulez ?

— Dites-lui simplement qu'on est là.

— Il faut d'abord que je lui dise pourquoi vous êtes [v]enus sans lui téléphoner.

— Pourquoi ne pas lui dire que c'est Woody et son [p]ère ; on ne serait pas venus comme ça par une tempête de [n]eige si ce n'était pas important. »

Méfiance compréhensible des femmes seules. Et de plus, [d]es femmes respectables à l'ancienne mode. La respectabi-[l]ité n'était plus ce qu'elle avait été jadis dans ces maisons [d']Evanston, avec leurs grandes vérandas, leurs vastes [j]ardins et une servante comme Hjordis qui portait à sa [c]einture les clés de l'office, celles de tous les placards et de [t]ous les tiroirs de commodes et celles de toutes les caisses [c]adenassées de la cave.

---

5. **call up:** (U.S.) *appeler au téléphone, téléphoner.*

6. **caution:** *prudence, circonspection;* **proceed with caution:** *agissez [a]vec prudence;* (Aut.) *avancez lentement.*
Cette phrase sans verbe est l'équivalent d'une remarque en aparté.

And in High Episcopal Christian Science Women's Temperance Evanston, no tradespeople rang at the front door. Only invited guests. And here, after a ten-mile grind through the blizzard, came two tramps[1] from the West Side. To this mansion where a Swedish immigrant lady herself once a cook and now a philanthropic widow dreamed, snowbound, while frozen lilac twigs[2] clapped[3] at her storm windows, of a new Jerusalem and a Second Coming and a Resurrection and a Last Judgement. To hasten[4] the Second Coming, and all the rest, you had to reach the hearts of these scheming[5] bums arriving in a snowstorm.

Sure, they let us in.

Then in the heat that swam suddenly up to their mufflered[6] chins Pop and Woody felt the blizzard for what it was; their cheeks were frozen slabs[7]. They stood beat[8], itching, trickling in the front hall that *was* a hall, with a carved newel post staircase and a big stained-glass window at the top. Picturing Jesus with the Samaritan woman. There was a kind of Gentile closeness to the air. Perhaps when he was with Pop, Woody made more Jewish observations than he would otherwise. Although Pop's most Jewish characteristic was that Yiddish was the only language he could read a paper in. Pop was with Polish Halina, and Mother was with Jesus Christ, and Woody ate uncooked bacon from the flitch. Still, now and then he had a Jewish impression.

---

1. **tramp:** *vagabond, chemineau, clochard.*
2. **twig:** *brindille, petite branche.*
3. **clap:** *battre, frapper, taper;* **clap one's hands:** *battre des mains;* **clap somebody on the back:** *donner à quelqu'un une tape dans le dos;* **clap a dog:** *donner des tapes amicales à un chien.*
4. **hasten** ['heɪsn]: *hâter, accélérer, activer;* **hasten one's steps:** *presser le pas, accélérer l'allure;* **hasten somebody's departure:** *hâter le départ de quelqu'un.*
5. **scheme** [ski:m]: *comploter, conspirer, intriguer* (**to do,** *pour faire*).

Et dans Evanston où régnaient l'Eglise épiscopale, les scientistes chrétiens, les ligues de femmes et les sociétés de tempérance, les démarcheurs ne sonnaient pas à la porte de devant. On n'y voyait que les invités. Et voilà qu'après une traversée pénible du blizzard sur quinze kilomètres, arrivaient deux clochards du West Side. Dans cette maison où une immigrante suédoise, elle-même ancienne cuisinière devenue philanthrope dans son veuvage, bloquée par la neige, tandis que des brindilles de lilas gelées battaient contre ses doubles fenêtres, rêvait à une nouvelle Jérusalem, au second avènement du Messie, à la Résurrection et au Jugement dernier. Et pour hâter le deuxième avènement et tout le reste, il fallait toucher le cœur de ces bons à rien d'intrigants arrivés dans la tempête.

Bien entendu, elles nous firent entrer.

Puis la chaleur qui afflua brutalement à leur menton emmitouflé fit vraiment ressentir le blizzard à Pop et Woody : leurs joues étaient changées en blocs de glace. Ils étaient là épuisés, avec des picotements et de l'eau qui dégoulinait, dans le hall d'entrée qui était un vrai hall, avec un escalier à pilastres surmonté d'un grand vitrail représentant Jésus avec la Samaritaine. Il y avait quelque chose de typiquement Gentil dans l'atmosphère étouffante. Peut-être que quand il était avec Pop, Woody avait une sensibilité plus juive que d'habitude. Encore que la particularité la plus juive de Pop c'était que le yiddish était la seule langue dans laquelle il sache lire le journal. Pop était avec Halina la Polonaise, et Maman était avec Jésus Christ, et Woody mangeait du bacon cru pris dans la flèche. N'empêche que de temps en temps il avait une sensibilité juive.

---

6. **muffler:** *cache-nez, cache-col.*
7. **slab:** *bloc, plaque, pavé.*
8. **beat:** *éreinté, claqué, crevé.*

Mrs. Skoglund was the cleanest of women—her finger nails, her white neck, her ears—and Pop's sexual hints[1] to Woody all went wrong because she was so intensely clean ✓ and made Woody think of a waterfall, large as she was ✓ and grandly built. Her bust was big. Woody's imagination had investigated this. He thought she kept things tied down[2] tight, very tight. But she lifted both arms once to raise a window[3] and there it was, her bust, beside him, the whole unbindable thing. Her hair was like the raffia you had to soak[4] before you could weave with it in a basket class—pale, pale. Pop, as he took his sheep-skin off, was in sweaters, no jacket. His darting looks made him seem crooked. Hardest of all for these Selbsts with their bent noses and big, apparently straightforward faces was to look honest. All the signs of dishonesty played over them. Woody had often puzzled about it. Did it go back to the muscles, was it fundamentally a jaw[5] problem—the projecting angles of the jaws? Or was it the angling that went on in the heart? The girls called Pop Dick Tracy, but Dick Tracy was a good guy. Whom could Pop convince? Here Woody caught a possibility as it flitted by. Precisely because of the way Pop looked, a sensitive person might feel remorse for condemning unfairly or judging unkindly. Just because of a face? Some must have bent over[6] backward.

---

1. **hint:** *allusion, insinuation;* **drop/throw/let fall a hint:** *faire une allusion;* **he dropped me a hint that he would like an invitation:** *il m'a fait comprendre qu'il aimerait bien être invité;* **he knows how to take a hint:** *il comprend à demi-mot, il comprend les allusions.*

2. **tie down:** *attacher;* (fig.) **he didn't want to be tied down:** *il ne voulait pas perdre sa liberté;* **tie somebody down to a promise:** *obliger quelqu'un à tenir sa promesse.*

3. **raise a window:** la plupart de fenêtres aux États-Unis comme en Grande-Bretagne sont des fenêtres à guillotine.

4. **soak:** *faire/laisser tremper;* **soaked to the skin:** *trempé jusqu'aux os, trempé comme une soupe;* **soak oneself in the bath:** *faire trempette dans le bain;* **bread soaked in milk:** *pain imbibé de lait;* (fig.); **he soaked himself**

Mrs Skoglund était une femme d'une propreté remarquable (il suffisait de voir ses ongles, son cou blanc, ses oreilles) et, à cause de cette propreté impeccable, les allusions sexuelles de Pop tombaient à plat pour Woody à qui Mrs Skoglund évoquait une cascade, tellement elle était grande, avec sa charpente massive. Elle avait un buste imposant. Woody avait déjà exploré cet aspect par la pensée. Il s'était dit qu'elle gardait tout serré, très serré. Or une fois où elle avait levé les deux bras pour soulever une fenêtre il avait vu son buste tout près de lui, cette chose impossible à garder serrée. Ses cheveux ressemblaient au raphia qu'on doit laisser tremper si on veut le tresser dans un cours de vannerie — pâle, très pâle. Une fois son manteau en peau de mouton enlevé, Pop était en pull, sans veste. Les coups d'œil qu'il jetait lui donnaient un air chafouin. Le plus difficile pour ces Selbst avec leur nez busqué et leurs larges visages francs au premier abord, c'était d'avoir l'air honnête. Ils étaient marqués par tous les signes de la malhonnêteté. Woody s'était souvent interrogé sur ce sujet. Est-ce que c'était une question de muscles, ou au fond une question de mâchoire (avec ses angles proéminents ?) Ou étaient-ce plutôt les recoins et les manigances de l'âme ? Les filles appelaient Pop Dick Tracy, mais Dick Tracy, c'était un bon. Qui Pop pouvait-il bien convaincre ? Là Woody saisit au vol une possibilité qui se présentait à lui. Justement à cause de la physionomie de Pop, une personne sensible éprouverait peut-être du remords à le condamner injustement ou à le juger avec sévérité. Simplement à cause d'un visage ? Certains avaient dû se mettre en quatre pour lui.

---

in the atmosphere of Paris: *il s'est plongé dans l'atmosphère de Paris.*

    5. jaw: *mâchoire ;* his jaw dropped: *il en est resté bouche bée ;* the jaws of death: *les griffes, l'étreinte de la mort.*

    6. bend (bent, bent) over: *se pencher ;* (fig.); bend over backward to help somebody: *se mettre en quatre pour aider quelqu'un.*

Then he had them. Not Hjordis. She would have put Pop into the street then and there[1], storm or no storm. Hjordis was religious, but she was wised up[2], too. She hadn't come over in steerage and worked forty years in Chicago for nothing.

Mrs. Skoglund, Aase (Osie), led the visitors into the front room. This, the biggest room in the house, needed supplementary heating. Because of fifteen-foot ceilings and high windows, Hjordis had kept the parlor stove[3] burning. It was one of those elegant parlor stoves that wore a nickel crown, or miter, and this miter, when you moved it aside, automatically raised the hinge of an iron stove lid. That stove lid underneath the crown was all soot and rust[4], the same as any other stove lid. Into this hole you tipped the scuttle[5] and the anthracite chestnut rattled down. It made a cake or dome of fire visible through the small isinglass[6] frames. It was a pretty room, three-quarters paneled[7] in wood. The stove was plugged into the flue of the marble fireplace, and there were parquet floors and Axminster carpets and cranberry-colored tufted Victorian upholstery, and a kind of Chinese étagère, inside a cabinet, lined with mirrors and containing silver pitchers, trophies won by Skoglund cows, fancy sugar tongs and cut-glass pitchers and goblets. There were Bibles and pictures of Jesus and the Holy Land and that faint Gentile odor, as if things had been rinsed in a weak vinegar solution.

---

1. **then and there; there and then:** *sur-le-champ, séance tenante.*
2. **wise up: wise up to something:** *se mettre au parfum de quelque chose;* **wise somebody up:** *mettre quelqu'un au parfum* (**about,** *de*); **get wised up about something:** *se faire mettre au parfum de.*
3. **stove:** *poêle, fourneau;* **stovepipe:** *tuyau de poêle.*
4. **rust:** *rouille;* **rust-colour:** *couleur de rouille;* **rustproof:** *inoxydable.*
5. **scuttle:** *seau à charbon.*
6. **isinglass** ['aızıŋglɒːs]: *ichtyocolle, gélatine.*

Ceux-là il les mettait dans sa poche. Mais pas Hjordis. Elle l'aurait jeté à la rue séance tenante, tempête ou pas tempête. Hjordis avait de la religion, ce qui ne l'empêchait pas d'être à la coule. Elle n'avait pas fait la traversée en troisième classe, ni travaillé à Chicago pendant quarante ans pour rien.

Mrs Skoglund, Aase (Osie), emmena les visiteurs dans le salon. C'était la plus grande pièce de la maison, et elle nécessitait davantage de chauffage. A cause des plafonds de cinq mètres de haut, et des grandes fenêtres, Hjordis avait laissé le poêle du salon allumé. C'était l'un de ces élégants poêles de salon surmontés d'une couronne ou mitre de nickel, et quand on tirait cette mitre de côté elle soulevait automatiquement la charnière du couvercle en fer du poêle. Ce couvercle placé sous la couronne n'était que suie et rouille, comme n'importe quel autre couvercle de poêle. On inclinait le seau dans ce trou et le boulet d'anthracite dégringolait à l'intérieur. On apercevait un pain ou un cône de feu à travers les petits panneaux en colle de poisson. C'était une jolie pièce, lambrissée aux trois quarts. Le poêle était raccordé au conduit de la cheminée de marbre, il y avait des parquets et des tapis d'Axminster, des canapés recouverts de tissus victoriens à pompons de couleur bordeaux, et une espèce d'étagère chinoise, à l'intérieur d'une vitrine, doublée de miroirs et remplie de cruches en argent, des trophées remportés par les vaches Skoglund, des pinces à sucre fantaisie, des carafes et des gobelets en cristal taillé. Il y avait des Bibles ainsi que des images de Jésus et de la Terre promise, et toujours cette légère odeur de Gentil, comme si tout avait été rincé dans une solution de vinaigre.

---

7. **panel**: *recouvrir de panneaux, de boiseries, lambrisser*; **panelled door**: *porte à panneaux*; **oak-panelled**: *lambrissé de chêne*; **panelling** (U.S.) **paneling**: *panneaux, lambris, boiseries*.

"Mrs Skoglund, I brought my dad to you. I don't think you ever met him," said Woody.

"Yes, Missus, that's me, Selbst."

Pop stood short but masterful in the sweaters, and his belly sticking out[1], not soft but hard. He was a man of the hard-bellied type. Nobody intimidated Pop. He never presented himself as a beggar. There wasn't a cringe[2] in him anywhere. He let her see at once by the way he said "Missus[3]" that he was independent and that he knew his way around. He communicated that he was able to handle[4] himself with women. Handsome Mrs. Skoglund, carrying a basket woven out of her own hair, was in her fifties—eight, maybe ten years his senior.

"I asked my son to bring me because I know you do the kid a lot of good. It's natural you should know both of his parents."

"Mrs Skoglund, my dad is in a tight corner[5] and I don't know anybody else to ask for help."

This was all the preliminary Pop wanted. He took over[6] and told the widow his story about the laundry-and-cleaning business and payments overdue, and explained about the fixtures and the attachment notice, and the bailiff's office and what they were going to do to him; and he said, "I'm a small man trying to make a living."

"You don't support your children," said Mrs. Skoglund.

"That's right," said Hjordis.

---

1. **stick (stuck, stuck) out:** *avancer, dépasser, sortir.*

2. **cringe:** *avoir un mouvement de recul, ramper, s'humilier;* (fig.) **the very thought of it makes me cringe:** *rien que d'y penser me donne envie de rentrer sous terre.*

3. **missus = missis: the/my missis:** *la/ma bourgeoise;* **the missis:** *la patronne;* **hey missis!:** *dites m'dame! ma p'tite dame!*

4. **handle:** *conduire, manœuvrer, manier;* **he knows how to handle a gun:** *il sait se servir d'un revolver;* **he handled the situation very well:** *il a très bien conduit l'affaire;* **I'll handle this:** *je m'en charge, je vais m'en*

« Mrs Skoglund, je vous ai amené mon papa. Je ne crois pas que vous l'ayez déjà rencontré, dit Woody.

— Oui, M'dame, c'est moi, Selbst. »

Pop était petit mais il en imposait avec son pull-over et son ventre proéminent, pas mou, mais dur. C'était le type ventre-dur. Pop ne se laissait intimider par personne. Il ne se présentait jamais comme un mendiant. Il n'y avait pas en lui l'ombre d'une attitude servile. A la manière dont il avait dit M'dame, il lui avait laissé entendre qu'il était indépendant et qu'il savait se débrouiller. Il avait fait comprendre qu'il savait se comporter avec les femmes. La belle Mrs Skoglund, et son panier tressé avec ses propres cheveux sur la tête, avait une cinquantaine d'années ; c'est-à-dire qu'elle avait huit ou peut-être dix ans de plus que lui.

« J'ai demandé à mon fils de m'amener parce que je sais que vous faites beaucoup pour le petit, et il est bien normal que vous connaissiez ses deux parents.

— Mrs Skoglund, mon père a des ennuis et je ne sais pas à qui d'autre demander de l'aide. »

Pop n'en demandait pas plus comme entrée en matière. Il prit le relais et raconta à la veuve son histoire de laverie-blanchisserie, de traites impayées, expliqua le problème des machines et de la menace de saisie, et puis l'étude de l'huissier et ce qu'on allait lui faire. Il ajouta : « Je suis un homme modeste qui essaie de gagner sa vie.

— Vous ne subvenez pas aux besoins de vos enfants, dit Mrs Skoglund.

— C'est vrai, renchérit Hjordis.

---

*occuper ;* **he knows how to handle his son:** *il sait très bien s'y prendre avec son fils ;* **she can certainly handle children:** *il n'y a pas de doute qu'elle sait s'y prendre avec les enfants.*

5. **be in a (tight) corner:** *être dans le pétrin.*

6. **take (took, taken) over:** *prendre le pouvoir, la relève* (**from somebody,** *de quelqu'un*) ; **let him take over:** *cédez-lui la place.*

"I haven't got it. If I had it, wouldn't I give it? There's bread lines and soup lines[1] all over town. Is it just me? What I have I divvy[2] with. I give the kids. A bad father? You think my son would bring me if I was a bad father into your house? He loves his dad, he trusts his dad, he knows his dad is a good dad. Every time I start a little business going I get wiped out[3]. This one is a good little business, if I could hold on to[4] that little business. Three people work for me, I meet a payroll[5], and three people will be on the street, too, if I close down. Missus, I can sign a note and pay you in two months. I'm a common man, but I'm a hard worker and a fellow you can trust."

Woody was startled when Pop used the word "trust." It was as if from all four corners a Sousa[6] band blew a blast[7] to warn the entire world: "Crook! This is a crook!" But Mrs. Skoglund, on account of her religious preoccupations, was remote. She heard nothing. Although everybody in this part of the world, unless he was crazy, led a practical life, and you'd have nothing to say to anyone, your neighbors would have nothing to say to you, if communications were not of a practical sort, Mrs. Skoglund, with all her money, was unworldly—two-thirds out of this world.

"Give me a chance to show what's in me," said Pop, "and you'll see what I do for my kids."

---

1. **line:** (U.S.) stand in line, make a line: *faire la queue;* they were waiting in line: *ils attendaient en file;* they were standing in a line: *ils étaient alignés;* they were waiting in lines: *ils attendaient en rangs.*

2. **divvy (up):** (U.S.) abréviation de **dividend:** *partager.*

3. **wipe out:** *écraser, anéantir.*

4. **hold (held, held) on to:** *tenir bien, tenir bon à, se cramponner à, s'accrocher à;* hold on to this for me: *tiens-moi ça, garde-moi ça.*

5. **payroll:** *registre du personnel; paie du personnel, traitements et salaires;* the factory has 60 people on the payroll: *l'usine a 60 employés,* ou, *un personnel de 60;* be on a firm's payroll: *être employé dans une société.*

— Je n'ai pas un sou. Si j'en avais, vous croyez que je ne le donnerais pas ? Il y a des gens qui font la queue pour avoir du pain, et des soupes populaires dans toute la ville. Vous croyez que je suis le seul ? Ce que j'ai, je le partage. J'en donne aux enfants. Moi, un mauvais père ? Vous croyez que mon fils m'aurait amené jusque chez vous si j'étais un mauvais père ? Il aime son papa, il a confiance en lui, il sait que son père est un bon père. A chaque fois que je lance une petite affaire, je me fais plumer. Mais celle-ci marche bien, si seulement je pouvais la garder. Trois personnes travaillent pour moi, je les paye, et cela fera trois personnes à la rue, si je ferme. M'dame, je peux vous signer un papier et vous payer dans deux mois. Je suis un homme simple, mais je travaille dur, et je suis un type à qui vous pouvez faire confiance. »

Woody sursauta en entendant Pop prononcer le mot « confiance ». C'était comme si des quatre coins du monde un orchestre de Sousa donnait de la trompette pour annoncer au monde entier : « Escroc ! C'est un escroc ! » Mais, du fait de ses préoccupations religieuses, Mrs Skoglund était ailleurs. Elle n'entendit rien. Tout le monde dans cette partie du monde menait une vie terre à terre, et personne n'avait rien à dire à personne, vos voisins n'avaient rien à vous dire, sauf s'ils avaient quelque chose de concret à vous communiquer. Mais Mrs Skoglund malgré tout son argent, était désincarnée, aux deux tiers hors du monde.

« Donnez-moi une chance de prouver ce dont je suis capable et vous verrez ce que je ferai pour mes gosses. »

---

6. **Sousa**: John Philip Sousa (1854-1932), directeur de fanfare et compositeur de marches, inventeur du sousaphone, sorte de tuba à pavillon amovible, utilisé dans les fanfares militaires.

7. **blast**: *grondement, rugissement, fanfare, sonnerie ;* **blow a blast on the bugle**: *donner un coup de clairon ;* **the radio was going at full blast**: *la radio marchait à plein.*

So Mrs. Skoglund hesitated, and then she said she'd have to go upstairs, she'd have to go to her room and pray on it and ask for guidance[1]—would they sit down and wait. There were two rocking chairs by the stove. Hjordis gave Pop a grim[2] look (a dangerous person) and Woody a blaming one (he brought a dangerous stranger and disrupter to injure[3] two kind Christian ladies). Then she went out with Mrs. Skoglund.

As soon as they left, Pop jumped up from the rocker and said in anger, "What's this with the praying? She has to ask God to lend me fifty bucks[4]?"

Woody said, "It's not you, Pop, it's the way these religious people do."

"No," said Pop. "She'll come back and say that God wouldn't let her."

Woody didn't like that; he thought Pop was being gross[5] and he said, "No, she's sincere. Pop, try to understand: she's emotional, nervous, and sincere, and tries to do right by everybody."

And Pop said, "That servant will talk her out of it. She's a toughie. It's all over her face that we're a couple of chiselers[6]."

"What's the use of us arguing," said Woody. He drew the rocker closer to the stove. His shoes were wet through and would never dry. The blue flames fluttered like a school of fishes in the coal fire.

---

1. **guidance:** *conseils;* **for your guidance:** *pour votre gouverne, à titre d'indication, d'information;* **he needs some guidance about, or as to how to go about it:** *il a besoin de conseils quant à la façon de procéder;* **your guidance was very helpful:** *vos conseils ont été très utiles.*

2. **grim:** *menaçant, sinistre;* **look grim:** *avoir une mine sinistre ou sévère;* **grim reality:** *la dure réalité;* **grim necessity:** *la cruelle nécessité;* **the grim truth:** *la vérité brutale;* **with grim determination:** *avec une volonté inflexible;* **hold on to something like grim death:** *rester cramponné à quelque chose de toutes ses forces ou comme quelqu'un qui se noie;* **the Grim Reaper:** *la faucheuse (la mort).*

Alors Mrs Skoglund hésita, elle dit qu'elle devait monter
dans sa chambre pour prier et demander conseil à Dieu —
s'ils voulaient bien rester assis en attendant? Il y avait
deux fauteuils à bascule près du feu. Hjordis lança un
regard noir (pour l'homme dangereux) et à Woody un air
de reproche (il avait amené ce dangereux inconnu, ce
gêneur qui offensait deux bonnes chrétiennes). Puis elle
suivit Mrs Skoglund.

Dès qu'elles furent hors de la pièce, Pop sauta de son
fauteuil et dit, furieux : « Qu'est-ce qu'elle a besoin de
prier ? Il faut qu'elle demande à Dieu la permission de me
prêter cinquante dollars ? »

Woody répondit « Cela n'a rien à voir avec toi, Pop. Les
personnes croyantes font toutes comme ça.

— Non, dit Pop, elle va revenir en disant que Dieu ne
lui a pas donné la permission. »

Woody n'était pas content ; il trouvait Pop grossier et lui
dit : « Mais non, elle est sincère ; Pop, essaie de comprendre : elle est émotive, inquiète et sincère, et elle essaie de
satisfaire tout le monde. »

Et Pop d'ajouter : « La bonne va la faire changer d'avis.
C'est une coriace. Ça se voit sur sa figure qu'elle nous
prend pour des malfrats.

— Inutile de discuter », dit Woody. Il rapprocha son
fauteuil du poêle. Ses chaussures étaient trempées et ne
pourraient jamais sécher. Les flammes bleues ondulaient
comme un banc de poissons dans le feu de charbon.

---

3. **injure** (faux ami) : *faire du tort à, nuire à* ; **injure somebody's
feelings** : *offenser, outrager, offusquer quelqu'un* ; **injure one's health** : *se
détériorer la santé*.
4. **buck** : *dollar* ; **be down to one's last buck** : *être sur la paille* ; **make a
few bucks on the side** : *se faire un peu de pognon à côté, se sucrer en
douce* ; **make a fast/quick buck** : *gagner du fric facile*.
5. **gross** : *grossier, fruste, sans délicatesse*.
6. **chiseller** (U.S.) : *escroc, filou, resquilleur*.

But Pop went over the Chinese-style cabinet or étagère and tried the handle, and then opened the blade of his penknife[1] and in a second had forced the lock of the curved glass door. He took out a silver dish.

"Pop, what is this?" said Woody.

Pop, cool and level[2], knew exactly what this was. He relocked the étagère, crossed the carpet, listened. He stuffed the dish under his belt and pushed it down into his trousers. He put the side of his short thick finger to his mouth.

So Woody hept his voice down, but he was all shook[3] up. He went to Pop and took him by the edge of his hand. As he looked into Pop's face, he felt his eyes growing smaller and smaller, as if something were contracting all the skin on his head. They call it hyperventilation when everything feels tight and light and close and dizzy. Hardly breathing, he said, "Put it back, Pop."

Pop said, "It's solid[4] silver; it's worth dough[5]."

"Pop, you said you wouldn't get me in Dutch[6]."

"It's only insurance in case she comes back from praying and tells me no. If she says yes, I'll put it back."

"How?"

"It'll get back. If I don't put it back, you will."

"You picked the lock. I don't know how."

"There's nothing to it."

"We're going to put it back now. Give it here."

---

    1. **penknife:** *canif.*

    2. **level:** *assuré, calme,* (fig.) **keep a level head:** *garder tout son sang-froid.*

    3. **shook:** prétérit de **shake; be shook up about something:** *être tout remué à propos de quelque chose;* **a shook-up generation:** *une génération de paumés.*

    4. **solid:** *plein, compact;* **cut out of/in solid rock:** *taillé à même la pierre;* **6 meters of solid rock:** *6 mètres de roche massive;* **in solid gold/oak:** *en or/chêne massif.*

Mais Pop se dirigea vers la vitrine ou étagère de style chinois pour en essayer la poignée, puis il sortit la lame de son canif et en une seconde il avait forcé la serrure de la porte en verre bombé. Il prit un plat en argent.

« Pop, qu'est-ce que tu fais ? » dit Woody.

Pop, calme et assuré, savait exactement ce qu'il faisait. Il referma la vitrine à clé, traversa le tapis pour écouter. Il fourra le plat sous sa ceinture et l'enfonça dans son pantalon. Il plaça un gros doigt court sur sa bouche.

Woody continua à voix basse mais il était tout retourné. Il se dirigea vers Pop et l'attrapa par la main. En dévisageant Pop, il sentit ses yeux se rapetisser de plus en plus comme si quelque chose lui tendait toute la peau du crâne. On appelle ça de l'hyperventilation quand on a l'impression que tout se resserre, s'allège, que l'air manque et qu'on a la tête qui tourne. Respirant à peine il dit : « Remets-le à sa place, Pop. »

Pop répliqua : « C'est de l'argent massif ; ça vaut du pognon.

— Pop, tu avais dit que tu ne m'attirerais pas d'ennuis.

— C'est simplement une assurance au cas où elle reviendrait de sa prière en disant non. Si elle dit oui, je le remettrai.

— Comment ?

— Il reviendra à sa place. Si ce n'est pas moi, c'est toi qui le remettras.

— Tu as forcé la serrure. Moi je ne pourrai pas, je ne sais pas faire ça.

— Ce n'est rien du tout.

— On va le remettre tout de suite. Donne-le-moi.

---

5. **dough:** *fric, pognon.*
6. **Dutch:** (U.S.) be in Dutch with somebody: *être en difficulté auprès de, en disgrâce ;* get one's Dutch up: *se mettre en rogne ;* get into Dutch: *avoir des ennuis, se mettre dans le pétrin ;* go on a Dutch treat: *partager les frais* (d'un dîner au restaurant ou d'une sortie).

"Woody, it's under my fly[1], inside my underpants. Don't make such a noise about nothing."

"Pop, I can't believe this."

"For cry-ninety-nine, shut your mouth. If I didn't trust you I wouldn't have let you watch me do it. You don't understand a thing. What's with[2] you?"

"Before they come down, Pop, will you dig that dish out of your long johns[3]."

Pop turned stiff on him. He became absolutely military. He said, "Look, I order you!"

Before he knew it, Woody had jumped his father and begun to wrestle[4] with him. It was outrageous[5] to clutch your own father, to put a heel behind him, to force him to the wall. Pop was taken by surprise and said loudly, "You want Halina killed? Kill her! Go on, you be responsible." He began to resist, angry, and they turned about several times, when Woody, with a trick he had learned in a Western movie and used once on the playground, tripped him and they fell to the ground. Woody, who already outweighed the old man by twenty pounds, was on top. They landed on the floor beside the stove, which stood on a tray of decorated tin to protect the carpet. In this position, pressing Pop's hard belly, Woody recognized that to have wrestled him to the floor counted for nothing. It was impossible to thrust his hand under Pop's belt to recover the dish. And now Pop had turned furious, as a father has every right to be when his son is violent with him, and he freed his hand and hit Woody in the face.

---

1. **fly (flies):** *braguette.*

2. **what's with?:** what's the matter with you?: *qu'est-ce que tu as? qu'est-ce qui te prend?;* what's up with Paul? (U.S.) what's with Paul?: *qu'est-ce qu'il a, Paul? qu'est-ce qui lui prend?*

3. **long johns:** *caleçon* (long).

4. **wrestle** ['resl]: *lutter* (corps à corps) (with, *contre*); *catcher.*

5. **outrageous:** *atroce, terrible, monstrueux; choquant;* it's outra-

— Woody, il est sous ma braguette, dans mon slip. Ne ~~f~~ais pas tant de bruit pour rien.

— Pop, je n'en reviens pas.

— Bon Dieu de bon Dieu, la ferme ! Si je ne te faisais ~~p~~as confiance je ne t'aurais pas laissé me regarder. Tu ne ~~c~~omprends rien à rien. Qu'est-ce qui te prend ?

— Avant qu'elles redescendent, Pop, veux-tu sortir ce ~~p~~lat de ton caleçon long ? »

Pop se raidit. Il prit un air de vrai militaire pour dire : ~~«~~ Ça suffit. »

En moins de temps qu'il n'en fallait pour le dire, Woody ~~a~~vait sauté sur son père et commencé à se battre avec lui. ~~C~~'était scandaleux d'empoigner son propre père, de caler ~~s~~on talon derrière lui et de le coller au mur. Pop, pris par ~~s~~urprise, dit tout fort : « Tu veux qu'Halina se fasse tuer ? ~~T~~ue-la ! Vas-y ! Ce sera ta faute ! »

Furieux, il s'était mis à résister et fit volte-face plusieurs ~~f~~ois, avant que Woody, à l'aide d'un truc qu'il avait vu ~~d~~ans un Western, et qu'il avait utilisé une fois dans la cour ~~d~~e récréation, ne lui fasse un croche-pied qui les envoya ~~t~~ous les deux au tapis. Woody, pesant déjà dix kilos de plus ~~q~~ue le vieux, eut le dessus. Ils atterrirent près du poêle, ~~p~~osé sur un plateau en fer-blanc décoré destiné à protéger ~~l~~e tapis. Dans cette posture, écrasant le ventre dur de Pop, ~~W~~oody se rendit compte que cette bagarre où il avait jeté ~~s~~on père à terre n'avançait à rien. Il lui était impossible de ~~p~~asser la main sous la ceinture de Pop pour récupérer le ~~p~~lat. Et maintenant Pop était furieux comme il se doit ~~p~~our un père dont le fils est violent envers lui, il dégagea sa ~~m~~ain, et frappa Woody au visage.

---

~~rag~~eous!: *c'est un scandale !, cela dépasse les bornes !* ; **it's absolutely ~~o~~utrageous that:** *il est absolument monstrueux que ;* **he's outrageous:** *il est ~~i~~mpossible !, il dépasse les bornes.*

He hit him three or four times in midface. Then Woody
dug[1] his head into Pop's shoulder and held tight only to
keep from being struck and began to say in his ear,
"Jesus, Pop, for Christ sake remember where you are.
Those women will be back!" But Pop brought up his short
knee and fought and butted[2] him with his chin and
rattled[3] Woody's teeth. Woody thought the old man was
about to bite him. And because he was a seminarian, he
thought: Like an unclean spirit. And held tight. Gradually
Pop stopped threshing[4] and struggling. His eyes stuck out
and his mouth was open, sullen[5]. Like a stout[6] fish.
Woody released him and gave him a hand up. He was
then overcome with many many bad feelings of a sort he
knew the old man never suffered. Never, never. Pop never
had these groveling[7] emotions. There was his whole
superiority. Pop had no such feelings. He was like a
horseman from Central Asia, a bandit from China. It was
Mother, from Liverpool, who had the refinement, the
English manners. It was the preaching Reverend Doctor
in his black suit. You have refinements, and all they do is
oppress you? The hell with that[8].

The long door opened and Mrs. Skoglund stepped in[9],
saying, "Did I imagine, or did something shake the
house?"

"I was lifting the scuttle to put coal on the fire and it
fell out of my hand. I'm sorry I was so clumsy[10]," said
Woody.

---

1. **dig (dug, dug):** *enfoncer;* (fig.) **dig somebody in the ribs:** *pousser
quelqu'un du coude.*

2. **butt:** *coup de tête, coup de corne.*

3. **rattle:** *agiter, faire s'entrechoquer, secouer, faire cliqueter.*

4. **thresh:** *battre (le blé);* **threshing machine:** *batteuse.*

5. **sullen:** *maussade, renfrogné.*

6. **stout:** *gros, corpulent;* **get or grow stout:** *prendre de l'embonpoint.*

7. **grovel:** *être à plat ventre, se vautrer* (**in** *dans*); (fig.), *se mettre à plat
ventre, ramper, s'aplatir* (**to, before,** *devant, aux pieds de*).

Il le frappa trois ou quatre fois en pleine figure. Puis Woody enfouit sa tête dans l'épaule de Pop et, se cramponnant pour éviter de prendre des coups, se mit à lui dire à l'oreille : « Bon Dieu, Pop, pour l'amour du ciel rappelle-toi où tu es. Elles vont revenir ! » Mais Pop releva ses jambes courtes pour se battre, il le frappa d'un coup de menton qui fit s'entrechoquer les dents de Woody. Woody avait l'impression que le vieil homme allait le mordre. Étant séminariste, il se dit : « Tel un esprit impur. » Et il ne lâcha pas prise. Peu à peu Pop cessa de se débattre et de s'agiter. Il avait les yeux exorbités et la bouche ouverte, maussade. Comme un gros poisson. Woody le relâcha et l'aida à se relever. Il fut alors envahi par une mauvaise conscience, dont il savait qu'elle n'avait jamais effleuré le vieil homme. Jamais, absolument jamais. Pop n'était jamais en proie à des émotions négatives et c'était là sa supériorité. Pop n'avait pas ce genre de ressentiment. Il était pareil à un cavalier d'Asie Centrale, à un bandit de Chine. C'était Maman, de Liverpool, qui était raffinée, avec ses manières anglaises. Comme le Révérend Docteur avec son costume noir. Soyez raffinés et vous vous ferez opprimer. Très peu pour moi.

La grande porte s'ouvrit et Mrs Skoglund entra. « Est-ce une impression ou est-ce que la maison a tremblé ?

— Je soulevais le seau pour mettre du charbon dans le feu et il m'a échappé des mains. Désolé d'être si maladroit », dit Woody.

---

8. **The hell with that** : ici, dans ce passage en style indirect libre, se lit l'ambivalence de Woody partagé entre deux idéaux contraires. Bien qu'il ait fait des études pour devenir pasteur sous l'influence de sa mère et de Kovner, c'est vers l'amoralisme de son père que penche son cœur. Tout cet épisode démontre l'admiration de son fils pour cet être sans doute fruste mais sûr de lui et de ses choix.

9. **step in** : *entrer.*

10. **clumsy** : *gauche, maladroit.*

Pop was too huffy[1] to speak. With his eyes big and sore[2] and the thin hair down over his forehead, you could see by the tightness of his belly how angrily he was fetching his breath, though his mouth was shut.

"I prayed," said Mrs. Skoglund.

"I hope it came out well," said Woody.

"Well, I don't do anything without guidance, but the answer was yes, and I feel right about it now. So if you'll wait, I'll go to my office and write a check. I asked Hjordis to bring you a cup of coffee. Coming in such a storm."

And Pop, consistently[3] a terrible little man, as soon as she shut the door, said, "A check? Hell with a check. Get me the greenbacks[4]."

"They don't keep money in the house. You can cash[5] it in her bank tomorrow. But if they miss that dish, Pop, they'll stop the check, and then where are you?"

As Pop was reaching below the belt, Hjordis brought in the tray. She was very sharp with him. She said, "Is this a place to adjust clothing, Mister? A men's washroom?"

"Well, which way is the toilet, then?" said Pop.

She had served the coffee in the seamiest mugs in the pantry, and she bumped down the tray and led Pop down the corridor, standing guard at the bathroom door so that he shouldn't wander about the house.

Mrs. Skoglund called Woody to her office and after she had given him the folded check said that they should pray together for Morris.

---

1. **huffy:** *froissé, fâché, boudeur, susceptible.*

2. **sore:** *irrité, enflammé;* **this spot is very sore:** *cet endroit est très sensible; contrarié, vexé, fâché;* **he was feeling very sore about it:** *il en était vraiment ulcéré, ça l'a vraiment mis en rogne;* **get sore:** *râler, être en rogne;* **don't get sore!:** *ne te vexe pas! ne te fâche pas!;* **what are you sore about?:** *pourquoi es-tu si fâché?, qu'est-ce que tu as à râler?*

3. **consistently:** *avec esprit de suite, avec logique.*

4. **greenback:** *billet vert (= dollar).*

Pop était trop fâché pour parler. Avec ses grands yeux
furibards et ses quelques cheveux qui lui retombaient sur le
front, on voyait bien à la contraction de son ventre qu'il
sentait furieusement de reprendre son souffle même la
bouche fermée.

« J'ai prié, dit Mrs Skoglund.

— J'espère que ce fut favorable, dit Woody.

— Je ne fais rien sans conseil, mais la réponse a été oui,
et je me sens plus sereine. Si vous voulez bien attendre, je
vais aller dans mon bureau vous faire un chèque. J'ai
demandé à Hjordis de vous servir du café. Dire que vous
êtes venus par une tempête pareille. »

Et Pop, toujours égal à lui-même, dès qu'elle eut
refermé la porte : « Un chèque ? Rien à foutre d'un
chèque. Qu'on m'apporte des biftons.

— Elles ne gardent pas d'argent dans la maison. Tu
peux l'encaisser à sa banque demain. Mais si elles
s'aperçoivent que le plat a disparu, elles feront opposition,
Pop, et tu seras bien avancé. »

Juste au moment où Pop fourrageait dans sa ceinture,
Hjordis apporta le plateau. Elle était assez cassante avec
lui : « Est-ce le lieu pour ajuster ses vêtements, Monsieur ?
Vous vous croyez dans des toilettes pour hommes ?

— Eh bien dites-moi donc où sont les toilettes », dit
Pop.

Elle avait servi le café dans les tasses les plus douteuses
de l'office, et posa brutalement le plateau avant de
l'emmener dans le couloir ; elle faisait le guet à la porte des
toilettes pour l'empêcher de fureter dans la maison.

Mrs Skoglund appela Woody dans son bureau et après
lui avoir donné le chèque plié, elle lui proposa de prier
ensemble pour Morris.

---

5. **cash**: *encaisser, toucher ;* **cash somebody a cheque**: *payer un chèque
à quelqu'un ;* **cash a bill**: *encaisser une facture.*

So once more he was on his knees, under rows[1] and rows
of musty[2] marbled-cardboard files, by the glass lamp by
the edge of the desk, the shade with flounced[3] edges, like
the candy dish. Mrs. Skoglund, in her Scandinavian
accent—an emotional contralto—raising her voice to
Jesus-uh Christ-uh, as the wind lashed[4] the trees, kicked
the side of the house, and drove the snow seething on the
windowpanes, to send light-uh, give guidance-uh, put a
new heart-uh in Pop's bosom. Woody asked God only to
make Pop put the dish back. He kept Mrs. Skoglund on
her knees as long as possible. Then he thanked her,
shining with candor (as much as he knew how), for her
Christian generosity and he said, "I know that Hjordis
has a cousin who works at the Evanston YMCA[5]. Could
she please phone him and try to get us a room tonight so
that we don't have to fight the blizzard all the way back?
We're almost as close to the Y as to the car line. Maybe
the cars have even stopped running."

Suspicious Hjordis, coming when Mrs. Skoglund called
to her, was burning now. First they barged in, made
themselves at home, asked for money, had to have coffee,
probably left gonorrhea on the toilet seat. Hjordis, Woody
remembered, was a woman who wiped the doorknobs with
rubbing alcohol after guests had left. Nevertheless, she
telephoned the Y and got them a room with two cots for
six bits.

---

1. **row** [rəʊ]: *rang, rangée;* **in the front row:** *au premier rang;* **they
were sitting in a row:** *ils étaient assis en rang;* (fig.). **4 failures in a row:** *4
échecs d'affilée;* (fig.) **a hard or long row to hoe:** *une rude besogne.*

2. **musty:** *qui sent le moisi ou le renfermé;* **grow musty:** *moisir;* **smell
musty:** *avoir une odeur de renfermé, avoir une odeur de moisi, ou de
vieux.*

3. **flounced:** *à volants* (jupe, robe).

4. **lash:** *fouetter violemment, cingler;* (fig.) **lash somebody with one's
tongue:** *faire des remarques cinglantes à quelqu'un;* (fig.) **the wind lashed
the sea into a fury:** *le vent a démonté la mer;* **the sea lashes (against) the**

Il se retrouva de nouveau agenouillé, sous des rangées et des rangées de dossiers poussiéreux en carton marbré, sous la lampe posée au bord du bureau, avec un abat-jour à volants comme la bonbonnière. Et la voix de Mrs Skoglund avec son accent scandinave, un contralto vibrant, s'élevait pour s'adresser à Jésu-us Chri-ist, tandis que le vent fouettait les arbres, frappait les flancs de la maison, et poussait la neige en gros tourbillons contre les vitres, pour qu'il envoie la lu-u-miè-ère, qu'il soit le gui-i-i-ide, et chan-an-an-ange le cœur de Pop. Woody demanda à Dieu simplement qu'il remette le plat à sa place. Il fit durer la prière aussi longtemps que possible. Puis, rayonnant de sincérité (autant qu'il en était capable), il la remercia pour sa générosité chrétienne et dit : « Je sais que Hjordis a un cousin qui travaille à l'auberge de jeunesse d'Evanston. Pourrait-elle, je vous prie, lui téléphoner et nous faire avoir une chambre pour cette nuit afin de nous éviter d'affronter le blizzard pour rentrer ? On est à peu près à la même distance de l'auberge de jeunesse que de l'arrêt de bus. Peut-être même que les bus sont arrêtés. »

La soupçonneuse Hjordis qui arrivait quand Mrs Skoglund l'appela fulminait maintenant. Ils avaient commencé par débarquer, puis ils s'installaient, ils demandaient de l'argent, il fallait leur faire du café et ils avaient sans doute laissé la gonorrhée sur le siège des toilettes. Woody se souvenait que Hjordis était le genre de femme à essuyer les boutons de porte à l'alcool à 90° après le départ des invités. Malgré tout elle téléphona à l'auberge de jeunesse et leur obtint une chambre à deux lits pliants pour dix-huit cents.

---

cliffs: *la mer fouette les falaises ;* the hailstones lashed against my face: *la grêle me cinglait le visage.*

5. **Y.M.C.A.** [ˌwəɪemsiːèɪ]: (**Young Men Christian's Association**) l'équivalent de nos auberges de jeunesse.

Pop had plenty of time, therefore, to reopen the étagère, lined with reflecting glass or German silver (something exquisitely delicate and tricky[1]), and as soon as the two Selbsts had said thank you and goodbye and were in midstreet again up to the knees in snow, Woody said, "Well, I covered for you. Is that thing back?"

"Of course it is," said Pop.

They fought their way to the small Y[2] building, shut up in wire[3] grille and resembling a police station—about the same dimensions. It was locked, but they made a racket[4] on the grille, and a small black man let them in and shuffled[5] them upstairs to a cement corridor with low doors. It was like the small-mammal house in Lincoln Park[6]. He said there was nothing to eat, so they took off their wet pants, wrapped themselves tightly in the khaki army blankets, and passed out[7] on their cots.

First thing in the morning, they went to the Evanston National Bank and got the fifty dollars. Not without difficulties. The teller went to call Mrs. Skoglund and was absent a long time from the wicket. "Where the hell has he gone?" said Pop.

But when the fellow came back, he said, "How do you want it?"

Pop said, "Singles." He told Woody, "Bujak stashes it in one-dollar bills."

But by now Woody no longer believed Halina had stolen the old man's money.

---

1. **tricky:** *délicat, épineux, difficile.*

2. **Y:** mis pour **Y.M.C.A.** (cf. page précédente note 5).

3. **wire:** *fil métallique, fil de fer;* **telephone wires:** *fils téléphoniques;* **cheese wire:** *fil à couper.*

4. **racket:** *tapage, raffut, boucan,* **make a racket:** *faire du raffut, du boucan, du vacarme.*

5. **shuffle:** *traîner les pieds;* **shuffle in/out/along:** *entrer/sortir/avancer d'un pas traînant,* ou *en traînant les pieds.*

6. **Lincoln Park:** s'étend sur près de 5 *miles*/8 km en bordure du Lac

Pop avait donc eu tout le temps de réouvrir la vitrine en verre réfléchissant ou argenture allemande (chose d'une délicatesse et d'une complication exquises), et dès que les deux Selbst eurent dit au revoir et merci, une fois revenus au milieu de la rue avec de la neige jusqu'aux genoux, Woody dit : « Eh bien, je t'ai couvert. Tu as remis le truc à sa place ?

— Bien sûr », dit Pop.

Ils arrivèrent péniblement à l'auberge, petit bâtiment entouré de grillage qui ressemblait à un poste de police — c'était à peu près les mêmes dimensions. La porte était verrouillée mais ils firent du boucan sur le grillage ; un Noir de petite taille les fit entrer et les amena à l'étage en traînant les pieds, dans un couloir de ciment aux portes basses. On aurait dit le pavillon des petits mammifères de Lincoln Park. Il leur dit qu'il n'y avait rien à manger, si bien qu'ils enlevèrent leurs pantalons mouillés, s'enroulèrent bien serrés dans les couvertures militaires kaki et s'écroulèrent sur leur lit.

Leur premier travail le lendemain matin fut d'aller à la National Bank d'Evanston pour toucher les cinquante dollars. Non sans difficulté.

Le caissier alla appeler Mrs Skoglund et disparut du guichet pendant un bon bout de temps. « Où a-t-il bien pu passer ? » dit Pop.

Mais en revenant le gars leur dit : « Sous quelle forme ? »

Pop répondit : « En billets de un dollar », en précisant à Woody : « Bujak les entasse en billets de un dollar. »

Mais maintenant Woody ne croyait plus à l'histoire de Halina volant l'argent du vieux.

---

Michigan et est agrémenté de nombreux monuments, terrains de jeux et plages le long du lac. Au nord, le Lincoln Park Zoo contient un zoo pour enfants et une vraie ferme en exploitation ("farm-in-the zoo").

7. **pass out:** *s'évanouir, perdre connaissance,* ou *s'endormir comme une masse.*

Then they went into the street, where the snow-removal crews[1] were at work. The sun shone broad, broad, out of the morning blue, and all Chicago would be releasing itself from the temporary beauty of those vast drifts[2].

"You shouldn't have jumped me last night, Sonny."

"I know, Pop, but you promised you wouldn't get me in Dutch."

"Well, it's okay. We can forget it, seeing you stood by[3] me."

Only, Pop had taken the silver dish. Of course he had, and in a few days Mrs. Skoglund and Hjordis knew it, and later in the week they were all waiting for Woody in Kovner's office at the settlement house. The group included the Reverend Doctor Crabbie, head of the seminary, and Woody, who had been flying along, level and smooth, was shot down[4] in flames. He told them he was innocent. Even as he was falling, he warned[5] that they were wronging him. He denied that he or Pop had touched Mrs. Skoglund's property. The missing object—he didn't even know what it was—had probably been misplaced, and they would be very sorry on the day it turned up. After the others were done with him, Dr. Crabbie said that until he was able to tell the truth he would be suspended from the seminary, where his work had been unsatisfactory anyway. Aunt Rebecca took him aside and said to him, "You are a little crook, like your father. The door is closed to you here."

To this Pop's comment was "So what, kid?"

---

1. **crew:** *équipe, bande;* **have a crewcut:** *avoir les cheveux en brosse;* **crew-neck sweater:** *pull ras du cou.*

2. **drift:** *congère, amoncellement, entassement.*

3. **stand (stood, stood) by:** *être fidèle à, ne pas abandonner;* **I stand by what I have said:** *je m'en tiens à ce que j'ai dit.*

4. **shoot (shot, shot) down:** *abattre, descendre* (avion); **he was shot down in flames:** *son avion s'est abattu en flammes;* (fig.) **shoot down in**

Ils sortirent dans la rue où les équipes de déblaiement
étaient à l'œuvre. Un soleil radieux vraiment radieux
brillait dans le bleu matinal et Chicago allait bientôt se
dégager de la beauté temporaire des immenses congères.

« Tu n'aurais pas dû me sauter dessus, hier soir, fiston.

— Je sais, Pop, mais tu avais promis que tu ne me ferais
pas d'ennuis.

— Bon, ça va, on passe l'éponge, vu que tu ne m'as pas
laissé tomber. »

Seulement, bien sûr, Pop avait emporté le plat en
argent. C'était évident et quelques jours après Mrs
Skoglund et Hjordis s'en étaient rendu compte. Plus tard
dans la semaine tout le monde attendait Woody dans le
bureau de Kovner à la maison de la mission. Il y avait
dans le groupe le directeur du séminaire, le Révérend
Docteur Crabbie, et Woody, qui avait eu jusqu'alors un
rythme de croisière impeccable, net et sans heurt, fut
descendu en flammes. Il protesta de son innocence et dans
sa chute leur dit qu'ils lui faisaient injure. Il nia que Pop
ou lui aient touché aux biens de Mrs Skoglund. L'objet
manquant (il ne savait même pas ce que c'était) avait sans
doute été égaré et ils se repentiraient le jour où ils le
retrouveraient. Quand les autres eurent fini avec lui le Dr
Crabbie déclara que tant qu'il ne dirait pas la vérité il
serait exclu du séminaire, où, de toute façon, il n'avait pas
fourni un travail satisfaisant. La tante Rebecca le prit à
part pour lui dire : « Tu n'es qu'un petit escroc, comme
ton père. Ta place n'est plus ici. »

Ce à quoi Pop répliqua : « Et alors ?

---

flames: *démolir, descendre en flammes.*

5. warn: *prévenir, avertir ;* warn the police: *alerter la police ;* you have
been warned!: *vous êtes averti !* ou *prévenu !;* warn somebody against
doing, not to do: *déconseiller à quelqu'un de faire.*

"Pop, you shouldn't have done it."

"No? Well, I don't give a care, if you want to know. You can have the dish if you want to go back and square[1] yourself with all those hypocrites."

"I didn't like doing Mrs. Skoglund in the eye, she was so kind to us."

"Kind?"

"Kind."

"Kind has a price tag[2]."

Well, there was no winning such arguments with Pop. But they debated it in various moods and from various elevations and perspectives for forty years and more, as their intimacy changed, developed, matured.

"Why did you do it, Pop? For the money? What did you do with the fifty bucks? Woody, decades[3] later, asked him that.

"I settled[4] with the bookie, and the rest I put in the business."

"You tried a few more horses."

"I maybe did. But it was a double[5], Woody. I didn't hurt myself, and at the same time did you a favor."

"It was for me?"

"It was too strange of a life. That life wasn't *you*, Woody. All those women... Kovner was no man, he was an inbetween. Suppose they made you a minister? Some Christian minister!

---

1. **square:** *mettre en ordre, acquitter, régler;* **square one's account with somebody:** (lit.) *régler ses comptes avec quelqu'un;* (fig.) *régler son compte à, faire son affaire à quelqu'un.*

2. **tag:** *étiquette, onglet;* **all uniforms must have name tags:** *chaque uniforme doit être marqué au nom de son propriétaire;* **price tag:** *étiquette;* (fig.) *coût, prix.*

3. **decade:** *décennie.*

4. **settle:** **settle with somebody for the cost of the meal:** *régler quelqu'un pour le prix du repas, régler le prix du repas à quelqu'un;* **I'll settle for all of us:** *je vais régler (la note) pour tout le monde;* **settle out of court:** *arriver à*

— Pop, tu n'aurais pas dû faire ça.

— Non ? Eh bien, ça m'est complètement égal, si tu veux tout savoir. Tu n'as qu'à reprendre le plat si tu veux être quitte envers cette bande d'hypocrites.

— Je n'ai pas aimé me payer la tête de Mrs Skoglund. Elle a été tellement bonne pour nous.

— Bonne ?

— Oui, parfaitement.

— La bonté se paye. »

On ne pouvait pas gagner dans ce genre de discussions avec Pop. Mais ce sujet de controverse abordé sur différents tons et de différents points de vue et perspectives devait les occuper pendant quarante ans et plus, à mesure que leur complicité changeait, se développait, et mûrissait.

« Pourquoi as-tu fait ça, Pop ? Pour l'argent ? Qu'est-ce que tu as fait des cinquante dollars ? Des dizaines d'années plus tard Woody lui posait encore la question.

— J'ai réglé mes affaires avec le book et le reste je l'ai placé dans mon commerce.

— Tu as joué quelques chevaux de plus.

— Peut-être bien. Mais j'ai fait coup double, Woody. Je ne me suis pas compromis et en même temps je t'ai rendu un service.

— Tu l'as fait pour moi ?

— C'était vraiment une drôle de vie. Pas une vie pour toi, Woody. Toutes ces femmes... Kovner n'était pas un homme, il était entre les deux. Imagine qu'il t'ait ordonné prêtre ? Tu parles d'un prêtre chrétien !

---

*un règlement à l'amiable ;* **he settled for £200 pounds :** *il s'est contenté de £200 livres, il a accepté £200 livres.*

5. **double :** Pop utilise le vocabulaire des courses qu'il connaît bien. "A **double"** c'est un *pari doublé,* c'est-à-dire sur deux chevaux de deux courses différentes. La suite du récit semble lui donner raison puisque Woody ne semblait pas avoir un goût très authentique pour le sacerdoce.

First of all, you wouldn't have been able to stand[1] it, and second, they would throw you out sooner or later."

"Maybe so."

"And you wouldn't have converted the Jews, which was the main thing they wanted."

"And what a time to bother[2] the Jews," Woody said. "At least *I* didn't bug[3] them."

Pop had carried him back to his side of the line, blood of his blood, the same thick body walls, the same coarse[4] grain. Not cut for a spiritual life. Simply not up to[5] it.

Pop was no worse than Woody, and Woody was no better than Pop. Pop wanted no relation to theory, and yet he was always pointing Woody toward a position—a jolly, hearty, natural, likable, unprincipled position. If Woody had a weakness, it was to be unselfish. This worked to Pop's advantage, but he critized Woody for it, nevertheless. "You take too much on yourself," Pop was always saying. And it's true that Woody gave Pop his heart because Pop was so selfish. It's usually the selfish people who are loved the most. They do what you deny yourself, and you love them for it. You give them your heart.

Remembering the pawn ticket for the silver dish, Woody startled himself with a laugh so sudden that it made him cough. Pop said to him after his expulsion from the seminary and banishment from the settlement house,

---

1. **stand (stood, stood):** *supporter, tolérer, résister à;* **I can't stand it any longer:** *je ne peux plus le supporter;* **I can't stand (the sight) of her:** *je ne peux pas la supporter, la voir;* **she stood the journey quite well:** *elle a bien supporté le voyage.*

2. **bother:** *ennuyer, harceler embêter, inquiéter;* **don't bother me!:** *laisse-moi tranquille, fiche-moi la paix;* **don't bother him with your problems:** *ne l'embête pas avec tes problèmes;* **I am sorry to bother you:** *désolée de vous déranger;* **does it bother you if I smoke?:** *ça vous dérange que je fume?;* **bother oneself/one's head about:** *se mettre martel en tête au sujet de quelque chose.*

3. **bug:** *embêter, casser les pieds à.*

Premièrement tu n'aurais pas pu le supporter et deuxièmement ils t'auraient viré tôt ou tard.

— Peut-être.

— Et tu n'aurais sûrement pas converti les Juifs, ce qui était leur but principal.

— Et ce n'était pas le moment d'embêter les Juifs, dit Woody. Au moins, moi, je ne leur ai pas cassé les pieds. »

Pop l'avait ramené dans son sein, chair de sa chair, avec la même charpente corporelle, la même grossièreté de fibre. Il n'était pas fait pour la vie spirituelle : il n'était, tout simplement, pas à la hauteur.

Pop n'était pas pire que Woody et Woody n'était pas mieux que Pop. Pop ne voulait pas entendre parler de théorie et pourtant il proposait toujours à Woody, un idéal, des attitudes joviales, pleines d'allant, naturelles, aimables et dénuées de principes. Si Woody avait une faiblesse, c'était de ne pas être égoïste. Cela servait les intérêts de Pop mais il n'en critiquait pas moins Woody pour autant. « Tu prends trop sur toi », disait toujours Pop. Et c'est vrai que c'était parce que Pop était si égoïste que Woody lui donnait son affection sans réserve. Ce sont souvent les égoïstes qui sont le plus aimés. Ils font ce que vous vous interdisez et c'est par là que vous les aimez. Vous leur donnez toute votre affection.

Se rappelant le bon du mont-de-piété pour le plat en argent, Woody se surprit à rire si brutalement qu'il se mit à tousser. Pop lui avait dit après son expulsion du séminaire et son exclusion de la maison de la mission :

---

4. coarse: *rude, grossier ;* coarse cloth: *drap grossier ;* coarse linen: *grosse toile ;* coarse salt: *gros sel ;* coarse sand: *sable à gros grain, gros sable ;* coarse sandpaper: *papier de verre à gros grain ;* coarse weave: *texture grossière.*

5. up to: *à la hauteur de ;* up to a task: *à la hauteur d'une tâche ;* is he up to advanced work?: *est-il capable de faire des études supérieures ? ;* it isn't up to his usual standard: *il nous a habitués à mieux.*

"You want in again? Here's the ticket. I hocked¹ that
thing. It wasn't so valuable as I thought."

"What did they give?"

"Twelve-fifty was all I could get. But if you want it
you'll have to raise the dough² yourself, because I haven't
got it anymore."

"You must have been sweating in the bank when the
teller went to call Mrs. Skoglund about the check."

"I was a little nervous," said Pop. "But I didn't think
they could miss the thing so soon."

That theft was part of Pop's war with Mother. With
Mother, and Aunt Rebecca, and the Reverend Doctor. Pop
took his stand on realism. Mother represented the forces
of religion and hypochondria. In four decades, the fighting never stopped. In the course of time, Mother and the
girls turned into welfare³ personalities and lost their
individual outlines⁴. Ah, the poor things, they became
dependents⁵ and cranks⁶. In the meantime, Woody, the
sinful man, was their dutiful and loving son and brother.
He maintained the bungalow—this took in roofing, pointing, wiring, insulation, air-conditioning—and he paid for
heat and light and food, and dressed them all out of
Sears, Roebuck and Wieboldt's, and bought them a TV,
which they watched as devoutly as they prayed. Paula
took courses to learn skills like macramé-making and
needlepoint, and sometimes got a litte job as recreational
worker in a nursing home.

---

1. **hock:** *mettre au clou;* **in hock:** *au clou, au mont-de-piété.*
2. **dough:** *fric, pognon.*
3. **welfare:** **public/social welfare:** *assistance publique/sociale;* **be on
welfare:** *toucher les prestations sociales, recevoir l'aide sociale;* **live on
welfare:** *vivre aux dépens de l'État.*
4. **outline:** *contour, configuration, profil, silhouette;* **he drew the outline
of the house:** *il traça le contour de la maison;* **draw something in outline:**
*dessiner quelque chose au trait;* **rough outline:** *premier jet, ébauche.*

« Tu veux y retourner ? Voilà le bon. Je l'ai placé, ce truc.
Il valait moins que je croyais.

— Qu'est-ce qu'ils t'en ont donné ?

— Je n'ai réussi à en tirer que douze dollars cinquante.
Mais si tu veux le récupérer il faudra trouver le fric tout
seul parce que je ne l'ai plus.

— Tu as dû suer de trouille à la banque, quand le
caissier est allé appeler Mrs Skoglund pour le chèque.

— J'avais un peu peur, dit Pop, mais je pensais qu'il
était trop tôt pour qu'elles s'en soient aperçues. »

Ce larcin faisait partie du contentieux de Pop avec
Maman. Avec ma mère mais aussi avec la tante Rebecca,
et avec le Révérend Docteur. Pop adoptait une attitude
réaliste. Maman représentait les forces de la religion et de
l'hypochondrie. En quatre décennies le combat ne cessa
jamais. Au fil du temps Maman et les filles étaient
devenues des assistées et elles avaient perdu leurs caractères
distinctifs. Ah, les pauvres, elles étaient maintenant dépen-
dantes et cinglées. Pendant ce temps-là Woody, le pécheur,
avait été leur fils et frère affectueusement dévoué. Il
entretenait le bungalow (ce qui incluait la toiture, le
jointoiement, l'installation électrique, l'isolation, la climati-
sation), payait le chauffage, l'électricité, et la nourriture ; il
les habillait toutes chez Sears, Roebuck et Wieboldt, il leur
avait acheté une télé, qu'elles regardaient aussi religieuse-
ment qu'elles priaient. Paula suivit des cours pour
pratiquer des activités telles que le macramé et le point de
croix, et elle avait quelquefois un petit boulot comme
animatrice de loisirs dans une maison de santé.

---

5. **dependent** = **dependant**: *personne à charge, charge de famille ;* **he
had many dependents**: *il avait de nombreuses personnes à sa charge.*

6. **crank**: *excentrique, loufoque ;* **a religious crank**: *un fanatique
religieux.*

But she wasn't steady enough to keep it. Wicked Pop spent most of his life removing[1] stains[2] from people's clothing. He and Halina in the last years ran a Cleanomat in West Rogers Park—a so-so business resembling a laundromat[3]—which gave him leisure for billiards, the horses, rummy and pinochle. Every morning he went behind the partition[4] to check out the filters of the cleaning equipment. He found amusing things that had been thrown into the vats[5] with the clothing—sometimes, when he got lucky, a locket[6] chain or a brooch[7]. And when he had fortified the cleaning fluid, pouring all that blue and pink stuff in from plastic jugs, he read the *Forward* over a second cup of coffee, and went out, leaving Halina in charge[8]. When they needed help with the rent, Woody gave it.

After the new Disney World was opened in Florida, Woody treated all his dependents to a holiday. He sent them down in separate batches, of course. Halina enjoyed this more than anybody else. She couldn't stop talking about the address given by an Abraham Lincoln automaton. "Wonderful, how he stood up and moved his hands, and his mouth. So real! And how beautiful he talked." Of them all, Halina was the soundest, the most human, the most honest. Now that Pop was gone, Woody and Halina's son, Mitosh, the organist at the Stadium, took care of her needs over and above Social Security, splitting expenses.

---

1. **remove:** *enlever, ôter;* **remove the lid:** *enlevez le couvercle;* **remove a child from school:** *retirer un enfant de l'école;* **he removed himself to another room:** *il s'est retiré dans une autre pièce.*

2. **stain:** *tache;* **blood/grease stain:** *tache de sang/de graisse;* **stain remover:** *détachant;* **stain resistant:** *intachable.*

3. **laundromat** (U.S.) = **launderette:** *laverie automatique* (en libre-service).

4. **partition** (faux ami): *cloison;* **glass partition:** *cloison vitrée.*

5. **vat:** *cuve, bac.*

Mais elle n'était pas assez équilibrée pour le garder. Le méchant Pop passa le plus clair de sa vie à ôter les taches des habits des autres. Avec Halina, les dernières années il tenait un Lav-o-matic dans West Rogers Park, un commerce miteux qui ressemblait à une laverie automatique, et qui lui laissait du temps pour le billard, les chevaux, le rami et la belote. Tous les matins il allait derrière la cloison vérifier les filtres des machines à laver. Il trouvait des choses marrantes qui avaient été jetées dans les tambours en même temps que les habits — quelquefois, quand il avait de la chance, un chaîne de médaillon ou une broche. Et quand il avait refait les pleins de produit de lavage, en versant les liquides bleus et roses des bouteilles en plastique, il lisait et relisait le *Forward* en prenant une deuxième tasse de café, et partait en confiant le magasin à Halina. Quand ils avaient besoin d'un coup de main pour le loyer, Woody était toujours là.

Lorsqu'un nouveau Disney World s'était ouvert en Floride, Woody avait offert des vacances à toute sa famille. Il les avait envoyés en lots séparés, bien sûr. C'était Halina qui s'était le plus amusée. Elle était intarissable sur le discours prononcé par un automate représentant Abraham Lincoln. « Fantastique comme il était là debout à remuer les mains et la bouche. Tellement vrai ! Et il parlait tellement bien ! » De toute la bande Halina était la plus sensée, la plus humaine et la plus honnête. Maintenant que Pop était parti, Woody et le fils de Halina, Mitosh, l'organiste du stade, prenaient en charge ses besoins en complément de la sécurité sociale et partageaient les frais.

---

6. **locket:** *médaillon.*

7. **brooch:** *broche.*

8. **in charge:** who's in charge here?: *qui est le ou la responsable ? ;* **look I'm in charge here!:** *c'est moi qui commande ici* !

In Pop's opinion, insurance was a racket. He left Halina nothing but some out-of-date equipment.

Woody treated himself, too. Once a year, and sometimes oftener, he left his business to run itself, arranged with the trust department at the bank to take care of his gang, and went off. He did that in style, imaginatively, expensively. In Japan, he wasted[1] little time on Tokyo. He spent three weeks in Kyoto and stayed at the Tawaraya Inn, dating from[2] the seventeenth century or so. There he slept on the floor, the Japanese way, and bathed in scalding[3] water. He saw the dirtiest strip show[4] on earth, as well as the holy places and the temple gardens. He visited also Istanbul, Jerusalem, Delphi, and went to Burma and Uganda and Kenya on safari, on democratic terms with drivers, Bedouins, bazaar merchants. Open, lavish[5], familiar, fleshier and fleshier but (he jogged, he lifted weights) still muscular— in his naked person beginning to resemble a Renaissance courtier[6] in full costume—becoming ruddier[7] every year, an outdoor type with freckles on his back and spots across the flaming[8] forehead and the honest nose. In Addis Ababa he took an Ethiopian beauty to his room from the street and washed her, getting into the shower with her to soap her with his broad, kindly hands. In Kenya he taught certain American obscenities to a black woman so that she could shout them out during the act.

---

1. **waste:** *gaspiller, perdre;* **waste one's money:** *gaspiller de l'argent;* **nothing is wasted in this firm:** *il n'y a aucun gaspillage dans cette entreprise;* **you are wasting your time trying:** *tu essaies en pure perte, tu perds ton temps à essayer.*

2. **date from, date back to:** *remonter à, dater de.*

3. **scald:** *échauder, ébouillanter;* **scald one's hand:** *s'ébouillanter la main;* **scald oneself:** *s'ébouillanter;* **scald the milk:** *chauffer le lait sans le faire bouillir.*

4. **strip-show:** *striptease.*

D'après Pop, l'assurance, c'était de l'escroquerie. Il ne laissa rien à Halina d'autre que de vieilles machines.

Woody s'offrait aussi des vacances. Une fois par an il laissait son entreprise marcher toute seule, s'arrangeait avec le service des tutelles à la banque pour surveiller son équipe et il s'en allait. Il faisait les choses en grand, avec de l'imagination, et dans le luxe. Au Japon il ne perdit pas de temps à Tokyo. Il passa trois semaines à Kyoto et descendit à l'auberge Tawaraya, qui datait du dix-septième siècle environ. Il y dormit sur le sol à la manière des Japonais, et se baigna dans de l'eau bouillante. Il vit le spectacle de strip-tease le plus porno du monde, ainsi que des lieux sacrés et les jardins des temples. Il visita aussi Istanbul, Jérusalem, Delphes et fit un safari à Burma, en Ouganda et au Kenya, traitant d'égal à égal avec les chauffeurs, les Bédouins, et les marchands des souks. Ouvert, généreux, liant, de plus en plus gras, mais (il faisait du jogging et des haltères) encore musclé (nu, il commençait à ressembler à un courtisan de la Renaissance en costume d'apparat), il devenait chaque année plus rubicond, le genre vie au grand air avec taches de rousseur sur le dos, et des taches sur ce front flamboyant et ce nez honnête. A Addis Abeba il trouva dans la rue une beauté éthiopienne qu'il fit monter dans sa chambre; il alla sous la douche avec elle pour la savonner de ses grandes mains caressantes. Au Kenya il apprit à une femme noire quelques obscénités en américain pour qu'elle puisse les crier en pleine action.

---

5. **lavish:** *prodigue, généreux;* **lavish with one's money:** *dépenser sans compter, se montrer prodigue;* **bestow lavish praise on somebody:** *se répandre en éloges sur.*

6. **courtier:** *courtisan,* ou *dame de la cour.*

7. **ruddy:** *rubicond, rougeaud, coloré.*

8. **flame:** *flamber, brûler;* **her cheeks flamed:** *ses joues se sont empourprées.*

On the Nile, below Murchison Falls, those fever trees rose huge from the mud, and hippos on the sandbars belched[1] at the passing launch, hostile. One of them danced on his spit[2] of sand, springing from the ground and coming down heavy, on all fours. There, Woody saw the buffalo calf disappear, snatched by the crocodile.

Mother, soon to follow Pop, was being lightheaded these days. In company, she spoke of Woody as her boy—"What do you think of my Sonny?"—as though he was ten years old. She was silly with him, her behavior was frivolous, almost flirtatious. She just didn't seem to know the facts. And behind her all the others, like kids at the playground, were waiting their turn to go down the slide[3]: one on each step, and moving toward the top.

Over Woody's residence and place of business there had gathered a pool[4] of silence of the same perimeter as the church bells while they were ringing, and he mourned[5] under it, this melancholy morning of sun and autumn. Doing a life survey, taking a deliberate look at the gross side of his case—of the other side as well, what there was of it. But if this heartache continued, he'd go out and run it off. A three-mile jog—five, if necessary. And you'd think that this jogging was an entirely physical activity, wouldn't you? But there was something else in it. Because, when he was a seminarian, between the shafts of his World's Fair[6] rickshaw, he used to receive, pulling along (capable and stable), his religious experiences while he trotted.

---

1. **belch:** *faire un renvoi, roter.*
2. **spit:** *pointe, langue* (de terre), *broche;* **spitroast:** *faire rôtir à la broche.*
3. **slide:** *toboggan.*
4. **pool:** *flaque, rond, zone;* **lying in a pool of blood:** *étendu dans une mare de sang;* **in a pool of light;** *dans un rond de lumière.*
5. **mourn:** *pleurer;* **mourn for somebody:** *pleurer* (la mort) *de*

Sur le Nil, en contrebas des chutes de Murchison, les arbres des marais sortaient, énormes, de la vase et les hippopotames sur les bancs de sable éructaient avec hostilité au passage de la chaloupe. L'un d'entre eux dansa sur sa langue de sable, prenant appel sur le sol pour retomber lourdement, à quatre pattes. C'est là que Woody avait vu disparaître le bufflon, happé par le crocodile.

Maman, qui n'allait pas tarder à suivre Pop, perdait un peu la tête ces jours-ci. Devant les gens, elle parlait de Woody comme de son petit garçon — « Que pensez-vous du fiston ? » — comme s'il avait dix ans. Elle batifolait avec lui, frivole, ça ressemblait à un flirt. Elle avait l'air complètement ailleurs. Et derrière elle tous les autres, comme des enfants sur le terrain de jeu, attendaient leur tour de toboggan : un sur chaque marche en direction du sommet, avant la descente.

Au-dessus de la résidence et du lieu de travail de Woody était retombée une aire de silence du même périmètre que celui couvert par les cloches et, en cette matinée automnale, mélancolique et ensoleillée, il s'immergea dans le deuil. Passant sa vie en revue, il jeta un regard sans complaisance sur l'aspect grossier de sa nature et sur l'autre aussi, si du moins il existait. Mais si cette douleur persistait, il allait sortir s'en débarrasser en faisant un jogging. Une course de six kilomètres — huit si nécessaire. On pourrait pourtant croire que courir est une activité purement physique, non ? Mais c'était plus que cela. Ainsi lorsqu'il était séminariste, entre les limons de son pousse-pousse à l'exposition internationale, il éprouvait des émotions religieuses alors qu'il trottait en tirant (avec précision et stabilité).

---

*quelqu'un ;* **it's no use mourning over it:** *rien ne sert de se lamenter à ce sujet ;* **mourning:** *deuil ;* **be in mourning:** *être en deuil.*
  6. **World's Fair:** l'exposition internationale de 1933 (cf. p. 216).

Maybe it was all a single experience repeated. He felt truth coming to him from the sun. He received a communication that was also light and warmth. It made him very remote from his horny[1] Wisconsin passengers, those farmers whose whoops and whore cries he could hardly[2] hear when he was in one of his states. And again out of the flaming of the sun would come to him a secret certainty that the goal set for this earth was that it should be filled with good, saturated with it. After everything preposterous[3], after dog[4] had eaten dog, after the crocodile[5] death had pulled everyone into his mud. It wouldn't conclude as Mrs. Skoglund, bribing[6] him to round up the Jews and hasten the Second Coming, imagined it, but in another way. This was his clumsy intuition. It went no further. Subsequently, he proceeded through life as life seemed to want him to do it.

There remained one thing more this morning, which was explicitly physical, occurring first as a sensation in his arms and against his breast and, from the pressure, passing into him and going into his breast.

It was like this: When he came into the hospital room and saw Pop with the sides of his bed raised, like a crib, and Pop, so very feeble, and writhing[7], and toothless, like a baby, and the dirt already cast into his face, into the wrinkles—Pop wanted to pluck out the intravenous needles and he was piping his weak death noise. The gauze patches taped over the needles were soiled with dark blood.

---

1. **horny:** *en rut, excité* (sexuellement).

2. **hardly** (faux ami): *ne...guère, à peine;* **he can hardly write:** *il sait à peine écrire;* **I can hardly hear you:** *c'est à peine si je vous entends;* **you'll hardly believe it:** *vous aurez du mal à le croire.*

3. **preposterous:** *absurde, ridicule, grotesque.*

4. **dog:** d'après l'expression : **it's a case of dog eat dog:** *c'est un cas où les loups se mangent entre eux.*

5. **crocodile:** allusion à l'épisode raconté au début de la nouvelle.

Peut-être n'était-ce que la répétition d'une seule et même expérience. Il sentait la vérité lui venir du soleil. Il avait reçu un message qui était aussi lumière et chaleur et qui l'éloignait de ses passagers du Wisconsin en rut, ces fermiers dont les hourras et les cris de putes ne l'atteignaient pas lorsqu'il était dans l'un de ces états particuliers. Et de nouveau ce qui lui venait de l'embrasement du soleil c'était la certitude secrète que le but assigné à cette terre était de se remplir de bien, d'en être saturée. Après la fin de toutes les absurdités, après que les loups se seraient mangés entre eux, après que la mort-crocodile aurait attiré tout le monde dans sa vase. Cela ne se conclurait pas ainsi que Mrs. Skoglund, qui le soudoyait pour rassembler les Juifs et hâter le deuxième avènement du Messie, l'imaginait, mais autrement. Voilà ce qu'il pressentait maladroitement, sans aller plus loin. Par la suite, il avait mené sa vie comme la vie semblait vouloir qu'il la mène.

Il restait une chose ce matin, une chose purement physique, qui se présentait d'abord comme une sensation dans les bras et contre la poitrine et qui, sous la pression, pénétrait en lui jusqu'au cœur.

Voilà ce qui s'était passé : quand il était entré dans la chambre d'hôpital et avait vu Pop dans son lit aux bords relevés comme un berceau, Pop tellement faible et gigotant comme un bébé sans dents avec déjà incrustée la crasse dans son visage et dans ses rides, Pop voulait arracher les aiguilles intraveineuses et sifflait avec le râle faible des mourants. Les compresses de gaze recouvrant les aiguilles étaient souillées de sang sombre.

---

6. **bribe:** *suborner, acheter, soudoyer ;* **bribe somebody into silence:** *acheter le silence de quelqu'un.*

7. **writhe:** *se tordre, frémir ;* **it made him writhe:** *il s'est tordu de douleur ou il a frémi de dégoût, ou, il ne savait plus où se mettre ;* **he writhed under the insult:** *il a frémi sous l'injure.*

Then Woody took off his shoes, lowered the side of the bed, and climbed in and held him in his arms to soothe[1] and still him. As if he were Pop's father, he said to him, "Now, Pop. Pop." Then it was like the wrestle in Mrs. Skoglund's parlor, when Pop turned angry like an unclean spirit and Woody tried to appease him, and warn him, saying, "Those women will be back!" Beside the coal stove, when Pop hit Woody in the teeth with his head and then became sullen[2], like a stout fish. But this struggle in the hospital was weak—so weak! In his great pity, Woody held Pop, who was fluttering[3] and shivering. From those people, Pop had told him, you'll never find out what life is, because they don't know what it is. Yes, Pop—well, what is it, Pop? Hard to comprehend that Pop, who was dug in[4] for eighty-three years and had done all he could to stay, should now want nothing but to free himself. How could Woody allow the old man to pull the intravenous needles out? Willful Pop, he wanted what he wanted when he wanted it. But what he wanted at the very last Woody failed[5] to follow, it was such a switch[6].

After a time, Pop's resistance ended. He subsided[7] and subsided. He rested against his son, his small body curled[8] there. Nurses came and looked. They disapproved, but Woody, who couldn't spare a hand to wave them out, motioned with his head toward the door.

---

1. **soothe:** *calmer, apaiser ;* **soothe somebody's fears:** *apaiser les craintes de quelqu'un, tranquilliser.*

2. **sullen:** *maussade, renfrogné.*

3. **flutter:** *flotter, voleter, s'agiter ;* **the bird fluttered about the room:** *l'oiseau voletait çà et là dans la pièce ;* **the butterfly fluttered away:** *le papillon a disparu en voltigeant ;* **a leaf came fluttering down:** *une feuille est tombée en tourbillonnant.*

4. **dig in:** *se retrancher, tenir bon.*

5. **fail:** *manquer, omettre ;* **I fail to see why:** *je ne vois pas pourquoi ;* **I fail to understand:** *je n'arrive pas à comprendre.*

6. **switch:** *changement, revirement.*

Alors Woody avait enlevé ses chaussures, abaissé le bord du lit, grimpé dedans et avait tenu Pop dans ses bras pour l'apaiser et le calmer. Comme s'il était le père de Pop, il lui avait dit : « Allons, Pop, Pop ? » Ensuite on aurait dit la bagarre dans le salon chez Mrs Skoglund, là où Pop s'était fâché comme une âme impure et où Woody avait essayé de l'apaiser et de lui faire peur en disant : « Elles vont revenir ! » A côté du poêle à charbon, où Pop avait donné un coup de tête dans les dents de Woody pour ensuite se renfrogner comme un gros poisson. Mais cette lutte-là à l'hôpital était faible, si faible ! Dans un grand élan de pitié Woody tenait Pop tout frémissant et grelottant. Pop lui avait dit : « De ces gens tu n'apprendras jamais le secret de l'existence, parce qu'ils n'en savent rien. » Oui, Pop, et alors qu'est-ce que c'est le secret de l'existence ? Difficile de comprendre que Pop qui tenait bon depuis quatre-vingt-trois ans et avait fait tout ce qu'il pouvait pour durer, n'ait désormais d'autre désir que se libérer. Comment Woody aurait-il pu permettre au vieil homme d'arracher les aiguilles intraveineuses ? Pop était obstiné, il voulait ce qu'il voulait quand il le voulait. Mais ce qu'il avait voulu à la dernière extrémité, Woody n'avait pas su le saisir, tellement c'était différent.

Au bout d'un moment, la résistance de Pop avait pris fin. Il s'était affaissé de plus en plus. Il se reposait près de son fils, son petit corps recroquevillé contre lui. Des infirmières étaient venues voir. Elles n'étaient pas d'accord, mais Woody qui n'avait pas une main libre pour leur faire signe de sortir, leur désigna la porte de la tête.

---

7. **subside**: *s'affaisser, se tasser.*

8. **curl up**: *se recroqueviller, se mettre en rond ;* **he lay curled up on the floor**: *il était couché en boule par terre.*

Pop, whom Woody thought he had stilled, only had found a better way to get around him. Loss of heat was the way he did it. His heat was leaving him. As can happen with small animals while you hold them in your hand, Woody presently[1] felt him cooling. Then, as Woody did his best to restrain him, and thought he was succeeding, Pop divided himself. And when he was separated from his warmth, he slipped into death. And there was his elderly, large, muscular son, still holding and pressing him when there was nothing anymore to press. You could never pin down[2] that self-willed man. When he was ready to make his move, he made it—always on his own terms. And always, always, something up his sleeve[3]. That was how he was.

---

1. **presently** (faux ami): *tout à l'heure, bientôt, au bout d'un certain temps.*

2. **pin down**: *immobiliser, coincer;* **pin somebody down to a promise**: *obliger quelqu'un à tenir sa promesse;* **I can't manage to pin him down**: *je n'arrive pas à le coincer.*

3. **sleeve**: *manche;* (fig.) **he's always got something up his sleeve**: *il a plus d'un tour dans son sac;* **he's bound to have something up his sleeve**: *il garde certainement un atout caché;* **I don't know what he's got up his sleeve**: *je ne sais pas ce qu'il nous réserve (comme surprise).*

Pop, dont Woody pensait qu'il s'était calmé, avait simplement trouvé un moyen de le circonvenir. C'est en perdant sa chaleur qu'il y était arrivé. Sa chaleur l'abandonnait. Comme cela peut arriver avec de petits animaux quand on les tient dans la main, Woody le sentit bientôt se refroidir. Puis comme Woody faisait tout ce qu'il pouvait pour le retenir et qu'il pensait y parvenir, Pop se divisa en deux. Et dès qu'il fut séparé de la chaleur de Woody, il glissa dans la mort. Et son fils d'un certain âge, grand et musclé était là à le tenir serré contre lui alors qu'il n'y avait plus rien à serrer. Impossible d'épingler cet homme entêté. Quand il était prêt à tirer sa révérence, il se lançait, mais c'était toujours lui qui fixait les règles. Et il avait toujours, mais toujours, un atout dans sa manche. Il était comme ça.

Composition réalisée par COMPOFAC - PARIS

IMPRIMÉ EN FRANCE PAR BRODARD ET TAUPIN
Usine de La Flèche (Sarthe).
LIBRAIRIE GÉNÉRALE FRANÇAISE - 6, rue Pierre-Sarrazin - 75006 Paris.

ISBN : 2 - 253 - 06085 - 2 ♦ 30/8757/4